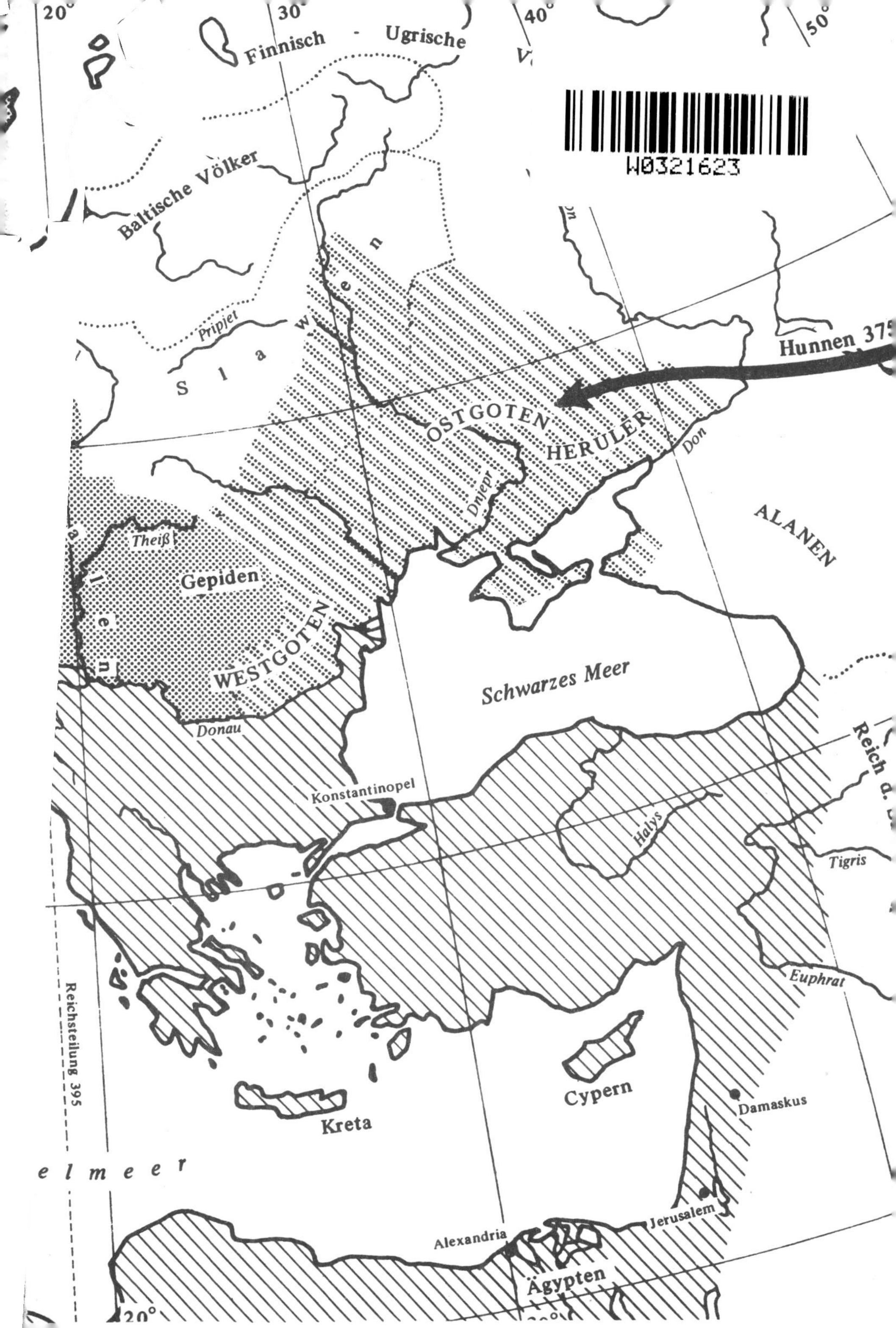

20°
30°
40°
50°
Finnisch - Ugrische
Baltische Völker
S l a w e n
Pripjet
Hunnen 37
OSTGOTEN
HERULER
Don
Dnjepr
ALANEN
Theiß
Gepiden
WESTGOTEN
Donau
Schwarzes Meer
Konstantinopel
Halys
Reich d.
Tigris
Euphrat
Reichsteilung 395
Kreta
Cypern
Damaskus
e l m e e r
Jerusalem
Alexandria
Ägypten
20°

Hans Riehl · Die Völkerwanderung

Hans Riehl

Die Völkerwanderung

Der längste Marsch der Weltgeschichte

VMA-VERLAG WIESBADEN

VMA - Verlag
Wiesbaden

Lizenzausgabe mit freundlicher Genehmigung des Verlages
(c) W. Ludwig, München

Druck und Bindung: GGP Media, Pößneck

ISBN 3-928127-25-X

„Bisweilen hat es ja wohl große Krisen gegeben, wo die Geschichte einen Sprung machte oder zu machen schien. Im allgemeinen aber findet ein langsames, organisches Entwickeln statt. Wie die natürlichen Verhältnisse nicht in ruckweisen, plötzlich und unvermittelt einander folgenden Umwälzungen sich entwickeln, so lösen die gesellschaftlichen Ordnungen einander nicht als abgeschlossene, unvermittelte Einheiten ab."

Georg von Vollmar

Meinen Kindern Konstanze, Jörg und Judith gewidmet mit der Bitte um Verständnis dafür, daß Asterix und Obelix in diesem Buch nicht vorkommen.

Inhalt

Vorwort

Das Wandern ist der Deutschen Lust. Die Scholaren und Studenten des Mittelalters hielt es nicht lange an einem Ort. Die deutschen Kaiser zogen nach Italien und ins Heilige Land. Handwerksburschen gingen auf die Walz, Künstler und vornehme Leute auf Bildungsreise. Und die Bundesbürger von heute gelten als das reiselustigste Volk der Welt: Von Acapulco bis Bangkok, zwischen Island und Kenia gibt es kaum ein Fleckchen Erde, das der deutsche Massentourismus nicht erobert hätte.

In keinem Land handeln soviele Gedichte und Lieder vom Wandern: Einfache Volksweisen, jugendbewegte Wandervogel-Schwärmerei, Kunstlieder ohne Zahl: Sie alle reflektieren das Abenteuer fahrender Gesellen, den Aufbruch in Gottes freie Welt, das Gefühl inniger Verbundenheit mit Mutter Natur.

Da drängt es sich auf, den großen historischen Bogen nach rückwärts zu schlagen, in die Zeit unserer Volkwerdung. Da uns das Fernweh so offensichtlich im Blut liegt, muß das nicht von der Völkerwanderung herrühren? Doch wenn Völker wandern, hat das nichts zu tun mit Lagerfeuer-Romantik. Sie werden von Klimaverschlechterung vertrieben, vom Druck anderer Volksmassen geschoben. Auch die Germanen suchten nicht die Blaue Blume, sondern Lebensraum für ihre Sippen, Ackerland für die Bauern, Weidegrund für ihr Vieh. Mit anderen und gegen andere kämpften die Germanen um einen Platz an der Sonne.

Unter der Lawine der Völkerwanderung wurde das römische Weltreich begraben. Über die Bewohner dieses Reiches gingen Sturmfluten hinweg. Viele Menschen rissen sie mit in den Strudel, andere konnten sich ducken und wenigstens überleben. Die Glücklichen, die abseits der großen Heerstraßen wohnten, kamen fast ungeschoren davon. Und die Wandernden? Ganze Stämme gingen unter. Manche Völker kamen ans Ziel und verloren die neue Heimat nach wenigen Generationen. Dauerhafte Bleibe fanden nur Einwanderer, die sich mit den Alteingesessenen zu arrangieren wußten.
Die Völkerwanderung war kein totales Chaos. Die politische Landkarte Europas wurde zwar gründlich umgestaltet und läßt bereits viele Konturen der heutigen Staatenwelt erkennen; aber das neue Gesicht des Abendlandes trug manchen vertrauten Zug: Deutliche Spuren römischer Kultur und Zivilisation lebten in den germanischen Staatengründungen weiter. Eine Zeit des Umbruchs, aber kein völliger Bruch mit allem, was vorher war.
Dieses Buch will ein Bild jener Jahrhunderte vermitteln, jener vielleicht wichtigsten Epoche europäischer Geschichte. Ein Bild ist ein Ausschnitt, keine vollständige Darstellung. Die alten Maler versuchten, das Wesentliche in der Mitte des Bildes einzufangen, mit Liebe zum Detail im Vordergrund, mit dem Bemühen auch, den Hintergrund deutlich zu machen. Was darüber hinaus geht, sprengt den Rahmen eines Bildes — und dieses Buches.

1. Kapitel

Alarich, König der Westgoten

Der unaufhaltsame Fall der Stadt Rom

Das Grab im Busento

Die Älteren von uns haben das zungenbrecherische Gedicht noch in der Schule gelernt. Gleich in der ersten Zeile, wenn vom Busento die Rede ist, haben die Buben gekichert, die Mädchen sind rot geworden. Und der Deutschlehrer hat dann scheinheilig Unverständnis darüber geheuchelt, wie man bei Busento an etwas anderes denken könnte als an den bekannten Fluß (wohl in Erdkunde nie aufgepaßt?) in der Stiefelspitze Süditaliens.

Die Handlung des Gedichts spielt Anfang des 5. nachchristlichen Jahrhunderts. Geschrieben hat es August Graf von Platen (1796 bis 1835) Anfang des 19. Jahrhunderts. Und so ist es auch nicht verwunderlich, daß es mehr vom Geist seiner Entstehungszeit durchdrungen ist: Mit dem 19. Jahrhundert beginnt eine Epoche, in der alles Germanische mit ziemlicher Kritiklosigkeit verherrlicht wird. Das fängt schon vor unserem Grafen Platen an und gipfelt in Richard Wagner (vor allem bei seinem Anhang) oder in den Mammut-Romanen eines Felix Dahn. Der ins Groteske übersteigerte Germanenkult des Dritten Reiches hat hier seine Wurzeln.

Über den Helden seines Gedichtes schweigt sich Graf Platen weitgehend aus. Wir erfahren nicht, was der prominente Heimatvertriebene Alarich in der kurzen Spanne seines Erdenwirkens alles angestellt hat; daß er und seine Goten in einem bis dahin fast beispiellosen Gewaltmarsch die Kulturvölker seiner Zeit in Atem gehalten haben; daß sie raubend und plündernd durch Süd- und Südosteuropa, vor allem aber durch Griechenland und Italien zogen; daß die Armeen beider römischer Kaiserreiche den vom Troß der Weiber, Kinder und Alten behinderten westgotischen Heerhaufen nicht entscheidend aufzuhalten vermochten. Vielleicht hat uns der Deutschlehrer erzählt, daß dieser Alarich es war, der den Römern die schmählichste Niederlage ihrer bisherigen Geschichte beigebracht hatte, indem er — kurz vor seinem Tod — Rom eroberte. Aber recht viel mehr haben wir selbst im Geschichtsunterricht nicht erfahren.

Der Zug des Alarich ist der erste große Höhepunkt der Völkerwanderung. Höhepunkt, was die Taten und Untaten des Alarich betrifft, die von seinen Zeitgenossen — teils mit Respekt, teils mit Abscheu — als ungeheuerlich empfunden wurden. Zugleich trägt die Geschichte des Alarich Modellcharakter: In einer Spanne weniger Jahre gewinnen wir wie im Zeitraffer einen Überblick über die ganze Epoche. Hier die ungebärdige Kraft eines jungen Volkes, das seinen Platz an der Sonne sucht, zu jedem Wagnis bereit, weil es nicht viel zu verlieren hat. Dort der Verfall eines Weltreiches, der sich in militärischer Ohnmacht, in politischen Intrigen, in chaotischer Selbstzerstörung offenbart. Wer über Alarichs Ziele nachdenkt, muß die Ursachen und Folgen der Völkerwanderung mit in seine Überlegungen einbeziehen. Wer seine Gegenspieler beschreibt, nimmt schon viele der Gründe vorweg, die zum Untergang des weströmischen Reiches führten. Alarich — ein Lehrstück.

Das Gedicht trägt den Titel „Das Grab im Busento". Wir wollen es hier ganz zitieren, aber mit dem Versprechen, daß in diesem Buch kein weiteres Gedicht mehr abgedruckt wird. Und wir wollen dann eine kleine Interpretation, eine kritische Analyse des Gedichtes vornehmen. So also reimte Graf Platen:

Nächtlich am Busento lispeln bei Cosenza dumpfe Lieder;
Aus den Wassern schallt es Antwort, und in Wirbeln klingt es wider!

Und den Fluß hinauf, hinunter ziehn die Schatten tapfrer Goten,
Die den Alarich beweinen, ihres Volkes besten Toten.

Allzufrüh und fern der Heimat mußten hier sie ihn begraben,
Während noch die Jugendlocken seine Schulter blond umgaben.

Und am Ufer des Busento reihten sie sich um die Wette,
Um die Strömung abzuleiten, gruben sie ein frisches Bette.

In der wogenleeren Höhlung wühlten sie empor die Erde,
Senkten tief hinein den Leichnam mit der Rüstung auf dem Pferde;

Deckten dann mit Erde wieder ihn und seine stolze Habe,
Daß die hohen Stromgewächse wüchsen aus dem Heldengrabe.

Abgelenkt zum zweiten Male, ward der Fluß herbeigezogen:
Mächtig in ihr altes Bette schäumten die Busentowogen.

Und es sang ein Chor von Männern: „Schlaf in deinen Heldenehren!
Keines Römers schnöde Habsucht soll dir je das Grab versehren!"

Sangens, und die Lobgesänge tönten fort im Gotenheere;
Wälze sie Busentowelle, wälze sie von Meer zu Meere!

Die geschilderte Szene ist historisch belegt. Trotzdem sind immer wieder Zweifel an der Richtigkeit der Darstellung aufgekommen. Ganze Generationen von Archäologen und Schatzsuchern haben sich bei Cosenza, wo der Busento in den Fluß Crati mündet, kilometerweit zurückgearbeitet, haben das Flußbett aufgegraben und den Boden durchwühlt. Gefunden haben sie nichts. Was freilich nicht beweist, daß unsere antiken Gewährsmänner sich die Berichte über diese seltsame Bestattung aus den Fingern gesogen hätten. Schon eher ist möglich, daß ein Glückspilz vor vielen Jahrhunderten fündig geworden ist und — ohne vielleicht zu wissen, was da lag — den nassen Schatz an sich nahm und ihn stückchenweise verkaufte. Noch wahrscheinlicher freilich ist die Annahme, daß der Fluß selbst es war, der die königliche Leiche und ihre reiche Grabbeigabe fortgespült hat, fortgewälzt vielleicht ins Mittelmeer.
Das Bild, das uns der Dichter in den ersten Strophen schildert, ist plastisch und durchaus glaubhaft. Die Krieger mögen zu beiden Seiten die Uferwege bewacht haben, streng darauf bedacht, daß kein Einheimischer ihr Tun beobachtete. Logischerweise dürfte sich

die Szene bei Nacht abgespielt haben, erhellt von den Gestirnen des südlichen Himmels und von den Fackeln der betrübt blickenden Wachmannschaft.

Die Arbeit, so ist uns überliefert, überließen die Goten einem Trupp Gefangener, die nicht wußten, daß sie mit der Gruft des Königs zugleich ihr eigenes Grab schaufelten. Denn als das Werk getan war und die Busentowogen wieder in ihr altes Bett schäumten, da machten die gotischen Aufpasser ihre Gefangenen nieder. Natürlich nicht aus Grausamkeit und bösem Willen, sondern aus reinen Geheimhaltungsgründen. Doch davon berichtet uns der Dichter nichts. Ein anständiger Germane tut so etwas ja auch nicht. Dafür beflügelt das Flüßchen Busento die Phantasie des Dichters um so mehr. Man muß davon ausgehen, daß Platen den Ort der Handlung nie gesehen hat. Ja, man darf sogar annehmen, daß er überhaupt nicht weiß, was sich in Italien so alles Fluß nennt. Mächtig schäumende Wogen wird man im Busento schwerlich finden und schon gar nicht nach einem heißen, trockenen Sommer im Süden der Halbinsel.

Vielleicht haben die Einheimischen, die Bürger von Cosenza, die Hirten und Bauern der Umgebung, das Schauspiel aus weiter Ferne verfolgt; sahen tatsächlich im Licht der Fackeln die Schatten der fremden Krieger, hörten die klagenden Gesänge: eine fremde Musik aus dem Norden und Osten Europas, geprägt vom Meer und von den weiten Steppen Rußlands. Das Schauspiel mag sie fasziniert haben, hat ihnen wohl auch Respekt eingeflößt. Ein Gefühl der Trauer freilich werden sie schwerlich aufgebracht haben. Denn diese Goten waren für sie eine Landplage und der König Alarich ein Symbol des Grauens.

Sein Tod hat sie sicher erleichtert, hat sie vielleicht hoffen lassen, das Fieber könnte noch viele andere Eroberer hinwegraffen und die Goten insgesamt zur schleunigen Flucht veranlassen. Für sie war ein guter Gote nur ein toter Gote. Und so gesehen mag Alarich für die geschundenen Beobachter der nächtlichen Trauerzeremonie tatsächlich seines „Volkes bester Toter“ gewesen sein. Doch auch davon klingt bei August von Platen nichts an, wenn er den König so nennt. War er wirklich die strahlende Heldenfigur, der edle Recke und Ritter ohne Furcht und Tadel, der nichts anderes im Sinn hatte, als sein Volk in eine glückliche Zukunft zu führen? War er der Anführer eines aufgescheuchten, brutal vertriebenen Bauernvolkes, das nichts anderes wollte, als Land bebauen, als Ruhe und Friede auf eigener Scholle? Oder war er ein Räuberhauptmann, ein zynischer Mordbrenner, der es nur auf Reichtum und Macht, auf ein „dolce vita" unter südlicher Sonne und im Wohlstand abgesehen hatte? Wir werden auf diese Frage noch zurückkommen.

Gegen Schluß seines Gedichtes stellt August von Platen die Geschichte geradezu auf den Kopf: „Keines Römers schnöde Habsucht soll dir je das Grab versehren", tönt der deutsche Dichter. Wußte er nicht, daß Alarich mit seinen Scharen plündernd den Balkan hinab bis nach Griechenland und Kleinasien gezogen war, daß er Gold und Silber tonnenweise erpreßt und geraubt hatte, daß er der Schrecken aller Rechtschaffenen war und höchstens den Sklaven Gutes tat? Wenn die Römer wirklich das nasse Grab des Gotenkönigs geöffnet hätten, um sich die „stolze Habe" Alarichs zu nehmen, sie hätten damit nur ihr Eigentum zurückgeholt.

Beenden wir unsere Gedicht-Interpretation mit der Bemerkung Platens, daß die Goten ihren König allzu früh begraben mußten — „während noch die Jugendlocken seine Schulter blond umgaben". Was die Locken und die Haartracht betrifft, mag das als dichterische Freiheit durchgehen. Was die Jugend Alarichs angeht, müssen ein paar Einschränkungen erlaubt sein. Das Geburtsjahr des Westgotenkönigs ist uns nicht sicher bekannt. Frühestens ist er im Jahre 370 geboren, wahrscheinlich um einiges später. Bei seinem Tod im Spätherbst 410 war er also ein Mitt- bis Enddreißiger. Anders als heute, da des Menschen Leben wirklich bis siebzig währt, lag zur Zeit der Völkerwanderung die durchschnittliche Lebenserwartung bei fünfunddreißig Jahren. Zwanzigjährige stiegen bereits in hohe Offiziers- und Verwaltungsstellen auf. Ein Fünfunddreißigjähriger jedenfalls konnte als Mann in den besten Jahren gelten. Menanders Spruch „Wen die Götter liebhaben, der stirbt jung", paßt auf Alarich nicht.

Des Kaisers General

Als Alarich auf der Donauinsel Peucè geboren wurde, lebte sein Volk im heutigen Bulgarien am südlichen Ufer des Stroms. Alarich entstammte dem Geschlecht der Balthi, einer hochangesehenen gotischen Adelsfamilie. Im Jahre 394 begegnen wir dem jungen Mann zum ersten Mal in einer hohen Position. Kaiser Theodosius der Große hatte westgotische Verbände als Verbündete angeworben. Alarich ist ihr Befehlshaber, nach heutigen Maßstäben ein Mann im Generalsrang. Für Theodosius schlägt er auch die ersten Schlachten und lernt dabei mehr als den Umgang mit Waffen, mehr als Taktik und Strategie. Er sieht die Schwächen des römischen Militärwesens, prägt sich die Geographie an den Grenzen des Reiches ein, erkennt schnell die neuralgischen Punkte der Befestigungen, die Bruchstellen im Abwehrsystem.

Als Theodosius 395 stirbt und die Regierung seinen unmündigen Söhnen Arcadius im Osten und Honorius im Westen überläßt, glaubt Alarich, daß seine Stunde gekommen ist. Wen sonst als ihn sollte man jetzt in die Spitze der militärischen Hierarchie holen? Zumindest darf er hoffen, daß ihm ein Teil der kaiserlichen Legionen unterstellt wird. Aber nichts von alledem geschieht. Im Gegenteil: Die regelmäßigen finanziellen Zuwendungen, die den westgotischen Bundesgenossen für ihre Militärdienste unter Theodosius zugeflossen waren, werden plötzlich gesperrt. Für Alarich und seine Westgoten — es mögen 80 000 bis 100 000 gewesen sein — ist das Anlaß, sich selbst zu holen, was ihnen Konstantinopel versagt.

Die Belagerung freilich mißlingt. Konstantinopel sollte sich für tausend Jahre als uneinnehmbar erweisen. Nicht nur Alarich und seine Westgoten holen sich vor den Mauern der östlichen Kaiserstadt blutige Köpfe. Die Westgoten wenden sich nach Griechenland und aus dem Herzog Alarich wird der König seines Volkes. Das Königtum ist keine typische germanische Regierungsform. Ein Oberhaupt wählen sich die Freien des Volkes normalerweise nur für den Kriegsfall. Der Herzog ist der Mann, der vor dem Heer zieht. In diesen schweren Zeiten freilich ist man immer mehr oder weniger im Kriegszustand und so wird der Herzog, der Herrscher auf Zeit, zum Monarchen auf Dauer, zum König.

„Die Könige", so heißt es in der „Germania" des Tacitus, „wählen sie sich aus den Reihen der Adeligen; zu Heerführern machen sie die Tapfersten." Liegt der Bericht des Tacitus auch 300 Jahre vor Alarich, so mag doch stimmen, wenn er die Machtausübung als „nicht unumschränkt" beschreibt. „Zu Achtung und Gehorsam verhilft ihnen am besten Bewunderung; sie suchen sie dadurch zu erwecken, daß sie stets einsatzbereit sind, daß sie sich hervortun und in vorderster Linie kämpfen." Auf das gute Beispiel also kommt es an, auf Überzeugungskraft. „Innere Führung", wenn man so will, schon im Westgoten-Heer.

Daß der junge Mann seine Untertanen zu kriegerischen Taten motivieren kann, ist nicht verwunderlich. Noch einmal zitieren wir Tacitus: „Tatenloses Leben ist den Germanen zuwider". Dies gilt natürlich umso mehr, wenn einem Volk der Überlebenskampf gleichsam aufgezwungen wird. Für Alarich selbst trifft aber der nächste Satz aus der „Germania" zu: „Auch wird man im tollen Durcheinander des Krieges leichter berühmt. Außerdem können die Gefolgsherren so große Gefolgschaften überhaupt nur durch Krieg und Raub zusammenhalten." Insoweit hatte Alarich den Seinen einiges zu bieten.

Aber die Wanderung eines Volkes bringt mehr mit sich als Kriegsruhm und Beute. Viel schwieriger ist es für den König, seinen Haufen im Alltag zusammenzuhalten. In Zeiten, da auf staubigen Landstraßen Hitze und Durst die Kehlen austrocknen, da die Mägen knurren vor Hunger; da Frauen und Kinder, vor Kälte schlotternd, zu wimmern anfangen; da sich plötzlich alle fragen, was der lange Kriegszug eigentlich noch soll. Sein fürstliches Blut allein hat Alarich über solche Tage und Wochen bestimmt nicht hinweggeholfen. Er muß die Gabe der mitreißenden Überredung gehabt haben, aber auch Härte und Beharrlichkeit, Unpopuläres durchzusetzen. Denn nicht nur einmal waren ja den Westgoten schon feste Siedlungsgebiete angewiesen worden. Und dennoch folgte ihm das ganze Volk, wenn er zu neuem Aufbruch rief.

Der junge König marschiert durch Thessalonien, belagert und erobert Korinth, Argos und Sparta. Athen kann sich von der Plünderung loskaufen. Alarich geht mit den gefallenen Städten und ihren Bewohnern nicht gerade glimpflich um. Alles, was eßbar und trinkbar ist, alles, was nicht niet- und nagelfest ist, wird geraubt und abgeschleppt. Allerdings tut man Alarich und den Westgoten Unrecht, wenn man sie dafür verantwortlich macht, daß die großen Baudenkmäler des klassischen griechischen Altertums heute zerstört sind. Zwar hat er sich nie gescheut, ein Haus brandzuschatzen, um sich an denen zu rächen, die ihre Habe nicht schnell genug herausrücken wollten. Natürlich ließ er Türen und Mauern niederreißen, wenn er hinter ihnen verborgene Reichtümer vermutete. Wo gehobelt wird, fallen Späne. Aber ein Bilderstürmer war er nicht. Vor den klassischen Stätten Athens hatte Alarich Respekt. Zerstörung nur um der Zerstörung willen hatte für die Goten keinen Reiz.

Das wandernde Volk dürfte bald einige Schwierigkeiten gehabt haben. Auf den Planwagen häufte sich das Beutegut. Wie eine Familie, die von Umzug zu Umzug immer mehr mit sich herumschleppt, so wurden die Goten von Stadt zu Stadt, die sie plünderten, unbeweglicher. Dazu kommt der natürliche Verschleiß an Menschen bei einem Stamm, der sich jahrelang auf dem Kriegspfad befindet.

Vielleicht lag es daran, daß es den Römern schließlich gelang, die Goten in den Bergen und Wäldern Arkadiens einzuschließen. Der Mann, der Alarich jetzt entgegentritt, heißt Stilicho.

Flavius Stilicho ist der Sohn eines Vandalen und einer Römerin. Sein Geburtsjahr ist uns nicht bekannt. Doch muß er um gute zehn Jahre älter gewesen sein als sein Kontrahent Alarich. Stilicho trat schon als ganz junger Mann in die kaiserliche Armee ein und machte schnell Karriere. Im Jahr 383 begegnen wir ihm am persischen Hof, wohin ihn Theodosius der Große als Gesandten in Sondermission geschickt hatte. Offenbar bewältigte Stilicho diesen Auftrag zur vollen Zufriedenheit seines kaiserlichen Herrn; denn bald nach seiner Rückkehr erhielt er Serena, des Kaisers Nichte und Adoptivtochter, zur Frau; ein durchaus nicht alltäglicher Vorgang, weil ein kaiserliches Edikt eheliche Verbindungen zwischen Römern und Barbaren verbot — jedenfalls soweit es sich um gewöhnliche Sterbliche handelte. Aber Stilicho selbst war ja schon einer solchen Verbindung entsprossen.

Weitere Stationen seiner Karriere: 385 sehen wir ihn als Befehlshaber in Thrakien, bald darauf kämpft er erfolgreich und energisch gegen Picten und Schotten in Britannien und dann am Rhein gegen zahlreiche germanische Stämme. Sein Gönner und Schwiegervater Theodosius hielt große Stücke auf ihn und bestellte Stilicho samt Serena zum Vormund seines jungen Sohnes Honorius.

Nach dem Tod des alten Kaisers ist Stilicho der mächtigste Mann im Reich. Nicht nur als Vormund und Regent für Honorius im Westen, sondern auch im Osten, wo es ihm gelingt, seinen alten Rivalen Rufinus zuerst abzusetzen und mit Hilfe von barbarischen Freunden dann auch umzubringen. So ist es auch verständlich, daß ihn der oströmische Kaiser Arcadius 396 zu Hilfe ruft gegen Alarich und die Westgoten.

Stilicho ist ein Mann, der sein Handwerk versteht. Auch ist er kein militärischer Fachidiot, der über den Horizont eines Schlachtfeldes nicht hinauszudenken vermag. Er treibt Alarich in die Enge, nützt aber seinen Vorteil nicht soweit aus, die Westgoten insgesamt abzuschlachten und ihre Frauen und Kinder als Sklaven zu verkaufen.

Es ist kaum zu glauben, daß ihm die Westgoten gegen seinen Willen entkommen sind. Vielleicht übte er deshalb Milde, weil er noch Pläne mit Alarich hatte — ein Vorgang übrigens, der sich im Verhältnis zwischen Alarich und Stilicho noch einigemale wiederholen sollte.

Andererseits lag es sicher auch nicht in der Absicht von Stilicho, daß Alarich weiter plündernd über die Balkaninsel zog und dafür von Kaiser Arcadius auch noch belohnt wurde. Eine Verschlechterung in den Beziehungen zwischen Ost- und West-Rom — offenbar hatte Stilichos Erfolg Neid erregt — hatte es mit sich gebracht, daß plötzlich auch Arcadius Pläne mit den Westgoten hatte. Fast über Nacht fand sich Alarich wieder in römischen Diensten, diesmal als Befehlshaber in der wichtigen Provinz Illyricum (im heutigen Jugoslawien): ein Gebiet, das bei der theodosianischen Reichsteilung dem Osten zugeschlagen worden war, Stilicho aber gerne dem Westen angeschlossen hätte.

Für Alarich war Illyricum ein Geschenk des Himmels. Als Zünglein an der Waage, als Herrscher über den westlichen Balkan, konnte er beide Reichshälften gegeneinander ausspielen und — nach dem Urteil des zeitgenössischen Schriftstellers Claudian — „seinen Treueid nach beiden Seiten verkaufen".

Illyricum ist sicher nicht die reichste, aber gewiß keine arme und durchaus eine schöne Provinz. Alarich hätte sich am Ziel seiner Wünsche fühlen können. Um mit dem Neuen Testament zu sprechen, das Bischof Ulfilas ins Gotische übersetzt hatte: „Hier ist gut sein, hier laßt uns Hütten bauen." Aber die Westgoten hielten es mehr mit einem lateinischen Sprichwort, das auf einen alten Kehrreim des griechischen Komödiendichters Aristophanes zurückgeht. „Ubi bene, ibi patria", bedeutet auf deutsch: Wo es mir gut geht, da ist mein Vaterland. Alarich gab sich indes nie damit zufrieden, daß es seinem Volk gut ging, sondern suchte immer nach Vaterländern, in denen es ihm noch besser gehen könnte.

Die Provinz bot dem König Gelegenheit, sein Volk und seine Streitmacht wieder aufzufrischen. Man rüstete sich mit besseren Waffen aus. Illyricum wurde zum Trainingslager einer Mannschaft, die es nach neuen Auswärtsspielen gelüstete. Dazu fand Alarich nun auch noch einen Verbündeten, Radageis, einen Stammesführer der sarmatischen (nicht germanischen) Alanen. Mit kleinen Grenzverletzungen begann es; größere Raubzüge folgten, um Stilicho auf die Probe zu stellen.

Der vandalische Reichsstatthalter hatte inzwischen eine Revolte in Afrika niedergeschlagen und weiter an Ansehen gewonnen. Sein Kaiser Honorius hatte Stilichos Tochter Maria geheiratet (und nach ihrem Tod, zehn Jahre später, deren jüngere Schwester Thermantia). Es war ihm gelungen, im Westen die germanenfreundliche Politik des Theodosius fortzusetzen, obwohl seine Gegner im weströmischen Senat versucht hatten, auf der oströmischen Welle des Fremdenhasses und der Barbarenverfolgung mitzureiten. Stilicho machte den Großgrundbesitzern Avancen, indem er ihre Steuerlast erleichterte; und er kam den alten heidnischen Familien entgegen, indem er bei der Anwendung der verschiedenen Religionsgesetze mehr als ein Auge zudrückte. Den italo-römischen Nationalismus drängte er dadurch zurück, daß er gegen die germanische Mode vorging. Im weströmischen Heer bewahrten die Germanen jedenfalls ihre starke Stellung.

Stilichos Renommee wuchs noch, als er 401 den Scharen Alarichs entschlossen entgegentrat. Zum ersten Mal übrigens bediente sich die römische Militärmacht dabei hunnischer Söldner, die sich prächtig schlugen.

Alarich freilich hatte nur eine Schlacht und noch längst nicht den Krieg verloren. Im Frühling des Jahres 402 war er wieder zur Stelle und fiel bis ins westliche Oberitalien ein. Bei Pollenza, unweit Asti (also östlich von Turin), kam es am 6. April 402, am Ostertag, zur großen Schlacht. Stilicho hatte das Überraschungsmoment für sich, weil Alarich als arianischer Christ der festen Überzeugung war, daß er am heiligen Osterfest keinen Angriff zu befürchten habe. Später haben Stilichos innenpolitische Feinde ihm diese „Entweihung“ des Festtages zum Vorwurf gemacht. Damals aber waren sie sehr dankbar, daß er die Goten, wenn auch unter schweren eigenen Verlusten, entscheidend geschlagen hatte. Entscheidend indes nur für ein Jahr. Denn 403 war Alarich mit Kind und Kegel wieder da. Diesmal wurden seine Scharen schon bei Verona zurückgeworfen. Stilicho wurde als Retter des Vaterlandes gefeiert, als ein zweiter Marius. Dieser Marius hatte ein halbes Jahrtausend zuvor die Kimbern und Teutonen vernichtet.

Der Dank des Vaterlandes

Wenn Alarich militärische Bilanz zog, mußte er zu der bitteren Erkenntnis kommen, daß sein Troß mit Weib und Kind und Wagen, mit Beute und Vieh viel zu schwerfällig war, um auf die Dauer gegen ein gut geführtes Heer zu bestehen. Und Stilicho führte seine Truppen wirklich sehr beweglich, entschlossen und effektiv. Andererseits konnte Alarich aus zwei Gründen nicht darauf verzichten, sein Volk mit sich zu führen. Einmal mußte er sich zumindest den Anschein geben, als wären die Westgoten nicht auf Machtzuwachs und Geld, sondern auf Land und feste Wohnsitze aus. Zum anderen mußte er fürchten, daß die Frauen und Kinder, das ganze wehrunfähige Volk, Repressalien ausgesetzt würden, wenn er sie zu Hause ließ und mit den Bewaffneten allein loszog.
Stilicho wurde später vorgeworfen, er hätte dem Westgoten-Spuk ein für allemal ein Ende setzen können; er hätte mehrfach die Chance versäumt, Alarich völlig einzuschließen und aufzureiben. Nun können wir wohl davon ausgehen, daß nicht irgendwelche Humanitätsgefühle Stilicho dazu bewogen, das nicht zu tun. Aber erstens ist eine Schlacht bis zum letzten Mann leichter gesagt als getan; und zum zweiten hatte er immer noch die Hoffnung, dem Alarich durch ein paar Niederlagen klar machen zu können, daß er auf der falschen Seite kämpfte. Die Provinz Illyricum wollte Stilicho nach wie vor für den Westen gewinnen — Alarich hätte der Hebel sein können, den man gegen Ost-Rom ansetzen mußte.

Vorläufig aber hatten die Schlachten zwischen Alarich und Stilicho nur ein Ergebnis: Die Reichsregierung des westlichen Teils, die schon vor geraumer Zeit von Rom nach Mailand verlegt worden war, wich jetzt in die alte Hafenstadt Ravenna aus. Zwar war der vor Ravenna liegende adriatische Kriegshafen Classis längst verschlammt, aber für einen kleinen Schiffsverkehr reichte es noch. Und vom Land her war Ravenna durch ausgedehnte Sümpfe gegen überraschende Angriffe bestens gesichert.

Die Verlegung des Regierungssitzes im Jahre 403 hatte weitreichende Folgen. Sie erleichterte den Vandalen, Sueben und Alanen den Einfall in Gallien. Am 31. Dezember 406 wurden die römischen Verteidigungsposten bei Mainz überrannt. Die Scharen, die über Ungarn und Bayern bis an den Rhein gezogen waren, überschritten den zugefrorenen Fluß, überschwemmten ganz Gallien. Dies wiederum führte dazu, daß die Römer 407 ihre Truppen aus Britannien endgültig zurückziehen mußten, bevor sie durch die Wanderungswelle der Germanen vom Stammland abgeschnitten wurden. Davon später noch mehr.

Es gibt da die Geschichte von dem vielbeschäftigten Politiker. Von seinem Fahrer gefragt, wohin er ihn bringen soll, antwortet der Geplagte: „Fahren Sie, wohin Sie wollen. Gebraucht werde ich überall.“ So erging es jetzt dem Stilicho. Der Heermeister hatte alle Hände voll zu tun. Er eilte von einer bedrohten Grenze zur anderen. Doch wenn er hier Ordnung schuf, brach dort ein neuer Sturm los. Dazu kam eine wachsende Entfremdung zwischen Ost- und West-Rom. Konstantinopel wollte die Bedrängnis Ravennas offenbar dazu ausnutzen, alte Rechnungen zu begleichen. Rechnungen übrigens, die auch zwischen Stilicho und den oströmischen Statthaltern ganz persönlich bestanden. Libanios (314—393), der griechische Rhetor aus Antiochia, sollte Recht behalten mit seiner prophetischen Warnung, daß „nicht unsere Feigheit, unsere Weichheit, unsere geringe Begeisterung die Ursache der Überlegenheit der Barbaren“ sei, sondern andere, „sehr menschliche Gründe den Erfolg der Germanen möglich“ machten: Nämlich vor allem der

Streit zwischen den wirklichen Herren des Reiches, Stilicho im Westen und erst Rufinus, dann Eutropius im Osten.
Wie dem auch sei, für Stilicho war jetzt die Stunde gekommen, angesichts eines drohenden Bürgerkriegs mit Ost-Rom so ziemlich um jeden Preis neue Verbündete zu suchen. Jetzt sollte es sich noch einmal lohnen, daß er Alarich und seine Goten quasi aufgespart hatte. Sie, die so lange gegeneinander marschiert waren, wollten sich jetzt zusammen für Kaiser Honorius schlagen, um dessen Ansprüche auf Illyricum durchzusetzen. Alarich rüstete auf und wollte wieder einmal seinen Treueid an den Meistbietenden verkaufen, als in Konstantinopel Kaiser Arcadius im Mai 408 überraschend starb und damit wieder eine völlig neue Situation geschaffen wurde. Ost- und West-Rom näherten sich einander an. Kaiser Honorius in Ravenna, der ja — zum Beispiel in Gallien — auch andere Sorgen hatte, lenkte ein und sagte die Aktion Illyricum ab. Alarich wurde mit einer Militärhilfe von 4 000 Pfund Gold für seine Rüstungskosten entschädigt. Die legte er gut an, indem er sich in der Provinz Noricum (Kärnten) breitmachte.
Die Annäherung der beiden Reichsteile unterminierte die Stellung Stilichos. Die barbarenfeindliche Politik Ost-Roms, der blanke Fremdenhaß fraß sich auch ins Westreich. Kaiser Honorius, ein ebenso unreifer wie feiger und eifersüchtiger Herrscher, lieh sein Ohr Intriganten, die seinen Schwiegervater Stilicho verleumdeten. Dessen neues Bündnis mit Alarich mußte für vielfältige Verdächtigungen herhalten: War Stilicho nicht auch ein Barbar, ein Germane, der insgeheim schon längst mit Alarich im Bunde war? Hatten Stilicho und Alarich und andere Germanenführer das ganze Unheil der letzten Zeit nicht allein deshalb angezettelt, um in einer groß angelegten Verschwörung Stilichos Sohn Eucherius zum Kaiser zu machen? Oder wollte Stilicho gar selbst gegen seinen Herrn vorgehen und sich den Purpurmantel überstreifen?
Kaiser Honorius war ein schwächlicher Typ, dessen vielleicht aufsehenerregendste Tat ein blutschänderisches Verhältnis zu seiner Schwester Galla Placidia war. Zu sagen hatte er wenig im Reich,

er hat es auch Stilicho gegenüber kaum versucht. Während Stilicho seinen Kopf an den verschiedensten Fronten des Reiches hinhielt, ließ es sich Honorius im sicheren Ravenna gutgehen. Draußen tobte der Krieg, und in der Residenzstadt tanzte der Hof. Aber so weit reichte die Macht des Honorius eben doch noch, um seinen Schwager und Schwiegervater Stilicho ins Verderben zu schicken.

Daß Stilicho tatsächlich Verrat geübt hätte, daß er sich selbst oder seinen Sohn zum Kaiser machen wollte, dafür gibt es nicht einen Beweis. Eine historische Parallele — wenn wir zwölf Jahrhunderte vorauseilen dürfen — bietet sich geradezu an. Dem kaiserlichen Generalissimus Albrecht von Wallenstein wird im Februar 1634 dasselbe Schicksal zuteil wie dem kaiserlichen Generalissimus Stilicho im August 408. Der Herzog von Friedland war ein Emporkömmling wie der Vandale. Er entstammte einer Außenseiter-Familie von kleinem Adel, tschechisch und protestantisch dazu, arbeitete sich empor, wurde seinem kaiserlichen Herrn zuerst unentbehrlich und dann unheimlich. Lange Zeit wurde er mit Ehren und Geschenken überhäuft. Dann schlich sich langsam Neid, bald auch böser Verdacht in die Beziehungen zum Kaiser ein. Warum blieb der Friedländer in seinem Winterlager, warum wich er den Schweden aus, statt sie aus dem Land zu werfen? War er gar mit den Protestanten in heimlichem Bündnis? Oder mit Frankreich? Wollte sich der tschechische Baron, der bis zum Herzog und Reichsfürsten aufgestiegen war, die böhmische Krone aufsetzen und anschließend dem Erzhaus in Wien seine Bedingungen diktieren? Ob Wallenstein Verrat im Sinne hatte, wie weit sein Ehrgeiz wirklich ging, ist nie geklärt worden. Einflüsterungen und Intrigen am Wiener Hof genügten, um seinen Sturz und seinen Tod herbeizuführen.

Stilicho, der Vandale, ein Außenseiter und Self-made-man wie Wallenstein, hatte sich seinem Herrn ebenso unentbehrlich gemacht. Als Feldherr und Staatsmann, als Berater und Macher. Vom Neid verfolgt wie der Friedländer. Mag g e g e n Wallenstein der Schein sprechen, so spricht im Falle Stilichos eigentlich alles f ü r seine Unschuld, für seine absolute Loyalität gegenüber Kaiser und Reich.

Ein Mann, der den Kaiser stürzen will, reagiert anders als Stilicho in den Tagen seines Niedergangs; als er sehen muß, wie man gegen ihn vorgeht. Seine hunnische Leibgarde läßt sich für ihn in Stücke hauen, andere Truppenteile wollen ihm helfen. Er selbst aber, guten Gewissens, kann einfach nicht glauben, daß seine Stunde geschlagen hat. Er winkt all denen gegenüber ab, die ihm jetzt zur Seite stehen. In Ravenna versteckt er sich zwar in einer Kirche, läßt sich aber mit falschen Versprechungen herauslocken. Er macht es seinen Gegnern leicht, weil er diese Schalmeien-Töne nur allzu gerne glauben will. Ein Gespräch mit seinem kaiserlichen Herrn — und alle Mißverständnisse müßten sich aufklären lassen. Waren diese Versprechungen nicht schon ein Zeichen des Einlenkens, ein sicheres Indiz dafür, daß die andere Seite ihren Irrtum einzusehen begann und wirklich Bereitschaft zeigte, mit sich ernsthaft reden zu lassen?

Doch Stilichos Untergang war längst beschlossene Sache. Schon während er sich auf die Reise gemacht hatte, um nach dem Tod des Arcadius dessen unmündigen Sohn, Theodosius II., als Vormund in die Regierungsgeschäfte einzuweisen, wurde sein Untergang in Ravenna und Rom hinter seinem Rücken unwiderruflich beschlossen. Zur geplanten Reise nach Konstantinopel kam es dann gar nicht mehr. Was immer er zu seiner Verteidigung hätte vorbringen können — das Urteil war längst gefällt. Seine Beteuerungen, seine Verteidigungsreden waren in den Wind gesprochen. Die Männer, die über ihn zu Gericht saßen, hielten sich nicht an das Recht, sondern an Befehle von oben. Auch Stilichos Frau Serena, die Stiefschwester des Kaisers, und Stilichos Tochter Thermantia, dem Monarchen eben erst vermählt, konnten ihn nicht retten. Politik — und darum geht es ja, nicht um Gerechtigkeit — war Männersache. Die Weiber ging das nichts an. Das war so, als Mussolini seinen Schwiegersohn, den Grafen Ciano, wegen Verrats hinrichten ließ. Bei Kaiser Honorius war es nicht anders. Am 22. August des Jahres 408 wurde Flavius Stilicho enthauptet. Zwei Jahre und zwei Tage darauf fiel Rom.

Die Hofpartei unter Führung des Olympius, der den stolzen Titel eines magister officiorum führte, war mit der Hinrichtung Stilichos noch nicht zufrieden. Wenn Politiker stolpern, brechen sich oft auch ihre Anhänger das Genick. Nach dem Beispiel des oströmischen Reiches, wo der Fremdenhaß längst zu Auswüchsen geführt hatte, begann nun auch im Westen die große Säuberung. Die Barbaren in römischen Diensten, vor allem aber die Germanen, wurden aus ihren Ämtern gejagt, mußten bei Nacht und Nebel und Hals über Kopf ihre Häuser verlassen, wurden mit Frauen und Kindern vertrieben. Unter denen, die sich nicht schnell genug aus dem Staub gemacht hatten, richteten römische Soldaten, von Olympius und seinem Anhang aufgehetzt, ein schreckliches Blutbad an. Doch wer Wind sät, wird Sturm ernten.
Wer sich gerettet hatte, suchte das Heil in der Flucht und rottete sich zusammen. Und nichts war natürlicher, als daß sich die germanischen Gastarbeiter in Uniform, die barbarischen foederati — angeblich 30 000 Mann stark — mit Kind und Kegel an König Alarich um Hilfe wandten. Der zögerte zunächst, überlegte wohl, wie er aus der neuen Situation für sich das Beste machen könnte. Daß es ihm um die Moral oder auch nur um die Rache gegangen ist, können wir mit einiger Sicherheit ausschließen. Denn zu allererst suchte er Verhandlungen, um wieder einmal eine hübsche Geldentschädigung herauszuschlagen. Dabei erklärte er sich bereit, die Provinz Noricum zu räumen und sich nach Pannonien (Ungarn) zurückzuziehen.
Doch Kaiser Honorius und die römischen Nationalisten wollten davon nichts wissen. Wen die Götter verderben wollen, den schlagen sie mit Blindheit. Honorius und Olympius waren zu berauscht vom Barbarenblut, hatten einen zu leichten Sieg über die in Italien befindlichen Germanen errungen, als daß sie jetzt noch bereit gewesen wären, einem anderen Germanen auch nur entgegenzukommen. Die Römer redeten sich wohl ein, daß Alarich nur durch und

mit Stilicho so stark gewesen sei, ohne die heimliche oder auch offene Unterstützung durch den vandalischen Heermeister indes nichts ausrichten könne. Eine Täuschung mit fürchterlichen Folgen für die Römer!

Alarich zog mit seinem Volk und den germanischen Vertriebenen, die sich zu seinen Fahnen geflüchtet hatten, über die Julischen Alpen nach Italien, ging über Aquilea, Padua und Mantua nach Cremona, wo er über den Po setzte. Die kaiserlichen Truppen, die sich ihm entgegenstellten, mußten schnell einsehen, daß es sehr leicht war, über ahnungslose und wehrlose Germanen herzufallen, daß es aber eine ganz andere Sache ist, einer wohlausgerüsteten, gut geführten und mit Rachedurst motivierten Volksarmee den Weg zu verlegen. Alarich beging nicht den Fehler, das durch Sümpfe geschützte Ravenna zu belagern. Er ließ es links liegen und strebte auf Rom zu.

Kaiser Honorius hatte sich in Ravenna verschanzt, und wenn er jetzt noch irgendeinen Widerstand zu organisieren versuchte, dann stand er nur auf dem Papier. Vielleicht hat er, wie eineinhalb Jahrtausende später Adolf Hitler in der Reichskanzlei, Befehle ausgesandt und Truppen auf der Karte bewegt. Nur gab es diese Truppen nicht; und wenn es sie noch gab, hatten sie nun keinen Ehrgeiz mehr, sich die Köpfe einschlagen zu lassen für den Mann, der hinter den Mauern seiner Hauptstadt saß, es sich wohlgehen ließ und sich einen Dreck um die Untertanen kümmerte, die draußen im Land unter dem Krieg zu leiden hatten.

Im Oktober 408 steht Alarich mit seiner Macht vor der Hauptstadt Rom. Mag Konstantinopel der Stadt am Tiber längst den Rang abgelaufen haben, mögen für den Westen die wirklichen Entscheidungen am Rhein oder in Südfrankreich gefallen sein, mag die Regierung nach Mailand und dann nach Ravenna umgezogen sein: Rom ist immer noch Mittelpunkt, ist mehr als die heimliche Hauptstadt. Von Rom aus wurde das Weltreich gegründet und erobert. In Rom ließ es sich leben. Rom war die heilige Stadt, das mystische Haupt des Reiches, die „Urbs aeterna", die Ewige Stadt, wie sie Tibull schon vor Christi Geburt genannt hatte.

Die Kaiser hatten Rom befestigen lassen. Es war eine uneinnehmbare Stadt, zumal für Alarich und seine Goten, die es in der Kunst der Belagerung nicht zur Vollkommenheit gebracht hatten, die in ihrem Troß auch keine Rammböcke und Belagerungsmaschinen mitführten. Dafür wußte Alarich, daß es einen viel wirksameren Hebel gab, den anzusetzen er keinen Tag versäumte. Die Goten umzingelten Rom, riegelten es von seinem Hinterland ab und versperrten vor allem die Zugänge zum Meer. Die Stadt hatte damals mehr als eine Million Einwohner, für antike Verhältnisse eine schier unvorstellbare Zahl. Ohne die Getreideschiffe aus Nordafrika, ohne die Viehlieferungen, ohne die Fischfänge aus dem Mittelmeer, ohne Obst und Gemüse, das man aus der Umgebung bezog, war das Ende der Stadt nur eine Frage der Zeit, einer sehr kurzen Zeit. Denn so wenig wir uns, gerade auf dem Sektor der Ernährung, die Römerzeit primitiv vorstellen dürfen, der Kühlschrank und das Kühlhaus, die Konservendose und die Vakuumverpackung waren eben noch nicht erfunden. Die Reichen lebten zunächst noch ein paar Tage in Saus und Braus, zehrten dann die weit schmäleren Lebensmittelvorräte der Armen und Sklaven auf und gaben Durchhalteparolen aus, während sie ihre Schutzbefohlenen hungern ließen. Doch bald griffen Seuchen um sich, und im Gefolge von Hunger und Krankheit kam es zu Unruhen.

Jetzt war auch für die feinen Leute von Rom, für die Senatorenfamilien, für die Großgrundbesitzer, Geldsäcke und Handelsherren, der Zeitpunkt für Verhandlungen gekommen. Eine Delegation wurde vor die Stadt geschickt, um den Gotenkönig zum Abzug zu bewegen. Sie fand einen Alarich vor, der sich völlig unbeeindruckt von Namen und Titeln zeigte. Alarich verlangte nicht weniger als die Freilassung aller Sklaven barbarischer Herkunft und die Auslieferung allen Goldes und Silbers, das sich in der Stadt befand. Die Römer waren fassungslos und fragten den König, was ihnen dann noch bleiben würde. Alarich spielte den Erstaunten und antwortete mit unüberbietbarem Zynismus: „Das Leben.“ Ein Leben ohne Geld und Gut, ohne die Dienste der billigen Skla-

ven, konnten sich die oberen Zehntausend von Rom nicht vorstellen. Nun versuchte die Delegation den Gotenkönig einzuschüchtern mit leeren Drohungen wie der, daß die ganze Bevölkerung der Millionenstadt zu den Waffen greifen werde, um dem germanischen Spuk ein Ende zu bereiten. Alarich zeigte sich höchst amüsiert und fand einen starken Vergleich: „Je dichter das Gras ist, desto leichter läßt es sich mähen." Der Volkssturm, von dem die Gesandten faselten, war in seinen Augen nur ein Papiertiger.
Schließlich blieb den Römern nichts anderes übrig, als zähneknirschend einen Kompromiß zu schließen. Gegen Lieferung von zirka 6 500 Pfund Gold, 30 000 Pfund Silber, 7 000 Gewändern aus Seide oder purpurgefärbten Fellen und gegen 3 000 Pfund Pfeffer — Gewürze waren in der Antike ein besonderer Luxus und als Tauschobjekt auf allen Märkten gefragt — kauften sich die Römer von der Umzingelung frei. Den politischen Preis, den sie zudem entrichten mußten, schätzten sie wohl geringer ein: Sie mußten sich verpflichten, bei Kaiser Honorius vorstellig zu werden, um Alarichs Pläne zu unterstützen. Diese Vorstellungen aber waren jetzt schon um einiges weitgespannter als kurz nach Stilichos Tod. Alarich verlangte fruchtbares Land für sein Volk, und für sich den Oberbefehl über das weströmische Heer. Wobei der Gotenkönig natürlich seinen guten Willen beteuerte, sich ganz in den Dienst von Kaiser und Reich zu stellen.

Ein Poker um Rom

Alarich hatte übrigens bald Gelegenheit, seine staatstragende Gesinnung unter Beweis zu stellen. In dem Durcheinander am Ende der Belagerung waren Zehntausende von Sklaven aus Rom entlaufen. Zum Teil fanden sie Aufnahme im Heer der Goten, zum Teil aber organisierten sie sich in Banden, plünderten die Umgebung der Stadt und machten auch die Randbezirke Roms unsicher. Der Gotenkönig mußte nicht lange gebeten werden, sich als Ordnungsfaktor zu profilieren. Alarich griff mit harter Hand durch. Es gelang ihm tatsächlich, das Bandenunwesen in kürzester Zeit auszumerzen.

Dem Kaiser Honorius hat das sicher imponiert. Als die Gesandtschaft der Römer in Ravenna auftauchte, um in Einlösung ihres Versprechens für Alarichs Forderungen einzutreten, überlegte der Kaiser zunächst wohl ernsthaft, ob und wie er die Goten doch wieder in die Pflicht nehmen könnte. Aber je weiter sich Alarich von Rom entfernt hatte — gegen Jahresende hielt er sich in der Toskana auf — und je mehr Zeit nach der Belagerung vergangen war, desto mutiger wurde die römische Nationalistenpartei wieder. Ein weiteres Mal spielte der Kanzler Olympius eine unheilvolle Rolle. Er stachelte Honorius zu einer Politik der Stärke auf, riet ihm dazu, den Goten keinerlei Zugeständnisse zu machen. Um zu zeigen, wie ernst es ihm war, und um eine Wiederholung der Belagerung auszuschließen, rief der Kaiser eine Elite-Legion aus Dalmatien herbei, um sie als Verteidigungstruppe in die Ewige Stadt zu stellen. Doch bevor die Verstärkungen ihr Ziel erreichten, zwang sie Alarich zur offenen Feldschlacht und rieb sie bis auf einen kleinen Rest auf. Der Gotenkönig war jetzt in einer stärkeren Position denn je, zumal sein Schwager Athaulf mit Hilfstruppen aus Pannonien nachrückte und sich mit Alarich vereinigte. Den Soldaten des Kaisers gelang es im Gegensatz zu Alarich nicht, diese Entsatzarmee vorher abzufangen. Athaulf schlug sich, zwar stark bedrängt und unter erheblichen Verlusten, zu seinem Herrscher durch. In der Pokerpartie um Rom hatte jetzt Alarich wieder die besseren Trümpfe in der Hand.

Auch Honorius sah schnell ein, daß die Situation verfahren war. Um sein Gesicht zu wahren, mußte unbedingt ein Sündenbock gefunden werden. Herr Olympius bot sich für diese Rolle geradezu an. Als auch der Bischof von Rom, Papst Innocencius, gegen Kanzler Olympius Front machte, wurde des Kaisers Chefberater mit Hilfe des römischen Stadtpräfekten Jovius gestürzt. Der Weg zu neuen Gesprächen war frei und Jovius der rechte Mann, um mit

Alarich zu reden. Als wäre alles Vorausgegangene nur ein unglückliches Mißverständnis gewesen, nahm Jovius die Bedingungen des Gotenkönigs zur Kenntnis.
Alarichs Preis war noch einmal erheblich gestiegen: Dalmatien, Venetien und Noricum sollten ihm überlassen werden. Den Kaiser versicherte er seiner besonderen Ergebenheit: Er dächte im Traum nicht daran, diese Gebiete vom Reich abzutrennen, sondern betrachte sich als Verbündeter des Kaisers, als sein erster Diener und Statthalter. Zur Bekräftigung eines solchen Bündnisses bedürfe es freilich regelmäßiger Zahlungen aus der römischen Staatskasse und einer festen Getreidezuteilung.
Jovius muß ziemlich niedergeschmettert gewesen sein, weil er sofort über Alternativen nachdachte. So schlug er dem Kaiser vor — und sicherlich hatte er in dieser Sache zuerst bei Alarich vorgefühlt — den Gotenkönig zum magister utriusque militiae praesentalis zu ernennen, also zum Generalissimus des ganzen Westens. In der Hoffnung, dadurch den Goten ein wenig von ihren anderen Forderungen abzuhandeln.
Den Kaiser konnte keine dieser Möglichkeiten entzücken. Alarich als Militäroberbefehlshaber — das hieße nun wirklich den Bock zum Gärtner machen. Mit Dalmatien, Venetien und Noricum würde man ihm andererseits eine Schlüsselstellung einräumen. Das kam so ziemlich einer Einladung gleich, sich früher oder später ganz Italiens zu bemächtigen. Lieber ein Ende mit Schrecken, mochte man sich in Ravenna sagen, als ein Schrecken ohne Ende.
In dieser Situation traf es sich gut, daß der Nebenkaiser Konstantius, der sich in Gallien breitgemacht hatte, Fühlung mit Honorius und Ravenna aufnahm und für den Fall eines neuerlich ausbrechenden Konfliktes nicht nur wohlwollende Neutralität zusicherte, sondern sogar Unterstützung in Aussicht stellte. Jetzt setzte sich Honorius wieder aufs hohe Roß und erklärte die Verhandlungen für gescheitert.
Wenn Alarich nicht sein Gesicht verlieren wollte, mußte er ernst machen. Zusammen mit den Mannen seines Schwagers Athaulf ver-

fügte er über eine ansehnliche Kriegsmacht, die er wieder ins Feld rief. Doch auch Ravenna fühlte sich jetzt stark und warb neue Legionen an, darunter auch eine ansehnliche hunnische Söldnertruppe. Und vor den Hunnen hatten die Goten — wir werden die Gründe dafür noch ausführlicher zu schildern haben — einen Heidenrespekt. Alarich zögerte und mußte von Tag zu Tag mehr erkennen, daß die Zeit gegen ihn arbeitete.

In ihrer Bewegungsfreiheit eingeengt, machte sich bei den Goten Nahrungsmittelmangel bemerkbar. Man mußte die Beute von der römischen Belagerung versilbern. Auf den Märkten rings um die Lager der Goten wurden die lebensnotwendigen Dinge immer teurer. Angebot und Nachfrage gerieten in ein Mißverhältnis. Italienische Händler haben es ja zu allen Zeiten verstanden, aus jeder Situation ihren Vorteil zu schlagen.

Dem Gotenherrscher war klar, daß er jetzt zurückstecken mußte. Um sein Prestige nicht ganz einzubüßen, bediente er sich der Hilfe einiger Bischöfe. Sie sollten dem Kaiser ausrichten, man möge ihn, Alarich, doch nicht in die Zwangslage versetzen, ein zweites Mal gegen Rom zu marschieren. Die Ewige Stadt, so ließ er durchblicken, sei doch viel zu wertvoll, um sie der Gefahr einer neuen Belagerung auszusetzen. Wenn man ihn in die Enge treibe, so könne er für nichts mehr garantieren. Zugleich ermäßigte Alarich seine Forderungen ganz erheblich. Von militärischen Würden und von Geld war plötzlich nicht mehr die Rede, auch Dalmatien und Venetien ließ er aus dem Spiel. Er wollte sich mit Noricum als Siedlungsland für sein Volk begnügen und erbat nichts weiter als regelmäßige Getreidelieferungen.

Jetzt war im großen Pokerspiel der Kaiser wieder an der Reihe, die Karten zu überreizen. Für Honorius war dieser Umschwung nämlich das Zeichen, daß alles für ihn gelaufen war. Die Politik der Stärke hatte Früchte getragen. Jetzt mußte sie nur konsequent weitergeführt werden. Ein weiteres Mal glaubte er, Alarich in der Tasche zu haben. Honorius lehnte im sicheren Gefühl des nahenden totalen Sieges alle Forderungen der Goten ab, was diese zu besonders großen Anstrengungen motivieren mußte. Wie wilde Tiere, in die Enge getrieben, ungeahnte Kräfte entwickeln, reagieren die Goten. Alarich — und damit erweist er sich wirklich als ein Führer von Format — reißt die Zögernden mit und richtet die Verzagten auf. Die Goten treten die Flucht nach vorne an und ziehen ein zweites Mal gegen Rom.

Die zweite Belagerung

Diesmal besetzten sie sofort den Hafen und machten sich über die großen Lagerhäuser her, die das afrikanische Getreide bargen. Diesmal wissen aber auch die Römer, wissen der Senat und die großen Familien, was sie zu tun haben. Ihnen ist das eigene Hemd näher als der Purpurmantel des Kaisers, der sie ohnehin nicht zu schützen vermag. Noch sitzen die Schrecken der ersten Belagerung zu tief, als daß sie sich ernstlich auf eine neue und lange Kraftprobe einließen. Außerdem wissen sie, daß die leergeplünderte Stadt den Goten nicht viel bieten kann. Sie greifen deshalb Alarichs Idee, einen der ihren zum Gegenkaiser zu machen, mit Erleichterung auf. Priscus Attalus bekleidet gerade das Amt eines Stadtpräfekten. Er ist Grieche, aber in seinen Adern fließt auch das Blut eines alten Senatorengeschlechts. Ihm zieht Alarich den Purpur des Kaisers über. Als willfähriges Instrument von Alarichs Politik soll er den Goten den Weg frei machen zu ihrem Ziel, sich auf Italiens Boden festzusetzen. Würden die Römer dazu ihren Segen geben, könnte man weiter sehen. Frei nach Heinrich Heine: Wenn wir erst zu Hause sind, wird sich schon alles finden. Zur Abwechslung geht diesmal die Spekulation Alarichs nicht auf.

Attalus k a n n die Wünsche des Gotenkönigs gar nicht erfüllen, weil er dazu keine Macht hat. Und was noch schlimmer ist für Alarich: Sein Geschöpf, der Gegenkaiser, w i l l nicht einmal auf die Forderungen der Goten eingehen. Zunächst freilich scheint alles nach Plan, nach dem Willen Alarichs zu laufen. Attalus macht ihn zum Oberbefehlshaber des Heeres und hat auch für seinen Schwager Athaulf einen hübschen Posten übrig: man könnte ihn vielleicht Chef des Ersatzheeres nennen. Allerdings neutralisiert Attalus die beiden Gotenfürsten, indem er ihnen je einen Römer zur Seite stellt, sozusagen einen Generalinspekteur für die Kavallerie und einen für die Infanterie als Aufpasser.

Das erste Ziel des Gegenkaisers ist Afrika, ist der Griff nach der Kornkammer des Reiches. Alarich findet diese naheliegende Idee natürlich auch bestechend und macht sich sofort erbötig, eine größere gotische Streitmacht über das Mittelmeer zu bringen. Von einem germanischen Afrikakorps hält Attalus indes wenig. Er beharrt darauf, eigene, also römische Truppen, auf den Weg zu schicken, um die reiche Nachschub-Basis Afrika in seine Gewalt zu bekommen. Ein allzu starkes Kontingent wagt er allerdings nicht in Marsch zu setzen, um das Ungleichgewicht der Kräfte auf italienischem Boden nicht noch mehr zu Alarichs Gunsten zu verschieben.

Attalus und Alarich trauen sich offenbar gegenseitig nicht über den Weg. Man darf annehmen, daß sie beide einigen Grund dazu haben. So ziehen sie denn zusammen gegen Ravenna, um Kaiser Honorius das Fürchten zu lehren. Attalus verlangt nicht nur die Abdankung des Kaisers und seine Verbannung. Herzchen, das er ist, will er Honorius körperlich so verstümmeln lassen, daß der Konkurrent nie wieder auf die Idee kommt, eine Rolle in der Öffentlichkeit zu spielen. Das sind nun keine so schönen Aussichten, als daß Honorius gerne darauf eingehen möchte. Im nahezu uneinnehmbaren Ravenna sitzend, schickt er eine Verhandlungsdelegation zu Attalus und Alarich. Angeführt wird sie von Jovius, von dem wir schon gehört haben.

Jovius ist ein Meister der Intrige. Kaum hat er das belagerte Ravenna verlassen, sagt er sich von seinem Herrn Honorius los. Im Lager der Gegenpartei versucht er sogleich, Attalus und Alarich gegeneinander auszuspielen. Wieviel der Kaiser in Ravenna von diesen zuletzt genannten Bemühungen mitbekommt, ist nicht überliefert. Der Verrat des Jovius jedenfalls läßt es ihm geraten erscheinen, den sumpfigen Boden zu verlassen, der jetzt jeden Tag schwankender wird. Zumal den Truppen dort der Magen zu knurren beginnt und sie zu murren anfangen. Schon plant er, nach Konstantinopel zu fliehen, da kommt unerwartete Hilfe von dort nach Ravenna. Sein junger Neffe Theodosius II. zeigt überraschend Familiensinn und schickt einige tausend Mann in die bedrängte Residenzstadt.

Zugleich bahnte sich für Attalus auf dem afrikanischen Kriegsschauplatz eine größere Katastrophe an. Der dortige Statthalter hatte das Expeditionskorps des Möchtegern-Kaisers schnell besiegt und seinerseits Gegenmaßnahmen getroffen. Die Getreideschiffe, deren Ladung für Rom bestimmt war, wurden nach Ravenna umgeleitet. Wieder einmal wurden die Römer auf halbe Rationen gesetzt, aber auch die Belagerer vor Ravenna hatten nichts mehr zu schlucken. Es sei denn die eigenen Zähne, die sie sich an der Festung Ravenna ausbissen. Das Ende vom Lied: Attalus und Alarich mußten unverrichteter Dinge abziehen.

Nach dem gemeinsamen Fehlschlag wurde nun getrennt marschiert. Alarich spielte wieder einmal den Provinzschreck und zog kreuz und quer durch Italien, plünderte Landgüter und Städte, um sich und die Seinen über Wasser zu halten. Attalus dagegen eilte zurück in seine hungernde Hauptstadt, um über neue Schritte nachzusinnen. Seine Berater sahen als einzigen Ausweg einen neuen Afrikafeldzug, diesmal mit stärkeren Verbänden und mit einer gotischen Hilfstruppe. Doch was Attalus schon beim ersten Mal verworfen hatte, wollte er auch jetzt nicht riskieren. Wenn man den Goten den kleinen Finger reichte, so mag seine Überlegung gewesen sein, würden sie die ganze Hand nehmen. Oder mit anderen Worten: Hätten einige Goten erst einmal in Afrika Fuß gefaßt, würde Alarich mit den anderen bald nachfolgen und damit den Hebel in der Hand haben, mit dem man Attalus und Honorius zugleich aus den Angeln heben könnte. Wie wir wissen, war dies später tatsächlich Alarichs Absicht. Der Gotenkönig zeigte sich höchst gekränkt von dem Mißtrauen „seines“ Kaisers. Damit kam wieder einmal die Stunde des Meisterintriganten Jovius. Der hatte dem Alarich schon vor Ravenna erklärt, daß Attalus nicht der rechte Umgang für ihn sei, daß die Allianz zwischen ihm und seinem kaiserlichen Werkzeug keine Zukunft habe.

Diesmal wurde das Steuer gleich um 180 Grad herumgeworfen. Über Nacht wurden alle Fronten gewechselt. Alarich und Honorius begruben das Kriegsbeil und schlossen einen Waffenstillstand auf Kosten des Attalus. Der Gegenkaiser mußte das Purpurkleid ausziehen und hatte sich wieder mit seinen alten Funktionen zufriedenzugeben. Manch braver deutsche Historiker sah darin einen unwiderlegbaren Beweis für den edlen Charakter des Gotenkönigs. Schließlich hätte er den Attalus ja auch dem Honorius zum Fraß vorwerfen können. Oder zum Verstümmeln. Statt dessen bestand Alarich auf einer vollen Amnestie.

Mit Edelmut allein ist diese Haltung sicher nicht zu erklären. Auch nicht mit Humanität und christlicher Nächstenliebe. (Attalus war zu Beginn seines Kaisertums vom Heidentum zum arianischen Christentum übergetreten und hatte sich von einem Gotenbischof taufen lassen.) Vielmehr spricht politische Klugheit aus Alarichs Haltung. Wenn er eines von seinem alten Gegenspieler Stilicho gelernt hatte, dann das: Man soll keinen Gegner unnötig umbringen, den man später vielleicht noch einmal als Verbündeten brauchen konnte.

Bei dem Auf und Ab seiner Beziehungen zu Kaiser Honorius war dieser Zeitpunkt ohnedies abzusehen. In der Nähe von Ravenna trafen sich Kaiser und König, um die Basis eines tragfähigen Friedens auszuloten. Wieder ging es Alarich darum, für sein Volk ohne Raum Land zu bekommen. Diesmal scheint Alarich auf eine Ansiedlung auf italienischem Boden gedrängt zu haben. Erneut dürfte er dem Kaiser versichert haben, daß die Goten als foederati, als Verbündete, Kaiser und Reich schützen wollten. Die Verhandlungen zogen sich hin, und wer dabei doppeltes Spiel treiben wollte, läßt sich schwer entscheiden. Im Zweifelsfall meinten es beide nicht sehr ehrlich. Ein Überfall, den ein mit Alarich verfeindeter Gote namens Sarus und 300 seiner Leute gegen das Hauptquartier Alarichs inszenierte (ob im Auftrag von Honorius wissen wir nicht), reichte jedenfalls zum sofortigen Abbruch der Gespräche.

Die Eroberung der Ewigen Stadt

Alarich und die Seinen zogen zum dritten Mal in drei Jahren gegen Rom. Wiederum verhielt sich Honorius passiv, wagte es nicht, sich den Goten in den Weg zu stellen. Möglicherweise war es ihm aber auch ganz egal, was dort unten am Tiber, auf der anderen Seite des Stiefels passierte, solange man nur ihn selbst ungeschoren ließ. Alarich konnte sich diesmal die Plünderung des Hafens und der Lagerhallen ersparen — da war ohnehin nichts drin. Er brauchte auch keinen ernsthaften Sturmangriff gegen die Mauern der Ewigen Stadt zu inszenieren, hinter denen diesmal offenbar zu allem entschlossene Verteidiger saßen. Zu allem entschlossen bedeutete in diesen Augusttagen des Jahres 410 unter anderem, daß die Herren in Rom ihre Sklaven abschlachteten, um von Menschenfleisch zu leben, statt Nachtigallen-Zungen zu essen.
Die Goten wußten, daß die Zeit trotzdem für sie arbeiten würde. Wann das hungernde Rom aufgeben würde oder die Belagerten sich zu einer törichten Verzweiflungstat hinreißen ließen, war keine Frage von Monaten, sondern nur noch von Wochen oder von Tagen.
Am 24. August war es soweit. Eine Nebenpforte im großen Festungswerk der Ewigen Stadt stand offen. Unachtsamkeit eines Wachsoldaten, dem der Hunger fast die Sinne geraubt hatte, oder Verrat eines Mannes oder einer kleinen Schar Verzweifelter, die eine schnelle Eroberung dem quälenden Warten vorzog?
Eigentlich spricht alles für Verrat. Innerhalb der Mauern war das Leben unerträglich geworden. Sklaven waren ihren Herren entlaufen und hatten sich in den düsteren Armeleute-Vierteln der Stadt verborgen gehalten: In schrecklicher Angst davor, gefaßt, wieder

ihren Herren ausgeliefert und dann verspeist zu werden. Für diese Sklaven, aber auch für zahlreiche Geiseln, die jetzt nicht mehr einen quasi diplomatischen Status genossen, sondern praktisch unter Hausarrest gehalten wurden — für sie und für viele andere Gruppen gab es Gründe genug, mit dem Feind vor den Mauern gemeinsame Sache zu machen. Das Befestigungssystem der Stadt, die um das Jahr 410 immer noch rund eineinviertel Millionen Einwohner gezählt haben dürfte, war ebenso gewaltig wie unübersichtlich. Auch bei scharfer Kontrolle konnte ein Sabotageakt passieren. Und die Verteidigungstruppen waren von Tag zu Tag schwächer, müder, unaufmerksamer geworden.

Der Stoßtrupp der Westgoten, der im Schutz der Nacht durch die unverschlossene Pforte in die Stadt eingedrungen war, überwältigte die Wachen an einem der zwölf großen Tore. Gegen Morgengrauen ergoß sich die gotische Streitmacht, verstärkt durch hunnische Söldner, in die Straßen Roms. Alarich hatte seinen Mannen die Plünderung freigegeben und die Krieger nutzten ihre Chance. Systematisch kämmten sie Straße für Straße, Haus um Haus durch, nahmen alles mit, was auch nur annähernd wie Gold und Silber glänzte, alles, was irgendwie wertvoll, verkaufbar, tauschbar, eß- oder trinkbar schien. Wer Wein erwischte — und die Goten waren zumindest an diese Art von Alkoholkonsum nicht sehr gewöhnt — schlug vollends über alle Stränge.

Römische Bürger, die sich jetzt auch nur einige Sekunden weigerten, ihr Hab und Gut den wilden Horden auszuliefern, wurden erbarmungslos niedergemacht. Ob sie nun wirklich noch etwas retten wollten, ob sie einfach nichts hatten, oder ob sie wegen schlichter Verständigungsschwierigkeiten zu lange zögerten, machte da keinen Unterschied. Die Soldateska wütete auch gegen die Frauen. Wenn Alarich seine Scharen überhaupt zur Zurückhaltung aufgefordert hat, dann nur insoweit, als er sinnloses Morden und Brennen zu unterlassen bat. Aber was ist für eine wild gewordene Meute schon sinnlos?

Eingegriffen hat der König zu Gunsten der Kirche. Die Bräute

Christi in den Frauenklöstern, die Kunstschätze der Kirchen und des Bischofs von Rom sollten unangetastet bleiben. In seiner überaus christlichen Gesinnung ließ der arianische König sogar die eine oder andere Beute aus katholischem Kirchenbesitz wieder zurückerstatten. Nein, Herr Alarich wußte schon, was sich gehörte. Es blieb ja auch so noch genügend übrig zu rauben, zu brennen, zu notzüchtigen und zu erschlagen.

Eher noch schlimmer freilich als die Eroberer hausten die 50 000 Sklaven der Stadt und das Elendsproletariat. Die drei Tage, da Rom ohne Gesetz war, den Horden widerstandslos ausgeliefert, waren Tage der Rache. Wir wissen nicht, ob unter den Sklaven noch die Erinnerung wach war an jene weit zurückliegende Zeit, da vor einem halben Jahrtausend der Aufstand des Spartakus zusammengebrochen war und 6 000 ihrer Leidensgenossen in einer schrecklichen Reihe ans Kreuz geschlagen wurden, zur ewigen und öffentlichen Mahnung all denen, die sich gegen ihre Herren auflehnen. Dieser Zurückbesinnung hätte es allerdings nicht bedurft. Es genügten die Geschehnisse der letzten zehn Tage, da die feinen Leute dazu übergegangen waren, ihre Sklaven in den Kochtöpfen auszubeuten.

Die apokalyptische Szene wurde vervollständigt von denen, die die Wirren dazu nutzten, private Fehden ein für allemal zu bereinigen. Am Schluß jedenfalls wäre schwerlich festzustellen gewesen, wer schlimmer gehaust hatte: Die Eroberer, die befreiten Sklaven oder die außer Rand und Band geratenen Römer selbst. Alarich jedenfalls hat dem grausigen Treiben tatenlos und wohl auch ziemlich machtlos zugesehen. Vor seinem eigenen Gewissen mag er sich vielleicht damit gerechtfertigt haben, daß er es so schlimm auch wieder nicht gewollt hatte. Das freilich ist eine Entschuldigung, die die Geschichte auch anderen Feldherrn nicht durchgehen ließ: Ob es sich nun um Graf Tilly in Magdeburg, um Hitlers SS in Warschau oder um Stalins Rote Armee in Berlin handelte. Alarich muß sich auch vorhalten lassen, daß Rom nicht die erste Stadt war, die er geplündert hatte. Was auf dem Balkan und in Italien vor seinen

Augen passierte, ereignete sich in Rom in viel größerem Maßstab. Manche Historiker haben versucht, die Greuel dieser Tage zu verharmlosen. Gestützt auf die Erfahrung, daß Zeitgenossen und Betroffene immer zur Übertreibung neigen, sind sie zu dem Schluß gekommen, daß Alarich vielleicht nicht weniger, aber zumindest auch nicht schlimmer gewütet habe, als andere Eroberer auch. Doch die Tatsache, daß die Goten nach drei Tagen Besetzung Rom geradezu fluchtartig verließen, legt den Schluß nahe, daß die Ewige Stadt tatsächlich unbewohnbar geworden war. Der Leichengestank in diesen hochsommerlichen Tagen und der Brandgeruch haben die Goten vertrieben. Zu holen war in der Stadt ohnehin nichts mehr.

Die Römer haben versucht, die Wunden, die ihnen Alarich geschlagen hatte, so schnell wie möglich zu schließen. Tiefer ging in jedem Fall der geistige Schock. Wie konnte es überhaupt passieren, daß Rom gefallen war? Hatte die Ewige Stadt nicht fast 800 Jahre allen Stürmen getrotzt? Hatten die sagenhaften Gänse mit ihrem Geschnatter nicht wenigstens verhindert, daß die gallischen Kelten unter Brennus 387 vor Christus auch noch das Kapitol stürmen konnten? Nachdem sie zuvor die Stadt — „Wehe den Besiegten!" — zerstört hatten. Und der große Hannibal hatte — ante portas — um die Mauern der Stadt einen großen Bogen geschlagen. Womit nur hatten die Römer jetzt solches Leid verdient? War es die Rache des Schicksals dafür, daß man den Heermeister Stilicho, den als „Retter des Vaterlandes" gefeierten Generalissimus, so schmählich enthaupten ließ? Oder zürnte der Himmel noch mehr darüber, daß die Römer in ihrer Wut über die erste Gotenbelagerung auch noch Stilichos Frau Serena, immerhin eine Prinzessin aus kaiserlichem Geblüt, mit über die Klinge springen ließen?

Die Fragen wurden bohrender, das Problem lag noch tiefer: Welcher Himmel wohl zürnte? Der Himmel der alten heidnischen Götter, die Rom sichtbarlich so groß gemacht hatten? Oder der Himmel dieses Judengottes, der mit dem Zeichen des Kreuzes die heidnische Konkurrenz von den Postamenten gestürzt hatte? Oder zürnte Christus vielleicht deshalb, weil die hungernden Römer in den letzten Tagen vor der Eroberung zu den alten Zaubermitteln der Magie und der Opfer gegriffen hatten, in einer Art Rückversicherung gegen die traditionellen Götter? Und das sogar unter der stillschweigenden Duldung des römischen Bischofs, Papst Innozenz! Selbst ein Heiliger, der große Kirchenlehrer Hieronymus, wurde von wilden Zweifeln geplagt. Als die Christen fragten, warum nicht wenigstens die Reliquien der Märtyrer, die in keiner anderen Stätte der jungen Christenheit so zahlreich versammelt waren und so tief verehrt wurden, die Stadt vor der Gewalt der Barbaren bewahrt hätten, da wußte auch der heilige Hieronymus keine Antwort: „Ich aber sage: Rom erleidet so viel Schlimmes. Wozu sind die Gräber der Apostel gut?“

Ziele und Mittel der Politik

Die Geschichtswissenschaft hat erst später andere Fragen gestellt: Welche politischen Ziele hat Alarich letztlich verfolgt? Und läßt sich die Eroberung Roms einordnen in diese Vorstellungen, und handelt es sich eher um eine Panne, nur um den schlimmen Ausrutscher eines Mannes, der stets das Gute wollte und doch so oft das Böse tun mußte? Oder ist Rom die Station, die eine totale Kehrtwendung der gotischen Politik markiert? Wollte Alarich, indem er die Stadt demütigte, damit — zumindest symbolisch — das Reich enthaupten?

Wenn wir nach den Zielen von Alarichs Politik forschen, wollen wir keinesfalls die Mittel entschuldigen, deren er sich zur Durchsetzung seiner Pläne bediente. Die Ziele der Politiker sind ja immer gut, edel und hehr. Selbst über die Zukunftsvisionen eines Hitler oder Stalin ließe sich diskutieren. Verräterischer für den moralischen Gehalt einer Politik sind allemal die Mittel, die der Politiker einsetzt. Keine Doktrin, und klingt sie noch so menschenfreundlich und plausibel, ist es wert, daß man ihr Menschen opfert, daß sie mit Terror, Mord und Zerstörung durchgesetzt wird. Allerdings ist

Alarich ein Kind seiner Zeit, darf also nicht mit den heutigen Maßstäben eines demokratischen Rechtsstaates gemessen werden. Auch die Römer haben es an Brutalität nicht fehlen lassen im Umgang mit ihren Feinden. Ihre Machtpolitik nahm jahrhundertelang keine Rücksicht auf die Lebensinteressen anderer Völker. Der Gedanke der humanitas taugte für die Philosophen, in den Hirnen der Militärs und Politiker hatte er keinen Platz.

Dies noch vorausgeschickt dem Versuch, die Ziele der Goten zu analysieren. Alarich hatte immer wieder beteuert, daß er nichts weiter sein wollte, als der erste Diener des Reiches, als der oberste Verbündete und Vasall des Kaisers. Seine Goten wollten sich als foederati in irgendeiner Provinz ansiedeln, um gegen Geld und Getreide die Grenzen des Reiches gegen andere Barbaren zu schützen. Quasi nach dem Motto: Im alten Geist mit neuer Kraft. Aber es gab auch genug Anzeichen dafür, daß Alarichs Pläne darüber hinausgingen. Sicherlich hatte er, vor Rom stehend, nicht selbst das Purpurkleid angezogen, sondern es einem Attalus überlassen. Aber handelte er so aus der Bescheidenheit eines Mannes, der seinen Platz kennt? Oder war es das reine Kalkül eines Politikers, der gelernt hat, auf seine Stunde zu warten? Denn seine wachsenden Forderungen zielten doch darauf hinaus, Siedlungsgebiet immer näher am Herzen des Reiches zu erhalten. Sein Volk hätte auch an der Adriaküste oder in Ungarn glücklich werden können.

Aber Alarich wollte unbedingt auf italienischen Boden. Wozu, wenn nicht aus dem einen Grund, das weströmische Reich doch irgendwann einmal unter Kontrolle zu bringen. Alarich hat die Ziele seiner Politik nie formuliert. Jedenfalls ist uns davon nichts überliefert und selbst wenn wir solche Absichtserklärungen von ihm hätten, wäre sehr schwer zu entscheiden, wie ehrlich sie gemeint waren. Vielleicht war er auch gar nicht der geniale Staatsmann, der bei allen Umwegen unbeirrt immer nur auf ein Endziel hinarbeitet. Vielleicht war er nicht mehr als ein gerissener Politiker, der von der Hand in den Mund lebte, der Staatskunst und Kriegshandwerk nur als Mittel begriff, das gerade Bestmögliche durchzusetzen.

Auch die letzten Wochen, die der Gotenkönig nach der Eroberung Roms noch zu leben hatte, geben keinen Aufschluß über seine Konzeption. Wir wissen bereits, daß er nach Wegen suchte, von Süditalien nach Nordafrika überzusetzen, um eine der reichsten Provinzen des Reiches, die Kornkammer des Mittelmeerraumes, unter seine Kontrolle zu bekommen. Was das bedeutet hätte, ist klar: Alarich hätte wieder einmal die große Erpressungstour gegen Honorius reiten können. Aber Erpressung bis zu welchem Ziel?

Ganz auf Erpressung war auch der lebende Teil der Beute angelegt, den Alarich aus Rom mit sich schleppte. Vor allem Senatoren, Leute des Geldadels und Großgrundbesitzer nahm er mit, um Lösegeld von ihren Familien herauszuholen. Die Entführten konnten darob nicht einmal sehr böse sein, verdankten sie doch dieser Erpressungsmasche wahrscheinlich ihr Leben. Denn nach dem alten Erfahrungssatz, daß man niemand nutzlos hinmorden sollte, den man später vielleicht noch brauchen könnte, hatte Alarich die Crème de la Crème von Rom mit seinen Truppen vor den Sklaven und dem Pöbel, so gut es ging, schützen lassen. So mußten die Mitglieder der senatorischen Familien in den letzten Augusttagen des Jahres 410 den geringsten Blutzoll zahlen.

Das beste Beutestück aber war Galla Placidia, Tochter des großen Kaisers Theodosius und Schwester des armseligen Würstchens Honorius, der in Ravenna saß und weder zur Rettung seiner Stadt Rom noch für seine Schwester einen Finger rührte. Galla Placidia, damals um die zwanzig Jahre alt, war eine starke Persönlichkeit, war zumindest der beste Sproß vom Stamm des Theodosius. Doch bevor sie die Geschicke des Reiches bestimmen wird, bevor sie als die „fromme, immerwährende Kaiserinmutter" gepriesen wird, stehen ihr turbulenteste Jahre bevor.

Alarichs Nachfolger, König Athaulf, führt sie mit auf seinem langen Rückzug, der zunächst in Südfrankreich endet. König Athaulf nimmt Galla Placidia vier Jahre später auch zur Frau. Doch davon wird an anderer Stelle zu berichten sein.

2. Kapitel

Die Germanen

Fünfhundert Jahre Konfrontation mit Rom

Suche nach Lebensraum

Ingwäonen und Istwäonen heißen Völkergruppen; und die einzelnen Stämme führen noch seltsamer klingende Namen: Ambronen, Haruden, Amsivarier, Chatten, Kannanefaten, Sugambrer, Marser, Kugerner, Usipier, Tenkterer, Tubanten, Chasuarier, Chamaven und Twihanten. Das hört sich nach Wüstenvolk an, nach Beduinen oder nach Insulanern der Südsee, nach Indianer-Stämmen oder Steppenbewohnern Sibiriens. Aber es ist nur eine kleine Auswahl von Namen westgermanischer Völkerschaften.

Ihren Weg durch die frühe Geschichte zu verfolgen, kann nicht unsere Aufgabe sein. Von einigen Stämmen wissen wir, daß sie in anderen, größeren Verbänden aufgegangen sind. Von manchen aber verliert sich die Spur in der Geschichte völlig. Wir wollen uns nicht in das Dickicht von Theorien begeben, die über Ursprung und Herkunft der Germanen kursieren. Für unser Thema wäre eigentlich nur eines festzustellen: Die Germanen sind — wie die meisten Völker in ihrer Frühgeschichte — über weite Strecken gewandert. Das heißt nicht, daß sie Nomaden waren, die nur Weideplätze für ihr Vieh suchen, um weiter zu ziehen, wenn ihr Aufenthaltsort abgegrast ist.

Was die Germanen suchten, war Lebensraum, ein ihnen gewogenes Klima mit Ackerland und Weidegründen, mit geschützten Plätzen, wo sie ihre Gehöfte bauen konnten. Sie waren ja Einzelgänger und suchten keinen Schutz hinter städtischen Wehranlagen. Die Familien siedelten in weiten Abständen voneinander. Wenn sich die Sippe vermehrte, dann wurden neue Häuser und Hütten gebaut: Das typische Haufendorf entstand. Wo es ihnen gut ging, blieben

sie sitzen — über Jahrhunderte hinweg. Zwang sie Platznot und Übervölkerung, Nahrungsmittelmangel und Klimawechsel, dann packten kleine und große Verbände ihr bewegliches Gut auf die Planwagen, trieben ihr Vieh mit sich und begaben sich auf Völkerwanderung, auf die Suche nach neuem Siedlungsland.
Durchquerten sie dichtbewohnte Räume, ging es ohne kriegerische Verwicklungen kaum ab. In solchem Fall war es geraten, das eingesessene Volk von den guten Absichten der Wanderer zu überzeugen — und im übrigen sich so schnell wie möglich aus dem Staub zu machen. Wo sich die Landsucher freilich in der Übermacht fühlen mochten, wo sie auf eine zahlenmäßig schwache Voreinwohnerschaft stießen, fand die Beschlagnahme von Versorgungsgütern statt. Bei Gefallen der Gegend stand auch der Landnahme nichts entgegen. Die Germanen machten sich breit, die ursprünglichen Bewohner hatten sich unterzuordnen und Platz zu schaffen. Auch das ging sicher nicht ohne Händel und zuweilen auch harte Auseinandersetzungen ab. Doch zur Vertreibung oder gar zur Ausrottung alteingesessener Völker kam es dabei nie. Jedenfalls ist uns davon nichts überliefert.
Wenn wir im ersten Kapitel dieses Buches mitten in die Völkerwanderung eingestiegen sind und am Beispiel des Westgoten-Zuges unter König Alarich bereits eine Schlüsselszene dieses Dramas gezeigt haben, so wollen wir jetzt das Vorspiel nachliefern und die Exposition. Auch hier müssen wir auf Vollständigkeit verzichten und uns auf wesentliche und beispielhafte Szenen beschränken, das zentrale Thema unseres Dramas stets im Blick: Die Auflösung des römischen Weltreiches unter dem Ansturm der germanischen Völker; die Gründung neuer Staaten auf römischem Boden; und schließlich das, was wir mit einem italienischen Schlagwort aus der Politik unserer Tage den „Historischen Kompromiß" nennen wollen, nämlich die Verbindung von römischer Kultur und Zivilisation mit der unverbrauchten Kraft der jungen germanischen Völker. Wenn man so will, ist „Das Heilige Römische Reich Deutscher Nation" die letzte Frucht dieser Völkerwanderung.

Die Kulturvölker im Mittelmeerraum haben immer gewußt, daß die Welt hinter ihrem Horizont nicht endet. Schon in Homers Odyssee kündet der Dichter vom Land des Nordens, an dem ihm der sonderbare Lauf der Sonne auffiel. Odysseus, der Vielgereiste, wundert sich über die ewige Nacht, in der Nebel und Finsternis das Land verdunkeln, beklagt die Vergeßlichkeit der Sonne, die mit ihren leuchtenden Strahlen am Morgen und Abend zu grüßen versäumt. Noch anschaulicher ist die Schilderung der Mittsommernacht: Der Hirte, der seine Schäfchen am Abend eines langen Tages in die Ställe treibt, hört beim Durchschreiten des Tores schon den Ruf seines Genossen, der eine andere Herde im Morgengrauen auf die Weide führt.

Homers Odyssee wurde um das Jahr 700 vor Christus geschrieben. Dem Dichter müssen also Quellen zur Verfügung gestanden haben, Reiseberichte von Kaufleuten und Forschern, die dieses seltsame und in damaligen Zeiten unerklärbare Verhalten von Helios, dem Sonnengott, geschildert haben. Was trieb die Menschen des Mittelmeerraumes hinauf in den hohen Norden? Forschergeist und Eroberungsdrang wird nicht die Hauptmotivation gewesen sein. Von den Phoeniziern wissen wir, daß sie zur See in ihnen unbekannte Regionen vorstießen, daß sie der Bernsteinhandel bis nach Skandinavien führte. Andere Kaufleute — Griechen, Römer, Araber — werden ihnen auf dem Landwege gefolgt sein. Mit dem Bernstein samt all den wunderbaren Einlagerungen vorgeschichtlicher Kleintiere war auf der ganzen damaligen Welt ein gutes Geschäft zu machen. Umgekehrt konnte man mit Seiden und Gewürzen bei den nordischen Völkern Kauf- und Tauschlust erwecken.

Für den Durchschnitts-Römer freilich blieben die Germanen ein unbekanntes Volk am Nordrand ihrer Welt. Das Römische Reich war Mittelpunkt einer weltweiten Handelstätigkeit, mit wichtigen Markt- und Umschlagplätzen. Aber selbst den Reichen und den Superreichen, die sich chinesische Seide, indische Gewürze und Düfte aus Arabien leisten konnten, die ihre Frauen und Nebenfrauen mit Geschmeide aus Gold und Edelsteinen oder auch aus

Bernstein behängten, war es ziemlich schleierhaft, woher diese Schätze kamen, diese Statussymbole der antiken Welt. Wohl wußten sie, daß dieser oder jener Luxusgegenstand vom fernen Osten oder vom tiefen Süden her in ihr Reich importiert und anderes wieder aus dem hohen Norden herbeigeschafft wurde. Aber all diese Völker galten ihrem gut entwickelten Selbstbewußtsein zuerst einmal als Barbaren, die unterscheiden zu lernen nicht lohnte. „Mir san mir", umschreibt man in Bayern diese Haltung, die Fremde nicht so recht gelten lassen will.

Von den Germanen hörte der Römer und zumal der kleine Mann auf der Straße zum ersten Mal im Ausgang des zweiten vorchristlichen Jahrhunderts. Die Kimbern und Teutonen hatten ihre Wohnsitze verlassen und waren nach Süden, der Sonne entgegen, gezogen. So wie die Römer wußten, daß irgendwo weit dort oben, gegen Mitternacht zu, das Land des Bernsteins war, so hatten auch die Germanen die reisenden Kaufleute ausgeforscht. Sie, die am Rande der Welt saßen, mit sicherlich größerer Wißbegierde. Denn dort unten im Süden, da ließ es sich leben, da gab es fruchtbare Getreideböden und satte Wiesen für das Vieh. Da lebten die Menschen im Wohlstand und unter fast ewig-wärmender Sonne. Da gab es große Ansammlungen von Siedlern, die man Städte nannte. Da aß man süße Früchte, trank einen Saft, Wein genannt, der berauschender war als das heimische Gebräu aus Honig und Getreide. Auch unsere Kimbern und Teutonen werden das alles erfahren haben und ihre Phantasie wird daraus ein Paradies auf Erden gemacht haben. Sicherlich griffen die Kaufleute auch zum Mittel der Übertreibung. Ein schlechter Kaufmann, der nicht sähe, daß schöne Geschichten das halbe Geschäft sind. Je mehr die Germanen Augen und Ohren aufmachten, um sich nur ja nichts von der Schilderung des südlichen Schlaraffenlandes entgehen zu lassen, desto großzügiger erwiesen sich die Erzähler im Umgang mit der Wahrheit. Doch all das war noch kein hinreichender Grund für die Kimbern und Teutonen, die Heimat zu verlassen und sich auf das ungewisse Abenteuer einer Wanderung nach Süden einzulassen.

Das Hauptmotiv für diese erste Völkerwanderung, die den Römern nur allzu gut bekannt wurde, waren klimatische Veränderungen. Meteorologen und Klimaforscher wissen, daß sich das Wetter in den nördlichen Regionen Europas in den letzten Jahrhunderten vor Christi Geburt rapide verschlechtert hat. Manche Theorien sprechen davon, daß die Durchschnitts-Jahrestemperatur im zweiten vorchristlichen Jahrhundert um etwa 2,5 Grad Celsius unter den Mittelwerten von heute gelegen habe. Von anderen Experten wird das zwar bezweifelt, aber fest steht, daß die Eisberge und Gletscher wuchsen, daß die Winter hart und die Sommer kurz und naßkalt wurden. Für die Bauern an der Nordsee höchst unerfreuliche Bedingungen. Für ein Volk, das sich vermehrte und auf die eigene Nahrungsmittelproduktion angewiesen war, eine Notlage, die sich von Jahr zu Jahr verschlimmerte.

Eine Sturmflutkatastrophe, die wahrscheinlich 115 vor Christus über Jütland, Schleswig-Holstein und die friesische Nordseeküste hereinbrach, dürfte den letzten Ausschlag gegeben haben. Das Land, noch nicht durch ein modernes System von Dämmen geschützt, wurde schrecklich verwüstet. Die Wassermassen schwemmten ganze Gehöfte weg, viele Siedler konnten sich nicht mehr rechtzeitig retten und ertranken jämmerlich samt ihrem Vieh in den gurgelnden Fluten. Als das Meer wieder zurückwich, war wertvollstes Weideland vom Salzwasser vernichtet. Das Leben war vorher schon karg genug gewesen. Nun war die Basis wieder ein Stück schmaler geworden. Die Kimbern machten sich auf den Weg nach Süden. Die Teutonen, ihre Nachbarn im Westen, und die Ambronen, die in Ost-Friesland saßen, suchten — wohl unabhängig von den Kimbern — einen Ausweg aus der klimatischen Misere.

Nun darf man sich das nicht so vorstellen, daß ein allmächtiger König oder Herzog sein ganzes Volk versammelt, zum Packen der Habseligkeiten auffordert und dann kurz und bündig befiehlt: „Auf, marsch, marsch, Generalrichtung Süd!“ Die Wirklichkeit dürfte eher so ausgesehen haben, daß einige angesehene und mächtige Sippen in den Gebieten, die von den Wassermassen der Sturmflut besonders verheert worden waren, den Aufbruch beschlossen. Sie werden herumgezogen sein, bei Verwandten und Nachbarn geworben haben für ihre Idee, das Land zu verlassen und das Volk in eine fruchtbarere Gegend und bessere Zukunft zu führen. Viele werden anfangs gezögert haben; aber der Herdentrieb ist nicht nur dem Massenmenschen von heute eingegeben, sondern auch den Naturvölkern von damals. Als sich die ersten dem Zuge anschlossen, fanden sich auch viele andere Familien bereit, das Abenteuer zu wagen. Unbestreitbar ist freilich, daß eine erkleckliche Anzahl zurückblieb. Für diese Minderheit reichte nach dem Exodus der Mehrheit der Boden als Basis für eine absehbare Zukunft.

Die Kimbern stießen an die Elbmündung vor und zogen flußaufwärts ins Land. Wo immer sie mit ihren Planwagen durchkamen, wurden sie mit gemischten Gefühlen empfangen: Hier mit unverhohlener Feindseligkeit, dort mit besonders aufmerksamer Gastfreundlichkeit. Überall aber mit dem unverkennbaren Willen, sie möglichst bald wieder loszuwerden. Im Winter wird man länger Rast gemacht haben. Die Kontakte zur einheimischen Bevölkerung gestalteten sich enger. Manchmal wird sich ein Mädchen einem jungen Kimbernkrieger angeschlossen haben, um mit ihm auf die große Reise zu gehen; manchmal werden auch Kimbern auf einem Gehöft, wo man ihnen Arbeit und Brot geben konnte, hängengeblieben sein. Der Marsch der Kimbern und Teutonen währte ja mehr als ein Jahrzehnt. Kinder, die mit ihren Eltern aufgebrochen waren, wurden inzwischen erwachsen und fähig, ihre eigene Entscheidung zu treffen und das Wandern muß ja nicht jeden Kimberns Lust und idealer Lebenszweck gewesen sein.

Umgekehrt muß auf die mannbare Jugend der Stämme, durch deren Land unsere Kimbern und Teutonen zogen, das freie Leben eine gewaltige Faszination ausgeübt haben. Statt zu Hause in mühevoller Plage den Boden zu bestellen, wurden hier Krieg und Abenteuer, wurden weite Welt und Abwechslung geboten. So ist uns zum Beispiel der Name eines Kriegers überliefert, der es im Kimbernheere zu großem Ansehen gebracht hat. Er heißt Boiarix, und wir dürfen in ihm einen Bewohner Böhmens, einen Kelten-Krieger, vermuten, vielleicht sogar einen Vorfahren des Volkes, das, aus Kelten und Markomannen zusammengewachsen, 600 Jahre später die Baiern heißen wird.

Aber wir haben sogar Zeugnisse, die unsere Vermutungen bestätigen. Der große Caesar berichtet in seinem „Gallischen Krieg" bereits davon, daß die Germanen den Ackerbau nicht sonderlich eifrig betreiben, sondern ihr ganzes Leben vielmehr in Jagd und kriegerischem Treiben besteht. Und der Historiker Tacitus präzisiert diese Beobachtung: „Wird den jungen Germanen der Stamm, dem sie angehören, durch lange Friedensruhe zu untätig, ziehen sehr viele von ihnen aus freiem Antrieb zu den Stämmen, die gerade Krieg führen. Denn tatenloses Leben ist den Germanen zuwider; auch wird man im tollen Durcheinander des Krieges leichter berühmt." Und an einer anderen Stelle bemerkt der Germanen-Spezialist: „Wenn die Männer nicht im Kriege sind, gehen sie auf die Jagd; am liebsten aber mögen sie nichts tun. Sie essen und schlafen. Und gerade die tapfersten Krieger und Helden verrichten keinerlei Arbeit; sie überlassen die Sorge für Haus und Hof und die Feldbestellung den Frauen, den alten Leuten und den Kriegsuntauglichen ihrer Familie. Sie selber faulenzen. Ein merkwürdiger Widerspruch in ihrem Wesen: Einerseits lieben sie den Müßiggang und andererseits hassen sie die Ruhe des Friedens."

Wie bei jedem Krieg, so sind auch bei diesen Kriegs-Märschen die Frauen und Kinder die eigentlich Leidtragenden. Was für ihre Helden Spaß und Lebensinhalt ist, wird den Frauen zur endlosen Plackerei und Mühe. Sie gebären und ziehen ihre Kinder in den Planwagen auf, sorgen für Alte, Kranke und Verwundete, müssen den notwendigen Haushalt unter schwierigsten Bedingungen aufrechterhalten, die dürftige Mahlzeit kochen, die arg strapazierten Kleider zusammenflicken und müssen sogar in der Schlacht noch eine wichtige Funktion übernehmen: als Wachmannschaft auf den Wagen, die als letzte Auffangstellung der Krieger dienen. Gelegentlich kommen sie wohl an einem größeren Gutshof, an einer Scheune vorbei, können dann — wenn's hoch kommt — für ein paar Nächte unter einem wirklichen Dach auf einer trokkenen Lage Stroh schlafen, aber die Regel ist das nicht. Der Normalfall ist vielmehr der endlose Treck über verschlammte Straßen, das ewige Rütteln und Holpern der ungefederten, massiven Scheibenräder, die schreckliche Schinderei, wenn das Gefährt im Morast oder in Wurzellöchern hängenbleibt. Die Herren der Schöpfung packen dann sicher auch mit zu, aber während die Frauen alle Lasten des Alltags tragen, begnügen sie sich im allgemeinen damit, die Verantwortung zu tragen.

Natürlich wird die Reise angenehmer, je weiter die Germanen nach Süden vorstoßen. Als sie gar in den römischen Machtbereich vordringen, finden sie befestigte Straßen vor und reiche Landstriche, in denen man Kleider und Nahrungsmittel gegen Vieh eintauschen kann. Handelt es sich um erklärt feindliches Gebiet, läßt es sich noch ein bißchen leichter leben. Dann braucht man keine Rücksichten mehr zu nehmen, kann auch einmal „einkaufen", ohne mit eigenem Besitz zahlen zu müssen. Die Haager Landkriegsordnung wird erst 2 000 Jahre später aufgestellt (und auch dann nicht immer eingehalten). Im Altertum herrscht das Recht des Stärkeren. Plünderung und Raub gelten als nicht besonders schimpflich. Schon gar nicht, wenn's ums nackte Überleben geht. Von Böhmen zur Donau und dann über halb Österreich wandern die Kimbern in die Steiermark und nach Kärnten, auf die heutige Grenze zwischen Österreich einerseits und Italien und Jugoslawien andererseits zu. Dort stoßen die Kimbern auf die Römer, die dieses Land wegen seiner Bodenschätze als ihr Interessengebiet betrachten und beanspruchen. Zum erstenmal treffen die Germanen auf eine organisierte Militärmacht, auf ein Volk, von dessen Tüchtigkeit und Tapferkeit Berichte und Gerüchte herumschwirren. Jetzt ist es vorbei mit der gefahrlosen Räuberei. Die erste Konfrontation zwischen Römern und Germanen steht bevor.

Den Kimbern liegt zunächst nichts ferner, als die Waffen sprechen zu lassen. Schließlich wissen sie, wen sie da vor sich haben. Sie schicken vielmehr eine Delegation zu den Römern und bitten freundlich um Landzuweisung. Sie werden ebenso höflich wie bestimmt abschlägig beschieden, weil den Römern wegen der Gold- und Eisenerzvorkommen an dieser Region selbst sehr viel liegt. Aber der Konsul Carbo stellt ihnen Rat und Tat in Aussicht, um zu neuem Siedlungsgebiet zu kommen. Wenn die Kimbern die Gegend verließen, würden römische Führer sie in ein gelobtes Land geleiten, in dem sie alles im Überfluß vorfänden, was sie zum Leben benötigten. Arglos wie die Kimbern sind, folgen sie diesen Führern, die sie in einen Hinterhalt locken.

Bei Noreia, nahe beim heutigen Neumarkt (Steiermark), fällt das Heer des römischen Konsuls über die naiven Germanen her. Man schreibt das Jahr 113 vor Christus und von daher datiert die römische Furcht vor den Germanen. Denn die Kimbern nehmen die Schlacht an, statt — wie von den Römern erwartet — ihr Heil in heilloser Flucht zu suchen. Die römischen Legionäre, in gewohnter und wohlgeordneter Disziplin aufmarschiert, hatten sich wahrscheinlich einen Mordsspaß versprochen. Die ungeordneten Haufen mit ihrem schwerfälligen Troß sollten sich mühelos zusammenhauen lassen. Was dann noch blieb, würde man als Sklaven abführen. Arbeitende Weiber und Kinder konnte man überall gut brauchen. Und weil sie gar so schön blond waren, sollte man für sie bestimmt noch bessere Preise erzielen als für gefangene Kelten. Doch die Rechnung geht nicht auf. Die Germanen schlagen in heiligem Zorn wie Berserker um sich. Sie brechen in die feindlichen Linien ein. Und nun sind es die für unbesiegbar geltenden Römer, die das Laufen lernen. Verfolgt von wütenden Kimbern, die Rache nehmen wollen für den ihnen unerklärlichen Überfall. Zeitgenössische Berichte überliefern, daß nur ein Gebirgsgewitter die Kimbern daran gehindert hätte, das Heer des Konsuls vollends aufzureiben.

An den römischen Kriegsschulen wurde gelehrt, daß ebenso wichtig wie der Sieg selbst die Fähigkeit sei, einen Sieg auch auszuschlachten. Also nachstoßen, die Verwirrung des Gegners nutzen, verhindern, daß der Feind seine Kräfte wieder sammelt. Nun ist das eine ziemliche Binsenweisheit und möglicherweise wären die Kimbern auch ohne Militärakademie und Generalstabsschule darauf gekommen. Dennoch reagieren sie ganz anders. Vielleicht halten sie die Schlacht bei Norea nur für ein schreckliches Mißverständnis. Oder aber sie sind schlicht entsetzt über die schnöde Hinterhältigkeit dieser Römer und wollen einfach nichts mehr mit ihnen zu tun haben. Sie drehen ab nach Norden, wandern mit Sack und Pack über die Alpen, überqueren die Donau und stoßen zum Main, wo sie auf die Teutonen treffen.

Die Römer haben damit angefangen und über 2 000 Jahre lang hatte sich die Geschichtswissenschaft daran gewöhnt, Kimbern und Teutonen in einem Atemzug zu nennen, als zwei germanische Nachbarvölker, die einst die junge Großmacht Rom in ihren Grundfesten zu erschüttern vermochten. In der jüngsten Forschung sind nun Zweifel aufgetaucht, ob die Teutonen überhaupt ein germanisches Volk gewesen sind, oder ob man sie zu den Kelten rechnen muß. Die Germanen fielen den Römern vor allen Dingen durch ihren großen Wuchs, ihre erstaunliche Körperkraft, durch blaue Augen und rötlich blonde Haare auf. Eine Kennzeichnung, die so ungefähr auch für viele Keltenvölker zutrifft. Nun, es ist keineswegs ausgemacht, daß die Teutonen wirklich keine Germanen waren. Es wäre auch ein zu hübscher Treppenwitz der Geschichte, wenn ausgerechnet jener Stamm, dessen Name zu einem Gattungsbegriff für alles Deutsche wurde — man denke nur an den furor teutonicus — nicht germanisch gewesen sein sollte.

Die Behauptung, Kimbern und Teutonen müßten nicht nur Nachbar-, sondern eng verwandte Völker gewesen sein, weil sie sich sonst nicht hätten verständigen können, sticht dagegen nicht. Der gemeinsame Wortschatz der indogermanischen Völker war auch nach der ersten Lautverschiebung, die wohl noch keine hundertfünfzig Jahre zurücklag, so groß, daß man sich mit einiger Geduld und Zuhilfenahme von Händen und Füßen sehr wohl verständigen konnte. So wird uns zum Beispiel berichtet, daß die Römer durchaus die Schimpf- und Spottworte begriffen, die ihnen vor den letzten Entscheidungsschlachten von den Kimbern und Teutonen zugerufen wurden. Selbst wenn sie es nicht genau verstanden, so erkannten sie doch den Sinn, spürten die Drohung hinter der flapsigen Ankündigung, man werde sich demnächst in Rom sehen und sich die stolzen Weiber der edlen Römer vorknöpfen. Wenn dem so war, mußte die Verständigung zwischen Kimbern und Teutonen noch unproblematischer gewesen sein, schon weil es bei Nachbarvölkern gerade im Grenzgebiet auf beiden Seiten viele Menschen gab, die sich im Idiom der anderen auszudrücken wußten.

Die beiden Völker zogen durch Gallien, erreichten Südfrankreich und trafen dort wieder auf ein römisches Heer. Diesmal hieß der Konsul Julius Silanus und wieder versuchten es die Germanen mit Freundlichkeit und Bitten. Südfrankreich wäre eine Gegend gewesen so recht nach ihren Vorstellungen: fruchtbar, warm und schön. Sie baten um Landzuweisung und ernteten nichts als schroffe Ablehnung. Der Herr Konsul ließ seine Streitmacht gegen sie aufmarschieren, bezog aber eine fürchterliche Schlappe. Nicht nur die offene Feldschlacht wurde verloren, sondern den Germanen gelang es auch noch, das befestigte römische Lager zu erstürmen.

Aber auch diesen zweiten großen Sieg (neben mehreren kleineren gewonnenen Schlachten) verstanden die Germanen nicht zu nutzen. Statt sich jetzt zu nehmen, was man ihnen freiwillig nicht zugestehen wollte, verlegten sich die Kimbern und Teutonen aufs Verhandeln mit dem römischen Senat. Gesandte gingen hin und her, und während die Römer ihre Kräfte sammelten und neue Truppen zur Abriegelung der Grenzen herbeiholten, ließen sich die Germanen hinhalten. Als sich Rom wieder einigermaßen stark fühlen konnte, wurden die Bitten der Germanen um Ackerland und Saatgetreide endgültig abgeschlagen.

Die Kimbern, die Teutonen und ihre Kampfgefährten, die sich ihnen auf ihren langen Wanderungen angeschlossen hatten, standen ein weiteresmal vor dem Nichts. Das auch dürfte der Grund gewesen sein, warum sie sich wieder trennten. Während die Kimbern den Weg zur Küste und die Pyrenäen entlang nach Spaniens Nordwesten suchten, durchstreiften die Teutonen ganz Gallien. Die Römer aber rüsteten auf, und ihr neuer Heerführer Marius zog die Konsequenzen aus den bisherigen Niederlagen. Er schuf eine bewegliche Armee, hob neue Truppen aus, sorgte für bessere Bewaffnung, für strenge Disziplin und für eine gründliche Ausbildung seiner Offiziere. Als sich die Kimbern und Teutonen zu neuem gemeinsamen Vorgehen gegen Rom verabredeten, fanden sie Marius vorbereitet.

Getrennt schlagen

Die Teutonen und mit ihnen die Ambronen zogen gegen die Seealpen, um ins westliche Oberitalien einzufallen. Die Kimbern, die vom Golf von Biskaya nach Nordfrankreich marschiert waren, dann scharf nach Süden abgebogen und bis zur Nordschweiz gekommen waren, wollten über den Brennerpaß in Oberitalien einfallen. Getrennt marschieren, vereint schlagen war ihre Devise. Aber dazu ließ es Marius nicht kommen. Den Teutonen eilte er bis in die Provence entgegen und vernichtete ihr Heer bei Aquae Sextiae, dem heutigen Aix en Provence. Das war im Spätherbst des Jahres 102 vor Christus.

Dann machte Marius kehrt, um den Kimbern ein ähnliches Schicksal zu bereiten. Diese waren die Alpen entlang durchs südliche Bayern gezogen, hatten den Brenner überquert, Verona erreicht. Dort versuchte sie ein kleineres Römerheer aufzuhalten, freilich ohne Erfolg. Immerhin aber gelang es, den Vormarsch der Kimbern, die jetzt einen Schwenk nach Westen in Richtung auf ihre Verbündeten gemacht hatten, zu verlangsamen. Zudem hielten sich die Kimbern damit auf, einmal die Städte in der Po-Ebene zu belagern und zum anderen ließen sie es sich auf dem flachen Land, wo sie keinen Widerstand fanden, wohl sein. Sie plünderten alles, was sich fand, genossen es, sich endlich wieder einmal sorglos sattessen zu können und bemerkten nicht, daß die Zeit gegen sie arbeitete.

Nach der Schlacht bei Aquae Sextiae hatte Marius seine Truppen wieder aufgefrischt und war nun im Frühjahr des Jahres 101 in Italien zur Stelle. Er vereinigte seine Hauptstreitmacht mit den Truppen, die bisher den Kimbern hinhaltenden Widerstand geleistet hatten und stellte sich in der westlichen Lombardei den wandernden Scharen entgegen. Wieder suchten die Germanen Verhandlungen, beteten ihren alten Vers herunter, daß sie nichts anderes suchten als gutes Ackerland, um darauf in Ruhe und Frieden zu leben. Ihre Situation wurde dadurch noch verschlimmert, daß sie die Schwäche ihrer Position nicht kannten. Sie hatten keine Ahnung vom Schicksal ihrer teutonischen Brüder, warteten vielmehr täglich auf den Entlastungsangriff von Westen her. Im Sommer kam es im Gebiet von Vercellae zur Entscheidungsschlacht, die von den Römern vor allen Dingen durch ihre bessere Strategie gewonnen wurde. Sie ließen die Kimbern in ihr Zentrum einbrechen und umfaßten sie dann an beiden Flügeln. Die Germanen kämpften so tapfer, daß noch Generationen später ihr Kriegsruhm im römischen Volk lebendig war. Vor allem die Dauer der Schlacht brachte den Römern entscheidende Vorteile, weil sie es verstanden, ermüdete Truppen durch frische Reserven abzulösen. Den Rest besorgte der heiße Sommertag. „Hitze und Durst“, so haben seine Gewährsmänner dem Historiker Tacitus berichtet, „vertragen die Germanen schlecht“.

Bei Aquae Sextiae — so die zeitgenössischen Kriegsberichterstatter — seien 100 000 Germanen-Krieger niedergemacht worden, eine Zahl, die sicherlich — zum höheren Ruhm der Römer und ihres Feldherrn Marius — stark übertrieben war. Wahrscheinlich ist die Zahl 100 000 sogar für beide Entscheidungsschlachten noch ein bißchen hoch gegriffen. 100 000 gefallene Krieger würden unter anderem bedeuten, daß die beiden Germanenvölker fast eine halbe Million Menschen zählten. Wir wissen zum Beispiel, daß 500 Jahre später die Vandalen mit insgesamt 80 000 Menschen durch Europa zogen. Eine Zahl von 500 000 wäre kaum vorstellbar, allein schon aus Gründen der Verpflegung; auch wenn man in Rechnung stellt, daß zum Beispiel die Kimbern auf ihrem letzten Weg von Nordfrankreich bis zum Brenner einen Teil ihres Trosses, also viele Familien, unter militärischer Bedeckung zurückließen.

Marius jedenfalls wurde als der große Retter des Vaterlandes gefeiert. Und während er die Kriegsbeute an seine Soldaten verschenkte oder sie den Göttern opferte, brachte er die Frauen und Kinder der Germanen nach Rom, wo sie auf dem Sklavenmarkt Liebhaberpreise erzielten. Wer etwas auf sich hielt, mußte einfach so schöne rotblonde Menschenware im Hause führen. Überhaupt die Haare: sie hatten es den Römerinnen so sehr angetan, daß sie ihre Sklavinnen kahlschoren und sich blonde Perücken anfertigen ließen. „Made in Germany" war also im alten Rom schon eine gefragte Sache. Ansonsten bleibt die Begegnung mit den Germannen für die Römer ohne tiefgreifende Folgen. Sicherlich rühmten spätere Generationen die Wildheit und Tapferkeit der blonden Riesen. Aber die Aufmerksamkeit der Römer wendet sich anderen Dingen zu.

Der Untergang der Kimbern und Teutonen ist das vorläufige Ende der Konfrontation zwischen Römern und Germanen. Die Wanderungsbewegung freilich dauerte an, suchte sich aber andere Ziele. Eine Reihe westgermanischer Völker dringt vom Norden nach Mitteleuropa vor, überrollt die dort ansässigen Kelten, die ihrerseits in Bewegung geraten, um neue Wohnsitze zu suchen. Da die Römer Ruhe an ihren Grenzen haben, verfolgen sie diese Verschiebungen nur mit mäßigem Interesse. Das trifft noch mehr für die Griechen zu, die bisher völlig unbeteiligt zusehen konnten, wie sich da weit hinten in Mittel- und Westeuropa die Barbaren gegenseitig aufs Haupt schlugen. Aber immerhin taucht 80 vor Christus in der griechischen Literatur bei Poseidonius der Begriff „Germanen" auf.

Caesar schaltet auf Offensive

Die nächste Konfrontation zwischen Römern und Germanen steht unter einem anderen Vorzeichen. Diesmal sind es die Römer, ist es ihr hervorragender Feldherr Gaius Julius Caesar, der die Initiative ergreift und den Kampf sucht. Germanische Sueben unter ihrem König Ariovist waren 72 vor Christus über den Oberrhein nach Gallien vorgedrungen. Dort müssen sie geradezu zwangsläufig mit den Römern in Konflikt kommen, die ihrerseits aus ihrer südlichen Provinz heraus ganz Gallien unter ihren Einfluß bringen wollten. Ariovist tritt uns als eine Führerpersönlichkeit entgegen, wie sie die Geschichte der Germanen vorher noch nicht kannte: Ein Mann von bedeutenden militärischen Fähigkeiten, ein geschickter Redner, ein politischer Kopf.

Wie viele Politiker nach ihm, beruft sich Ariovist darauf, daß er keineswegs aus Eroberungslust nach Gallien einmarschiert sei, sondern daß ihn vielmehr der Hilferuf eines bedrängten Volkes ins Land geholt habe: Die keltischen Sequaner hatten Ariovist um Beistand gegen die ebenfalls keltischen Häduer gebeten. Und diesem Hilfsbegehren kann sich Ariovist natürlich kaum entziehen. So wenig wie etwa die Sowjets, als ihre ungarischen oder tschechischen Genossen um Intervention baten; so wenig wie die Amerikaner, die man nach Indochina gerufen hatte. Der Ruf aus Gallien kommt Ariovist offenbar sehr gelegen. Der Suebe, der wackere Schwabe, läßt sich nicht zweimal bitten, sondern mischt kräftig mit und bringt vor allem sein eigenes Schäfchen ins Trockene.

Caesar hinwiederum motiviert seine vorgesetzte Behörde in Rom damit, daß man es nicht dulden könne, wenn sich fremde Mächte in innere Angelegenheiten Galliens einmischten. Caesars unmittelbares Problem ist es aber, seinen Soldaten Mut zuzusprechen. Die alten Schauergeschichten über Stärke, Wildheit und Grausamkeit der Germanen kursieren in seinem Feldlager. „Es wurde nämlich erzählt“, so faßt Caesar die Situation in seinem „Gallischen Krieg“ zusammen, „die Germanen seien Menschen von ungeheurer Körper-

größe, unglaublich tapfer und in den Waffen geübt; wer mit ihnen zusammengestoßen sei, habe noch nicht einmal den Anblick ihrer Gesichter und ihren durchdringenden Blick ertragen können".
Was diesen durchdringenden Blick betrifft, so läßt sich darüber heute nicht mehr urteilen. Über die ungeheure Körpergröße dagegen wissen wir ganz gut Bescheid. Untersuchungen von Skelettfunden ergeben eine Durchschnittsgröße von 1,72 Meter, womit die Germanen doch noch um einiges kleiner gewesen sind als die Deutschen von heute. Objektiv kann von Riesengeschöpfen also keine Rede sein. Subjektiv aber ist die Furcht aus der Sicht der Römer verständlich. Denn die römischen Soldaten waren im Schnitt kaum größer als 1,50 Meter.
Ariovist trat Caesar sehr selbstbewußt entgegen. „Wenn es Caesar gelüstet, so mag er kämpfen: dann wird er sehen, was die unbesiegten Germanen für Helden sind, Männer, die im Gebrauch der Waffen von Jugend auf geübt und vierzehn Jahre lang unter kein Dach gekommen sind." Der römische Statthalter und Feldherr Caesar läßt sich davon nicht einschüchtern. Er vertraut auf die Überlegenheit seiner Truppen, auf ihre Disziplin und auf sein größeres taktisches und strategisches Geschick. Caesar läßt sich auch von der Angst seiner Legionäre nicht beeindrucken. „Vor der entscheidenden Schlacht", so berichtet Caesar, „wurden im ganzen Lager allenthalben Testamente gesiegelt". Einige sagten sogar zu Caesar, wenn er den „Befehl zum Abmarsch geben würde, so würden die Soldaten nicht gehorchen und aus Angst nicht marschieren".
Bei Mühlhausen im Elsaß kommt es im Jahre 58 vor Christus zu dieser entscheidenden Schlacht. An die 25 000 germanische Krieger, nach Völkerschaften gegliedert, die in ihrer typischen Keilform aufgestellt sind, traten sechs römischen Legionen — also rund 36 000 Mann — entgegen. Zu Beginn der Schlacht wanken auf beiden Seiten die linken Flügel. Während aber die Germanen im Eifer des Gefechts blind drauflos stürmen, gruppiert Caesar sein Heer um, zieht an seinem rechten Flügel Truppen ab und wirft die

Reserven auf der anderen Seite ins Getümmel. Plötzlich sehen sich die Germanen, die ohne sich umzuschauen tief in die Linien des Gegners eingedrungen waren, von ihrem Zentrum abgeschnitten, ihr Angriff kommt ins Stocken. In wilder Hast eilen sie zurück und bringen damit die gesamte Front ins Wanken. Die Römer stoßen nach, die Germanen suchen, über den Rhein zu entkommen. Caesars Reiterei richtet unter dem wild flüchtenden Haufen, der auch die Wagen samt Frauen und Kindern mitgerissen hatte, ein ziemliches Blutbad an. Ariovist gehört zu den Glücklichen, denen die Flucht über den Fluß gelingt. Seine beiden Frauen und eine seiner Töchter finden den Tod. Ariovist selbst aber lebt noch einige Jahre, hoch geehrt von seinem Volk, auf der anderen Seite des Rheins.

Von jetzt an sind die Römer für nahezu ein Jahrhundert in der Offensive. Caesar säubert ganz Gallien von germanischen Heeren, wobei er nicht immer nach den Regeln des Völkerrechts vorgeht. So lädt er die Repräsentanten der Usipeter und Tenkterer zu Verhandlungen ein, nimmt sie gefangen und fällt dann über die ahnungs- und führungslosen Germanen her und läßt sie niedermachen. Zwar duldet er germanische Sippen und Stämme, die sich bereits friedlich niedergelassen haben, weiter in Gallien; aber germanische Truppenverbände wirft er samt und sonders über den Rhein zurück. Im Jahre 55 vor Christus wagt er sogar seinerseits einen Vorstoß über den Fluß, indem er nördlich von Neuwied von seinen Pionieren eine großartige Brücke über den Fluß schlagen läßt. Doch mehr als ein Kommandounternehmen ist diese Rheinüberquerung nicht. Caesar begnügt sich damit, die nächste Umgebung zu verwüsten, und zieht sich bald wieder nach Gallien zurück. Ähnlich hält er es zwei Jahre später bei einem erneuten Sprung über den Rhein. Versuche, die Germanen einzuschüchtern und seine militärische Stärke zu demonstrieren — mehr nicht.

Am Rhein herrschte nun für einige Jahrzehnte Ruhe, zweifellos ein Verdienst Caesars. Wichtiger freilich war, daß er mit seinen Kriegsberichten gleichsam den ideologischen Unterbau lieferte für spätere

Unternehmungen. Zunächst war Rom im Bürgerkrieg mit sich selbst beschäftigt; denn nach Caesars Tod begann eine Serie von Schlachten, die sich die Nachfolger, die Monarchisten und Republikaner gegenseitig lieferten. Aber dann suchte man wieder lohnendere Ziele, um dem Kampfgeist dieser Zeit ein Ventil zu geben. Man erinnerte sich Caesars „De bello gallico", einer Denkschrift, die vor allem in Regierungsämtern und Militärstäben genau studiert wurde.

„Raubzüge außerhalb der Grenzen eines Stammes ziehen keine Schande nach sich", war da beispielsweise zu lesen. Die Germanen würden damit prahlen, daß sie Krieg nicht wichtiger Ziele wegen, sondern allein zur Übung der Jugend und zur Bekämpfung des Müßigganges führten. „Es gilt für die Stämme als höchster Ruhm, möglichst weite Landstriche in ihrem Umkreis zu verwüsten und dort Ödland zu haben. Sie halten es für einen Beweis von Tapferkeit, wenn die Nachbarn, aus ihrem Land vertrieben, das Feld räumen und niemand wagt, sich in ihrer Nähe anzusiedeln." Oder an anderer Stelle: „Ihr ganzes Leben besteht in Jagd und kriegerischem Treiben. Von klein auf sind sie auf Strapazen und Abhärtung bedacht." Im Kern entsprechen diese Bemerkungen durchaus der Wahrheit; die leichten Übertreibungen darf man dem Autor nicht verübeln. Denn Caesar kommt es vor allem darauf an, sich selbst in günstigstem Licht erscheinen zu lassen. Wer von solchen Gegnern bedroht wird, muß sich nicht unbedingt ans Völkerrecht halten. Wer mit solchen Gegnern fertig wird, darf einen Platz in der Geschichte beanspruchen.

Für die Generationen nach Caesar bedeuten die Aufzeichnungen noch mehr. Da wird ein Popanz aufgebaut, eine Gefahr dargestellt, der mit allen Mitteln begegnet werden muß. Kaiser Augustus geht deshalb zur Großoffensive über und betraut damit seine Söhne. Die kaiserlichen Prinzen Tiberius und Drusus sind zunächst einmal darauf bedacht, das Vorfeld zu bereinigen, sichere Grenzen zu schaffen, von denen aus weiter operiert werden kann. Ein Krieg gegen die Raeter bringt Vorarlberg und Nordtirol im Jahre 15 vor

Christus unter römische Herrschaft, und östlich davon wird das Königreich Noricum besiegt, das von der Donau über Salzburg bis hinunter nach Steiermark und Kärnten reicht. Raetien und Noricum werden römische Provinzen, die Reichsgrenze schiebt sich jetzt langsam über das Alpenvorland hinweg bis an die Donau.

Unternehmen Frontverkürzung

Ein Blick auf die Landkarte zeigt, daß auch diese Grenzen noch verwundbar waren. Zwischen Donau und Rhein ist eine große Lücke, ein Aufmarschfeld für Germanen geblieben. Und überhaupt waren die natürlichen Grenzen, die beide Flüsse zogen, zu lang und damit schwer oder nur mit großem Aufwand zu verteidigen. Eine Frontverkürzung — natürlich auf Kosten der Germanen — sprang den Generalstäblern geradezu ins Auge.

Drusus, der Lieblingssohn des Kaisers, erhielt den Oberbefehl in dem Unternehmen, das die Unterwerfung ganz Germaniens vorsah. Vom Mittel- und Unterrhein aus marschierte er über die Weser hinaus bis ans Ufer der Elbe. Hier sollte vorerst Halt gemacht werden. Von der Elbe aus wollte man in möglichst gerader Linie eine Grenze quer durch Böhmen bis hinunter an die Donau, ins heutige Ost-Bayern, ziehen. Doch Drusus, der eine Reihe von germanischen Stämmen zwischen Nordsee und Donau, zwischen Rhein und Elbe überwunden hatte, konnte an solchen Überlegungen nicht mehr teilnehmen. Auf dem Heimritt von der Elbe fiel er so unglücklich vom Pferd, daß er einen schweren Schenkelbruch erlitt. Dreißig Tage siechte er, fern der Heimat, ohne die hervorragende ärztliche Betreuung, wie es sie in der Hauptstadt gab, am Wundfieber dahin, bis ihn der Tod am 9. September des Jahres 9 vor Christus erlöste.

Der Kaiser ordnete ein Staatsbegräbnis an, das in seinem Pomp und Gepränge kein Beispiel hatte. Dem Drusus und seinem ganzen Geschlecht verlieh er den Ehrentitel Germanicus zum ewigen Gedenken daran, wer dieses wilde Volk gebändigt hatte. Die Nachfolge des Drusus trat sein älterer Bruder Tiberius an, ein ebenso kühner wie begabter Heerführer. Er setzte die Feldzüge fort, verstärkte den Druck auf die Germanenstämme, zwang zum Beispiel die Cherusker, von denen wir noch hören werden, unter das römische Joch. Was Drusus nicht vollenden konnte, nahm Tiberius in Angriff: Das mächtige Markomannenreich in Böhmen mußte sich den Römern wegen der Elbe-Donau-Grenze beugen.

In Böhmen saßen die Markomannen unter Führung des Marbod. Dieser hatte einen Teil seiner Jugend in Rom verbracht, verkehrte im Haus des Kaisers Augustus und führte mit Einwilligung der Römer den Titel eines Königs. Die Markomannen, die unter dem Druck der Römer ihre Heimat am Main verlassen hatten, um sich neue Siedlungsgebiete in Böhmen und Mähren zu erschließen, wollten nicht einsehen, warum sie der römischen Staatsräson schon wieder ein Opfer bringen sollten. Sie gedachten dieser künstlichen Grenzziehung mitten durch ihr Gebiet keinesfalls zuzustimmen und rüsteten zum Krieg.

Tiberius wußte, daß er sich auf ein gefährliches Unternehmen einließ. Die unruhigen Germanen an der Westflanke, die man eben erst in römische Provinzen gezwängt hatte, verlangten besondere Vorsicht. Nicht weniger als zwölf Legionen, also rund 75 000 Mann marschierten auf, unterstützt von einigen Hilfstruppen, die ihrerseits noch mit den Markomannen ein Hühnchen zu rupfen hatten und dazu jetzt von den Römern Gelegenheit bekamen. Man darf davon ausgehen, daß an die 100 000 Mann gegen Böhmen vorrückten, eine für diese Zeit schier unvorstellbare Streitmacht. Allein die Bewältigung des Nachschubproblems verdient Bewunderung.

Der Vormarsch wurde mit zwei Heeresgruppen durchgeführt. Tiberius kam von Süden her, marschierte vom ungarischen Carnuntum die Donau entlang. Der Legat Sentius Sarturninus rückte von Mainz aus nach Osten vor. Doch ehe die römische Zangenbewegung vollendet war, brach auf dem Balkan ein unerwarteter Krieg aus.

Tiberius mußte schleunigst umkehren, die illyrischen Truppen, die er nach Böhmen in Marsch gesetzt hatte, wurden an der Heimatfront gegen die Aufständischen gebraucht, die der römische Steuerdruck zu verzweifelter Rebellion getrieben hatte.
Marbod aber, der sein Ende schon greifbar vor Augen gesehen hatte, war so erleichtert über die glückliche Wendung der Dinge, daß er eiligst Frieden schloß, statt die bedrängte Lage der Römer zu einem Gegenangriff auszunutzen. Hätte Marbod gehandelt, wäre er vielleicht als der germanische Freiheitsheld in die Geschichte eingegangen. Drei Jahre später beanspruchte diesen Ehrenplatz ein anderer, ein junger Mann, den wir unter dem Namen Arminius kennen.
Wie Marbod, war auch Arminius in Rom gewesen, war als kaiserlicher Offizier in der Armee tätig und hatte als Führer eines germanischen Hilfsvolkes sogar Generalsrang und Rittertitel erhalten. Die Feldzüge der letzten Jahre sahen ihn stets auf seiten der Römer. Die verschiedenen Germanenvölker mochten sich zwar verwandt fühlen, der Gedanke an eine politische Zusammengehörigkeit, an ein einig Volk der Germanen, kam ihnen jedoch nie. Im Gegenteil, es gehörte keineswegs zum schlechten Ton, wenn man sich bei der Austragung von Stammesfehden der Hilfe der Römer versicherte. Überhaupt waren viele Germanen der Meinung, daß es sich unter römischer Oberhoheit allemal besser leben ließ, als in einer Unabhängigkeit, die nur Armut, Arbeit und kärgliches Brot bedeutete. Bei den Cheruskern war das nicht anders.
Es hätte auch so bleiben können, wäre da nicht ein Mann gewesen, den wir von unserer Kindheit her schon kennen aus dem Lied: „Als die Römer frech geworden ...“. Herr Quinctilius Varus war ein Verwandter des Kaiserhauses und wie viele Monarchen und Diktatoren verstand es auch Augustus, für seine Familie zu sorgen. Von Varus wissen wir, daß er als Statthalter in Syrien wirkte. Als armer Mann, so wurde in Rom kolportiert, sei er in die reiche Provinz gekommen, als reicher Mann habe er eine abgewirtschaftete, arme Provinz verlassen. Mag sein, daß ihn Augustus deshalb

ins nördliche Germanien schickte, wo man sich mangels Masse weniger bereichern konnte. Eine Strafversetzung sozusagen, ein Auftrag zur Bewährung.

Der Aufstand der Cherusker

Aber wie die Katze das Mausen nicht läßt, mochte Quinctilius Varus nicht darauf verzichten, in die eigene Tasche zu wirtschaften. Das Steuerrecht war eine sehr komplizierte Sache im Römischen Reich. Der Initiative und dem Erwerbssinn des einzelnen war einiger Spielraum gegeben. Varus wußte ihn so zu nutzen, daß er selbst die Römerfreunde gegen sich aufbrachte. Auch bei den Cheruskern griff die Meinung um sich, daß so mit den Römern nicht gewettet war. Arminius war zunächst der Wortführer einer Opposition, der sich vor allem die junge Generation anschloß. Als er unter den Cheruskern genügend Anhang gefunden hatte, nahm er Verbindung zu den Nachbarstämmen auf. Keine leichte Aufgabe, wenn man bedenkt, daß hier viele und alte Feindschaften und Rivalitäten zu überwinden waren. Im übrigen: War dieser Arminius nicht römischer Offizier und Ritter? Spielte er vielleicht die Rolle eines Agent provocateur, um bei nächster Gelegenheit im Bunde mit Varus alte Rechnungen zu begleichen?
Es fehlte auch nicht an Verrätern, die sich anhörten, was Arminius zu sagen hatte, wohl beifällig mit dem Kopfe nickten, um gleich darauf dem Nachrichtendienst des Varus mitzuteilen, daß der Cherusker den Aufstand probte. Nun war Varus kein heuriger Hase und kannte das Intrigenspiel, das in jeder Provinz getrieben wurde. Bereit, vielen Verdächtigungen Glauben zu schenken, war er doch in diesem Falle überzeugt, daß die Zuträger nicht die Wahrheit sprachen. Was nicht sein darf, kann auch nicht sein: Ausgerechnet Arminius, der dem Römischen Reich so viele militärische Dienste geleistet hatte und dafür mit hohen Auszeichnungen geradezu überschüttet worden war, müßte doch der letzte sein, der die Fronten

wechselte. Vielleicht hat Varus den Arminius sogar selbst einmal mit den Gerüchten konfrontiert, die da im Umlauf waren. Arminius, offenbar ein Mann von schnellem Verstande, ein gewandter Dialektiker, der sich auch in lateinischer Sprache gut auszudrücken wußte, konnte dabei alle Verdachtsmomente zerstreuen. Selbst als Segestus, der Schwiegervater von Arminius, den Varus warnte, glaubte der römische Statthalter immer noch an die guten Absichten des jungen Cheruskerführers.

So kam, was kommen mußte. Im Herbst des Jahres 9 nach Christus hatte Arminius eine ansehnliche Streitmacht um sich versammelt. Er kannte aus eigener Erfahrung das römische Militärwesen und wußte, wann die Legionen am verwundbarsten waren. Im Teutoburger Wald — genau wissen wir die Stelle bis heute nicht, aber wahrscheinlich spielte sich das Drama nahe bei Detmold ab — überfiel Arminius den römischen Statthalter und seine drei Legionen auf dem Marsch. Die Schlacht soll drei Tage gedauert haben und an die 20 000 Römer wurden vollständig aufgerieben. Varus und sein Stab versuchten zu fliehen, gaben das hoffnungslose Unterfangen aber auf. Der Feldherr stürzte sich nach Väterart in sein eigenes Schwert.

In Rom schlug die Nachricht vom Untergang des Varus wie eine Bombe ein. Kaiser Augustus verlor fast die Nerven. Vor drei Jahren hatte es — ebenfalls aus Protest gegen die drückende Steuerlast — auf dem Balkan lichterloh gebrannt, nun wiederholte sich das in ungleich schlimmerem Maßstab in Germanien. „Varus, gib mir meine Legionen wieder!“ soll der Kaiser mehrmals ausgerufen haben. Seine Angst, daß der Funke vom Teutoburger Wald überspringen könnte auf andere Provinzen, war riesengroß. Sogar in Rom fühlte sich Augustus nicht mehr sicher, zumal seine Leibwache aus 300 Germanen bestand. Immerhin ließ er sie nicht in Ketten legen oder umbringen, sondern verbannte sie nur vorübergehend auf eine Insel, bis Gras über die Sache gewachsen war. Mit dem Gras wuchsen auch Bart und Haare des alten Kaisers: in seiner Wut ließ Augustus monatelang keinen Barbier an sich heran.

Wichtiger als diese Anekdoten sind die politischen Folgen der Schlacht. Augustus verzichtete unter dem Eindruck der Niederlage auf die Unterwerfung Germaniens und zog seine Truppen zurück an den Rhein und an die Donau. Historiker im 19. und in der ersten Hälfte des 20. Jahrhunderts haben dem Sieg des Arminius weltgeschichtliche Bedeutung zugemessen, indem sie ihn zum Vater der deutschen Nation, gar zum Stammherrn des Bismarck'schen und Hitler'schen Reiches machten. Das geht wohl ein wenig zu weit. Aber immerhin ist es ihm zu verdanken, daß Germanien damals nicht romanisiert wurde. Europäische Geschichte wäre ohne die Schlacht im Teutoburger Wald vielleicht anders verlaufen, möglicherweise sogar friedlicher. Aber darüber zu spekulieren bringt wenig Gewinn. Eines aber muß festgestellt werden: „Hermann der Cheruskerfürst" hat durch die Befreiung Nord- und Mitteldeutschlands eine wichtige Aufmarschbasis geschaffen für die Völkerwanderung. Im übrigen dürfen wir uns an die Würdigung halten, die Tacitus keine hundert Jahre später niederschrieb. Arminius gilt ihm als der Befreier Germaniens, „der es wagte, das römische Volk nicht an seinen Anfängen, wie andere Könige und Häuptlinge, herauszufordern, sondern in der glänzendsten Blüte des Reiches".
Nach Augustus, als der germanen-erprobte Feldherr Tiberius den Kaiserthron bestiegen hatte, versuchten die Römer noch einmal, das Rad der Geschichte zurückzudrehen. Der Sohn des Drusus, der von seinem Vater den Ehrentitel Germanicus geerbt hatte, wurde noch einmal ausgeschickt gegen die Cherusker, die unter Führung von Arminius einen hinhaltenden Abwehrkampf organisierten. Zur großen Entscheidungsschlacht stellten sich die Cherusker nicht, um so mehr setzten sie den Römern durch Kommandounternehmen, durch Kleinkrieg, durch Guerillatätigkeit zu. Das rauhe Klima und die Weglosigkeit der Wälder und Sümpfe waren ideale Voraussetzungen für diese Art von Partisanenkrieg. Natürlich anworteten die Römer mit harten Vergeltungsaktionen und erzielten auch einen spektakulären Erfolg: Es gelang ihnen nämlich, Thusnelda, die Frau des Arminius, in ihre Gewalt zu bringen. Aber alles in allem

stand der Aufwand des Feldzuges in keinem Verhältnis zum Ergebnis.
Politisch standen die Römer — das war nicht zu leugnen — mit leeren Händen da. Doch wie dem Fuchs die Trauben zu sauer wurden, als er sie nicht erreichen konnte, so suchte man jetzt auch in Rom nach tröstlichen Argumenten. Nun gut, militärisch wäre die Grenzbegradigung zwischen Elbe und Donau nach wie vor erstrebenswert gewesen. Aber sonst sprach plötzlich überhaupt nichts mehr dafür, Germanien unter römische Hoheit zu zwingen. Wirtschaftlich war in der Tat nicht viel herauszuholen. Aus Urwäldern und Sümpfen, aus Mittelgebirgen und Heideböden, aus überschwemmungsbedrohten Küsten ließ sich nun einmal keine blühende Provinz machen. Das war eher ein Zuschußbetrieb als eine ständig sprudelnde Steuerquelle. Es gab bessere Landstriche für militärische Investitionen.
Unter Tiberius wurde somit die Unterwerfung Germaniens endgültig abgebrochen, wenn auch keineswegs sang- und klanglos. Denn das Kaiserhaus wußte auch den Mißerfolg gut zu verkaufen. Für Germanicus wurde im Jahre 17 nach Christus ein prächtiger Triumphzug organisiert. Hauptattraktion war Thusnelda, die Gattin des Cheruskerfürsten Arminius, samt einem kleinen Baby, ihrem in der Gefangenschaft geborenen Sohn Thumelicus. Für das Volk, das die Straßen bei der großen Galaschau säumte, waren Thusnelda und Sohn ein sicheres Zeichen dafür, daß Germanicus — allen Unkenrufen zum Trotz — doch irgendwie gesiegt haben mußte. Was man dem Volk bei der Parade nicht erzählt hatte, war der Umstand, daß Thusnelda vor allem durch Verrat und Hinterlist ihres Vater Segestes den Römern in die Hände gefallen war.
Kaiser Tiberius stand jetzt wieder da, wo Gaius Julius Caesar aufgehört hatte: am Rhein. Von den germanischen Abenteuern gaben für spätere Generationen nur noch die Namen von zwei Provinzen Kunde. Ober- und Niedergermanien aber lagen auf der linken Seite des Flusses. Die Grenze verlief irgendwo zwischen Andernach und Remagen. Im übrigen vertraute Tiberius darauf, daß sich die

Germanen mit sich selbst beschäftigen würden. Solange sie im eigenen Saft schmorten, konnten die Römer beruhigt schlafen.
Die Rechnung Roms ging auch schneller auf als erwartet. Zunächst suchte der siegreiche Arminius seinen militärischen Erfolg in politische Macht umzumünzen. Allem Anschein nach strebte er ein Königtum an, das über die Cherusker hinaus reichen sollte. Ihm stellte sich Marbod entgegen. Vielleicht hatte der Markomannenkönig ein schlechtes Gewissen, weil er sich beim Befreiungskampf seiner nördlichen Verwandten abseits gehalten hatte. Vielleicht trauerte er auch der vergebenen Chance nach, als er die Römer bei ihrem Abzug nicht verfolgte. Schließlich hätte er damals, vor Arminius und möglicherweise mit weniger Anstrengung, erreichen können, was dieser bewerkstelligt hatte.
Im Jahre 19, zwei Jahre nach des Germanicus seltsamem Triumphzug, standen sich Marbod und Arminius in einer Schlacht gegenüber. Beide kamen aus der römischen Kriegsschule. Doch Arminius hatte die größere Praxis und blieb Sieger. Marbod wollte sein Schicksal wenden und bat die Römer um Hilfe. Die hatten sich die Finger in Germanien aber genug verbrannt und waren mit Recht der Auffassung, daß man die Germanen am besten sich gegenseitig totschlagen ließ. Marbod floh zu den Römern und wurde nach Ravenna in eine Art Ehrenhaft abgeschoben. Vielleicht hat er dort ein kleines Kind gesehen, das ihn an seinen letzten Feind erinnerte. Thumelicus, der Sohn des Arminius, wurde auch in Ravenna erzogen.
Arminius konnte sich seines Sieges nicht lange erfreuen. Noch bevor klar wurde, was er politisch wollte, fiel er, 37 Jahre alt, dem Schwert seiner eigenen Verwandten zum Opfer. Möglicherweise waren seine Ziele der Zeit zu weit voraus geeilt. Einzelne germanische Stämme mochten in Notzeiten zur Zusammenarbeit bereit sein, zu einem Zusammenschluß auf Dauer waren sie es nicht. Wir sollten unseren Vorfahren diese Haltung aber nicht allzusehr verübeln. In der deutschen Geschichte ist nun einmal Zwietracht und Konkurrenzdenken zwischen den Stämmen die Regel und das Zie-

hen an einem Strang die Ausnahme. Im übrigen mußten die Menschen in Deutschland und außerhalb meistens dafür büßen, wenn man sich allzu einig war.
Die Germanen beschäftigen sich zum Vorteil der Römer weiter mit sich selbst. Die Aggressivität, die nicht nur die Cherusker den Römern gegenüber an den Tag gelegt hatten, flaut weiter ab. Umgekehrt haben die Römer nach wie vor wenig Lust, sich auf unnötige Kriegshandlungen einzulassen. Im Jahre 28 zwingen dann andauernde Unruhen die Römer dazu, Friesland zu räumen. Was in den nächsten 40 Jahren passiert, sind höchstens ein paar Scharmützel, die nicht einmal in alten Schulbüchern aufgezeichnet sind, wo man ja bekanntlich keine Jahreszahl ausließ, die mit irgendeiner Schlacht zu verbinden war.
Einsichtige Römer wissen, daß die Ruhe recht trügerisch ist. Der Philosoph Seneca warnt um die Mitte des 1. nachchristlichen Jahrhunderts: „Laßt zu diesen krafterfüllten Leibern, zu diesen Seelen, die von Vergnügen, Wohlleben und Reichtum nichts wissen, nur noch etwas mehr Klugheit treten und eine bessere Disziplin — mehr will ich nicht sagen. Ihr Römer werdet Euch gegen sie nur behaupten können, wenn Ihr zu den Tugenden Eurer Ahnen zurückfindet.“ Dies ist einige Jahrzehnte später auch das Anliegen des Tacitus, der die Germanen geradezu idealisiert, um den Römern ins Gewissen zu reden.
Die nächste Konfrontation muß Seneca, der im Jahre 67 Selbstmord begeht, nicht mehr erleben. Das Feuer der Rebellion bricht an einer Stelle aus, die Roms Interessen unmittelbar berührt. Der Bataver-Aufstand bringt Rom zwar in keine existenzbedrohende, aber in eine höchst unangenehme Lage. Auch die Bataver standen unter der Führung eines Mannes, der wie Arminius als Offizier im römischen Heere gedient hatte. Seinen wirklichen Namen wissen wir nicht, die römischen Quellen nennen ihn Julius Civilis. Erstens versteht dieser Mann — gelernt ist gelernt — eine ganze Menge von Organisation und Kriegführung. Zum anderen finden die Bataver schnell Verbündete, rechts des Rheins einige Germanenstäm-

me, links vom Rheindelta, wo die Bataver sitzen, auch unzufriedene Kelten. Zahlreiche römische Legionslager werden von den Aufständischen erstürmt und sogar die stolze römische Rheinflotte wechselt den Besitzer. Unangenehm ist die Geschichte auch deshalb, weil das Jahr 69 Rom in einer innenpolitischen Krise sieht. Kaiser Nero war gerade tot und innerhalb eines guten Jahres folgen ihm vier verschiedene Herrscher.
Aber noch ist Rom stark genug, um die Lage zu meistern. Als das Überraschungsmoment nichts mehr einbringt, werden die Bataver und ihre Verbündeten zunehmend in die Abwehr gedrängt. Die rechtsrheinischen Germanen verlieren die Lust an dem Unternehmen, bei dem es ja nicht um ihre ureigensten Interessen geht. Und an der Rheinmündung und links des Flusses greifen die Römer hart und systematisch durch. In einem Jahr ist alles vorbei. Der Aufstand der germanischen Bataver bleibt Episode ohne erkennbare historische Folgen.

Der Limes sichert die Grenzen

Rom ist jetzt wieder bei der Taktik Caesars angelangt. „Das Erreichte sichern" würde heute die Parole im Propagandadeutsch der Politiker heißen. Oder im Fußball-Jargon: Aus einer starken Abwehr heraus werden gelegentliche Konter vorgetragen. Entlastungsangriffe, Abschreckungsaktionen. Aber ein entscheidender Durchbruch wird nicht mehr gelingen und wird auch gar nicht versucht.
Und dann wird aus der Strategie der Defensive ein reiner Riegel. Rom sperrt sich ab, igelt sich ein. Wer Mauern baut und Grenzwälle zieht, der hat Angst. Rom hat Angst, weiß um die Kraft der jungen Völker, die aus ihrem Schlummer aufzuwachen beginnen. Den dynamischen Kampfgeist, mit dem das Weltreich bisher allen Herausforderungen begegnet ist, kann man nicht mehr aufbringen. Der letzte der flavischen Kaiser, Domitian, gibt im Jahre 84 den

Befehl, den Limes zu bauen, ein Befestigungswerk, das zumindest in der europäischen Geschichte einmalig dasteht, selbst wenn man an die berühmte Maginot-Linie denkt, die zwischen den beiden Weltkriegen an der französischen Grenze aufgebaut wurde.
Limes wird bei den Römern von alters her der Querweg genannt, der Trampelpfad zwischen zwei Äckern oder Grundstücken. Was wir heute mit dem Begriff Limes verbinden, ist zunächst auch einmal eine Grenzmarkierung. Anders als im heutigen Afrika oder Nordamerika, wo Grenzen am grünen Tisch mit dem Lineal gezogen wurden, haben sich die alten Völker weitgehend der Natur bedient, um ihre Wohngebiete voneinander zu trennen. Die natürlichen Grenzen folgen dem Lauf der Flüsse oder lehnen sich an hohe Gebirgszüge, an undurchdringliche Wälder, an Sümpfe und Wüsten an.
Rhein und Donau waren solche Grenzen, die sich den Römern anboten. Dazwischen aber klaffte eine große Lücke, die auf die unruhigen Germanenvölker geradezu einladend wirken mußte. Im heutigen Hessen und Baden-Württemberg stand die Tür herausfordernd weit offen. Das Loch möglichst so zu schließen, daß damit die langen Grenzen an den beiden großen europäischen Strömen verkürzt würden, war ein altes Ziel römischer Militärpolitik. Nachdem die verschobene Front, vor allem die Elbe-Donau-Lösung, am Widerstand der Cherusker unter Arminius gescheitert war, hat man in den Ämtern und Stäben neue Planspiele gemacht, nach anderen Möglichkeiten gesucht. Wobei man sich durchaus Zeit ließ. Denn die Ideallösung gab es nicht und die Ersatz- oder Notlösung, der Limes, war zu allererst einmal sündhaft teuer.
Der obergermanische (382 km) und der rätische (166 km) Limes ergeben zusammen eine Länge von 548 Kilometern, was fast der halben Länge der Zonengrenze, von der DDR „Staatsgrenze West“ genannt, entspricht. Ohne Planierraupen und Bagger, ohne elektrische Todeszäune und vorgefertigte Betonteile bedeutete das jahrelanges Schanzen und Mauern mit Tausenden von Arbeitskräften, kostete ungeheure Mengen von Material — vor allem von Holz,

Lehm und Steinen — das oft erst von weither herangeschafft werden mußte. Wobei nicht vergessen werden darf, daß es ausgedehnte römische Limes-Anlagen auch in Britannien und in Südost-Europa gab.

Wer einen Schutzwall baut, tut das nicht nur aus einem Grund. Eine Mauer hat zwei Seiten. Sie verhindert, daß ungebetene Gäste in den beschützten Raum eindringen; sie sorgt aber auch dafür, die eigenen Schäfchen vollständig im Stall zu halten. Beides trifft für den Limes nur bedingt zu. Auch nach seiner Fertigstellung war er kein eiserner Vorhang, kein undurchdringliches Hindernis für nachbarschaftlichen Kontakt. Man begegnete sich hüben und drüben, tauschte Lebensmittel und gewerbliche Waren aus: Der Kleine Grenzverkehr blühte. Jedenfalls in Friedenszeiten. Pässe und Personalpapiere gab es nicht. Die Germanen mußten ihre Waffen abgeben, wenn sie durch die Tore wollten. Das war alles.

Was die Schutzfunktion des Limes betrifft, so hinkten die Römer immer ein bißchen hinter den Notwendigkeiten und Zwängen her. Zunächst war der Limes eine lose Folge von Beobachtungstürmen, an die sechs Meter hoch. Untertags verständigten sich die Posten durch Hornsignale, Zuruf und Handzeichen. In der Nacht wurden Feuerzeichen mit Fackeln gesetzt. Unter Kaiser Hadrian wurden die Türme durch Laufgraben und einen festen Palisadenzaun miteinander verbunden. Nach den ersten Einfällen der Alemannen zu Beginn des 3. Jahrhunderts wurden neue Gräben und Wälle angelegt, wurde der Zaun am rätischen Limes durch eine starke und drei Meter hohe Steinmauer ersetzt. Die Steinmauer hielt denn auch bis zur Wende vom 4. zum 5. Jahrhundert und ist in ihren Resten an vielen Stellen heute noch zu bewundern.

Den abschreckenden Effekt der großen Chinesischen Mauer hat der Limes freilich nicht erreicht. Die Chinesen hatten ihren Grenzwall in einer Höhe bis zu 16 Metern errichtet, acht Meter breit an der Basis und immer noch fünf Meter an der Dammkrone. An dieser Mauer bissen sich selbst die Hunnen die Zähne aus. Für die Römer war der Limes in erster Linie eine Auffangstellung. Die Grenztruppen selbst waren eher schwach und vielfach zu nicht mehr in der Lage, als Zwischenfälle nach hinten zu melden, wo an verkehrsgünstigen Plätzen die Eingreifreserven warteten, um Grenzzwischenfälle zu bereinigen oder Einbrüche abzuriegeln. Den wirklich großen Sturmfluten der Völkerwanderung hielt das Befestigungswerk aber nicht stand.

Der obergermanische Limes begann zwischen Remagen und Andernach bei Rheinbrohl und ging über Westerwald und Taunus bei Hanau zum Main, führte bis Miltenberg, dann weiter durch den Odenwald hin zum Neckar. Bei Lorch geht der rätische Limes weiter, der über die fränkische Alb bis Kelheim an der Donau reicht. Nördlich und östlich des Limes aber saßen die Germanen und fühlten sich ausgesperrt von den Segnungen einer reichen Zivilisation. Sie warteten förmlich darauf, daß die Schutzmauer einmal zu bröckeln anfangen würde und ihnen dann den Weg freigäbe zum Marsch nach Süd und West. Aber das dauert noch eine Weile.

Das Korsett, in das der Limes die Germanenstämme in West- und Norddeutschland zwängt, verändert die Lebensbedingungen. Der Boden wird knapper und um die wachsende Bevölkerung zu ernähren, muß er intensiver bewirtschaftet werden. Dies geschieht besonders in den Grenzgebieten, wo die Germanen den römischen Siedlern manches abschauen. „Ackerbau betreiben sie nicht sonderlich eifrig", hatte Caesar den Germanen nachgesagt, „und der größte Teil ihrer Nahrung besteht aus Milch, Käse und Fleisch." Solch hochwertige, eiweißreiche Kost würde das enorme Wachstum der Germanen erklären, aber neben den von Caesar genannten Nahrungsmitteln wurde natürlich vor allem Korn, gebacken in Fladen oder in Breiform, verbraucht. Auch Tacitus bescheinigt den Germanen, daß sie sich lieber Wunden auf dem Schlachtfeld als Schwielen beim Ackern holen. Das Feld zu pflügen und auf die Ernte zu warten, mit „Schweiß verdienen, was man auch mit Blut erwerben kann", ist nicht ihre Sache. Nun, die Verhältnisse zwangen die Germanen jetzt dazu, den Getreide- und Gemüseanbau zu forcieren, Obst zu züchten, die Tierhaltung zu vermehren.

Im übrigen aber nehmen sie natürlich auch jede Gelegenheit wahr, ihr Hobby, den Kriegsdienst, zum Brotberuf zu machen. Die Römer geben ihnen die Chance dazu. Entlang des Limes werden immer Wachmannschaften gesucht. Und weil sie mit Leib und Seele Soldaten sind, treten immer mehr junge Germanen als Gastarbeiter in Uniform in römische Dienste. Überschüssige Kraft muß sich jetzt nicht mehr unbedingt in Kleinkriegen untereinander austoben, sondern kann auf den Exerzierplätzen der römischen Legionslager abreagiert werden: Roms Militär als Schule einer — fremden — Nation!

Die erste Völkerwanderung

So sieht es im Westen aus. Ganz anders stellt sich die Lage im Osten dar. Unter Traian, dem zweiten der sogenannten Adoptivkaiser (98—117), hatte das Römische Reich seine größte Ausdehnung, den Höhepunkt zumindest der äußeren Machtentfaltung erreicht. Traian gewann Dakien, Armenien und Mesopotamien hinzu. Seine Nachfolger müssen sich mit weiteren Eroberungen zurückhalten, weil die ungeheuren Kriegsanstrengungen die Kassen des Staates leergefegt haben. Der öffentlichen Armut entspricht großer privater Reichtum. Kriegsgewinnler gibt es die Menge. Ihr Geld bringt die Wirtschaft in Schwung. Der Handel floriert, die Bautätigkeit ist gewaltig, die Produktion von Gebrauchsgütern aller Art außerordentlich hoch. Doch das römische Steuersystem ist nicht konjunkturabhängig, der Staat profitiert vom Aufschwung nicht. In ruhigen Zeiten war das für Rom kein Problem, im schlimmsten Falle mußten die Kaiser ihre Verschwendungssucht ein bißchen bezähmen.

Doch um die Jahrhundertwende verändert sich die Situation dramatisch. Zwischen Ostsee und Schwarzem Meer geraten die Völker in Bewegung. Ein paar Jahre spielt sich das unter Ausschluß der römischen Öffentlichkeit ab, unbemerkt wie ein Moorbrand, der unter der Oberfläche schwelt. Aber dann ziehen die wandernden Scharen, weit oben im Norden, weit hinten im Osten, andere Völker mit in ihren Sog. Die äußere Sicherheit des Reiches ist bedroht. Während im Westen, am Rhein und am germanischen Limes die Welt noch in Ordnung ist, marschieren in Böhmen und von dort aus die ganze Donau hinunter die Germanen los. Mit dem Regierungsantritt von Kaiser Marc Aurel im Jahre 161 bricht eine neue Zeit an. In breiter Front dringen vor allem Markomannen und Quaden ins Römische Reich ein, aufgehalten weder von der Donau noch von den Limes-Anlagen in Südost-Europa. Vierzehn Jahre Krieg geben einen ersten Vorgeschmack auf die sogenannte erste germanische Völkerwanderung, die erst zu Beginn des 4. Jahrhunderts abklingt.

Das militärische Problem von Marc Aurel ist, daß sich ihm keine wohlgeordneten großen Germanen-Heere entgegenstellen, sondern daß es zahllose Haufen sind, die da mit Weib und Kind, mit Wagen und Pferden die Gegend unsicher machen. Hilferufe ertönen aus dem gesamten Donauraum. Unmöglich für den Kaiser, sofort und überall einzugreifen. Man muß sich der plündernden Gegner nacheinander annehmen. Aber wo anfangen? Jeder, der Hilfe anfordert, übertreibt natürlich gewaltig, was Zahl und Ausrüstung der Feinde betrifft, um möglichst schnell Unterstützung zu erhalten. Und wenn des Kaisers Truppen eine Provinz von Germanen zu säubern beginnen, tönen ihnen aus entgegengesetzter Richtung neue Hiobsbotschaften entgegen. Nur so ist es zu erklären, daß einzelne Germanenverbände bis nach Friaul, also bis an die italienische Nordadria vordringen. Seit dem Zug der Kimbern und Teutonen waren die römischen Stammlande nicht mehr so unmittelbar bedroht.

Marc Aurel, der „Philosoph auf dem Kaiserthron", schwebte keineswegs nur in höheren geistigen Regionen, sondern stand sehr fest mit beiden Beinen auf der Erde, die es jetzt zu verteidigen galt. Da er fürchten mußte, daß der Kriegsbrand auch auf andere Gebiete des riesigen Reiches übergreifen würde, konnte er es sich nicht lei-

sten, die Legionen von überall her abzuziehen. Vielmehr mußte er neue Truppen aus dem Boden stampfen, wobei er Freiwillige selbst unter den Veteranen warb und die Kontingente mit Sklaven und Gladiatoren auffüllte. Marc Aurel wußte, daß die schnellen Schläge die besten sind. Nacheinander nahm er sich der Feinde an. Sein Motto war: Schnell marschieren und nacheinander schlagen.
In schwierigen, wechselvollen und auch langwierigen Kämpfen bezwang er erst die Markomannen, dann die Quaden und siedelte die geschlagenen Stämme im ganzen Donauraum, auch südlich des Flusses an. Im Gegengeschäft mußten sich die germanischen Einwanderer verpflichten, für die Römer Kriegsdienste zu leisten und Tribut zu zahlen. Mit diesen ganz anderen Mitteln als denen des Drusus, Tiberius und Germanicus wäre es Marc Aurel beinahe gelungen, Böhmen und Mähren und das heutige Ungarn nördlich der Donau in das Römische Reich einzugliedern. Sein überraschender Tod — Marc Aurel starb 180 zu Wien an der Pest — vereitelte diesen Plan des Kaisers.
Die Pest wütete in weiten Teilen des Reiches und forderte erschrekkende Menschenverluste. In immer neuen Wellen bis hinein in die Regierungszeit des Kaisers Decius, also bis zur Mitte des 3. Jahrhunderts hin, raffte diese Epidemie so viele Menschen dahin, daß zum ersten Mal in der Geschichte Roms über längere Zeit ein Rückgang der Bevölkerungszahl zu beklagen war; wie in hochentwickelten Staaten unserer Tage gab es dafür allerdings auch noch andere Gründe, nämlich eine ständig zurückgehende Geburtenziffer. Diese Entwicklungen, aber auch die Abwehr der germanischen Scharen, hatten die Kräfte Roms aufs äußerste angespannt. Dazu kam eine Finanznot bisher unbekannten Ausmaßes. Marc Aurels Sohn und Nachfolger Commodus sah sich deshalb gezwungen, den Status quo ante wieder herzustellen. Zum Kriegführen fühlte er sich nicht stark genug. Vielleicht hatte er auch keine Lust dazu. Die Gladiatorenspiele gefielen ihm besser als der echte Krieg, die Arena im heimatlichen Rom war ihm lieber als die Schlachtfelder von halb Europa.

Es lohnt nicht, all die Kriege aufzuzählen, die jetzt unmittelbar folgten. Zum Teil sind es zähe Kleingefechte von nur lokaler Bedeutung, zum Teil auch liegen sie geographisch weit ab von dem Thema, das wir uns gestellt haben. In diesem Zusammenhang wollen wir auch noch nicht näher eingehen auf die inneren Schwierigkeiten, denen sich das Kaisertum gegenüber sah. Mit dem Verfall des römischen Reiches wird sich ein eigenes Kapitel beschäftigen.

Wir wissen nicht, ob die Römer den Markomannen-Krieg des Marc Aurel im richtigen Zusammenhang gesehen, ob sie ihn als Teil und Ausläufer einer Völkerwanderung begriffen haben, die sich im Hinterland ihrer Grenzen abspielte. Es ist auch fraglich, ob sie die Bewegungen der Völker im Nordosten aufmerksam genug verfolgt haben, ob sie überhaupt eine Vorstellung von dem hatten, was sich da zusammenbraute; geschweige denn ein Rezept, wie sie diesem Ansturm begegnen könnten. Ihr militärischer Geheimdienst, der in früheren Zeiten die römischen Militärs mit allen wichtigen Nachrichten versorgt hatte, war ja auch den Sparmaßnahmen weitgehend zum Opfer gefallen.

Noch vor der Mitte des 3. Jahrhunderts gerät das Reich in eine weit schwerere Krisis, als sie Marc Aurel zu bestehen hatte. Es beginnt mit einem Einfall der Alemannen im Jahr 233 ins Dekumatenland, im südlichen Teil des heutigen Bundeslandes Baden-Württemberg gelegen. Die Alemannen, Nachfahren jener Sueben, die wir bei Caesar kennengelernt haben, machen die Schwäche der römischen Abwehr erschreckend deutlich. Erst nachdem sich die Legionäre ihres Kaisers Severus Alexander und seiner herrschsüchtigen Mutter Mammaea entledigen, indem sie die beiden einfach erschlagen, und den aus Trakien stammenden Maximinus Trax, den ersten in der langen Reihe der sogenannten Soldatenkaiser, auf den Schild heben, gelingt es noch einmal, die alten Grenzen herzustellen und die Verteidigungslinien am Limes dicht zu machen.

Zwei Jahrzehnte später, im Jahr 258, wagen die Alemannen einen neuen Waffengang. Unterstützt von anderen Völkern, von Burgundern und Vandalen zum Beispiel (von beiden werden wir noch hören), setzen sie nicht nur die Truppen, sondern auch die römischen Bürger in Schrecken. Zunächst machen sich die Alemannen im Dekumatenland richtig breit, wo ihre Nachfahren noch heute sitzen. Darüber hinaus wagen sie mehrere Einfälle nach Italien und in die blühenden Provinzen des südlichen Galliens. Obwohl die Alemannen 258 vor Mailand besiegt werden, gelingt es den Römern nicht, im weiteren Verlauf des Krieges ihre Kreise nachhaltig zu stören. Die Furcht vor ihnen ist so groß, daß Kaiser Aurelian der Stadt Rom eine neue Befestigungsanlage zugesteht.

Erleichtert wurden die Unternehmungen der Alemannen dadurch, daß Rom zur gleichen Zeit in einen Drei-Fronten-Krieg verwickelt war. 256 hatten die Perser losgeschlagen, hatten Antiochia gestürmt und zwei Jahre später sogar Kaiser Valerian gefangengenommen. Für uns wichtiger aber ist die dritte Front, die an der unteren Donau von den Goten eröffnet wurde. Einzelne gotische Scharen waren 237 zum ersten Mal und dann immer wieder raubend und sengend auf römisches Gebiet vorgedrungen. Ein Jahrzehnt später weiten sich diese Beutezüge dann zum regelrechten Krieg aus.

In großen Massen überschritten Goten die Donau, plünderten zuerst die Provinzen nördlich des Balkans, überquerten dann das Gebirge und nahmen die Stadt Philippopel. Kaiser Decius stellt sich ihnen vergeblich entgegen und fällt 251 in einer Schlacht, die mit einem gotischen Sieg endet und die Germanen zu neuen Taten ermuntert. Die Goten erscheinen jetzt fast jedes Jahr vor Saloniki, fallen sogar in Kleinasien ein und können überall nach Lust und Laune verfahren. Das heißt, daß sie so ziemlich alles Bewegliche mit sich schleppen, römische Bürger mit eingeschlossen. Auch den Peloponnes machen sie unsicher und was ihr Nachfahr Alarich ein gutes Jahrhundert später aus Pietät vor den klassischen Stätten nicht wagt, tun sie völlig unbefangen: Sie erobern Athen und rauben alles, was ihnen wertvoll erscheint. Statuen und andere mobile Kunstschätze stehen in der Skala der Beliebtheit bei den Goten allerdings gottlob noch weit unten.

Der Übermut der siegreichen Goten mag schuld daran sein, daß es

den Römern gelang, sie noch einmal zurückzuschlagen. Sie hatten sich nun darauf verlegt, in griechischen Häfen Schiffe zu requirieren, damit die Küste entlang zu fahren und wie eine Seeräuber-Armada über die Hafenstädte herzufallen. Diese Verzettelung ihrer Kräfte wurde ihnen zum Verhängnis, als 269 Kaiser Claudius II., der dafür den Ehrennamen Goticus trägt, ihnen bei Nisch (Serbien) eine Schlacht aufzwang, die mit einem ziemlich totalen Debakel für die Goten endete. Allerdings konnten die Römer ihren Sieg nicht voll ausnutzen. Die Provinz Dakien, im heutigen Rumänien, mußten sie zu Gunsten der Goten aufgeben. Von der Zeit datiert die Trennung des Volkes in Ost- und Westgoten.
Um die Mitte des 3. Jahrhunderts taucht auch der Name Franken auf — und nicht nur der Name. Die Franken — frank heißt wohl soviel wie kühn („frank und frei") — hatten die Brukterer und Tenkterer, die Ripuarier und Salier in ihren Verband aufgenommen und saßen nun am unteren Rhein zu beiden Ufern des Flusses. Um das Jahr 256 fallen Franken nach Gallien ein, ein Jahr später finden wir sie in Spanien und ihre abenteuerlustigen Sippen stoßen sogar bis nach Marokko vor. Die Masse des Volkes bleibt freilich am Rhein, besetzt 290 die Inseln der Rheinmündung und durchdringt langsam aber sicher von Nordwesten her Gallien. Auch von ihnen muß an anderer Stelle noch ausführlicher die Rede sein.
Noch einmal gelingt es dem Reich, im unaufhaltsamen Verfall wenigstens zu einem längeren Stillstand zu kommen. Zwei Kaiser sind es vor allem, Diokletian und Konstantin der Große, die in ihrer langen Regierungszeit von 284—337, Ruhe und Sicherheit wieder herzustellen vermögen. Freilich müssen dazu große innen- und außenpolitische Opfer gebracht werden. Das Reich wird zu einer Militärdiktatur auch in dem Sinn umfunktioniert, daß alles der Rüstung und dem Heer zu dienen hat. Jetzt hält sich das Reich keine Armee mehr zu seinem Schutz, sondern das Militär hält sich ein Reich. Der Kaiser ist vor allem Feldherr und hat quasi nur im Nebenberuf auch noch ein paar Verwaltungsaufgaben. So sehr die Bürger stöhnen unter Steuerlast und Geldmangel, alles wird in die

Rüstung, in die Anwerbung neuer Truppen gesteckt. Auch außenpolitisch müssen Abstriche gemacht werden. Das Dekumatenland und im Gefolge davon die deutschsprachigen Teile der Schweiz gehen endgültig in den Besitz der Alemannen über, die nur noch de jure, durch Zahlung geringer Abgaben und Stellung einiger Soldaten, die Oberhoheit des Kaisers anerkennen. Ein bißchen enger müssen sich die Goten in Dakien an den Kaiser anschließen. Sie sind als foederati, als Bundesgenossen, zu umfangreicheren Kriegsdiensten verpflichtet.

Grenze im Westen ist jetzt wieder der Rhein, aber er ist eine unsichere Grenze. Wann immer Rom in innere Schwierigkeiten kommt, wann sich ein Provinzstatthalter mit der Zentrale anlegt, oder ein Kaiser von einem Gegenkaiser bedrängt wird, sind die Alemannen und die Franken wieder zur Stelle. Am Oberrhein gehen die Alemannen im Jahr 350 über den Fluß, setzen sich ungeniert auf römischem Boden fest, machen die ganze Gegend, das halbe Südfrankreich unsicher. Erst nach sieben Jahren gelingt es Kaiser Julian („Der Abtrünnige"), sie zur Räson zu bringen, besser: zu zwingen. In einer gewaltigen Schlacht bei Straßburg siegen die römischen Legionen noch einmal. Aber die Römer gewinnen eben nur noch Schlachten und keine Kriege mehr. Die Franken, weiter oben im Norden, tun es ihren schwäbischen Brüdern gleich. Sie fallen im Jahr 356 über eine Reihe römischer Siedlungen her. Xanten wird erobert und Köln, Bonn und Andernach. Drei Jahre nach Julians Sieg bequemen sich die Alemannen, die Rheingrenze anzuerkennen. Die Franken zu verdrängen, dauert noch länger. Erst 370 wird die Rheingrenze ein letztesmal wieder hergestellt.

Unter ungeheuren Mühen, mit viel Blut und Geld, wird der Rhein gegen die Westgermanen gehalten. Denn ihre Volksmassen und ihre Volkskraft erlauben es den Germanen, wie Stehaufmännchen nach jeder Niederlage wieder voll da zu sein. Für den entscheidenden Schlag lassen sie sich noch Zeit, 36 kurze Jahre bis zur Silvesternacht 406. Im Osten aber brechen die Dämme früher. Zum Einsturz bringt sie ein asiatisches Steppenvolk, das nacheinander die Alanen, die Ost- und die Westgoten und schließlich die Römer selbst in heillose Angst versetzt: Die Hunnen lösen die Lawine aus, die wir die (eigentliche) Völkerwanderung nennen, und unter deren Massen Kaiser und Reich im Westen begraben werden.

3. Kapitel

Die Römer

Ein Weltreich wird unregierbar

Landflucht und Bauernlegen

Rom ist nicht an einem Tag erbaut worden, sagt das Sprichwort. Eine Stadt wächst in langen Zeiträumen, entwickelt sich vom Marktflecken und Handelsplatz in Generationen zur befestigten Stadt, zieht Menschen aus dem Umland an, wird langsam zum Mittelpunkt einer Region und eines Reiches. Auch der kleine Agrarstaat Rom brauchte seine Zeit, bevor er festen Fuß in Italien faßte. Und dann vergingen noch einmal Jahrhunderte, bis aus der Mittelmacht am Mittelmeer eine Weltmacht wurde, die vom Atlantik bis zum Schwarzen Meer, von der Nordsee bis zum Roten Meer gebot. Der Verfall eines Weltreiches pflegt schneller vonstatten zu gehen als der Aufstieg. Wenn's bergab geht, nimmt die Beschleunigung zu. Man kann Bremsen und Hindernisse einbauen, aufzuhalten ist die Talfahrt selten. Aber so wenig Rom an einem Tag erbaut wurde, so wenig ist es an einem Tag, in einem Jahr zerstört worden.

Der Geschichtsunterricht, so wie ihn zumindest die Älteren durchwegs noch genossen haben, war ein sogenanntes Lernfach und hielt sich gerne an Zahlen fest. Der Niedergang Roms war da zum Beispiel auf jenes Jahr 375 terminiert, als die Hunnen aus den russischen Steppen hervorbrachen. Eine andere Geschichtszahl, die sich als Anhaltspunkt gut eignete, war das Todesjahr 395 des Kaisers Theodosius, den die Geschichte den Großen nennt. Theodosius, der das Reich, der Ost und West noch einmal unter seinem Szepter vereint hatte, überließ die Nachfolge seinen beiden Söhnen: dem Jüngling Arcadius im Osten, dem Kind Honorius im Westen. Die

Trennung der beiden Reichshälften wurde nie wieder rückgängig gemacht. „Wehe dem Land, des König ein Kind ist!“ sagt schon das Alte Testament. Der westliche Teil des Reiches war endgültig auf der schiefen Bahn. Natürlich bietet sich auch das Jahr 410 an, jener 24. August, den wir im ersten Kapitel beschrieben haben, als die Scharen des Alarich Rom, die urbs aeterna, plünderten. Die zweite Eroberung Roms durch den Vandalenkönig Geiserich im Jahre 455 wäre ein weiterer Fixpunkt. Und dann natürlich jenes Jahr 476, als der Germane Odoaker den letzten der weströmischen Kaiser, Romulus Augustulus, absetzte und es nicht einmal für nötig erachtete, den Kaiser umzubringen. Odoaker konnte es sich leisten, Romulus Augustulus in Zwangspension zu schicken, als Privatmann auf ein Landgut.

Alle diese Zahlen sind gewiß Meilensteine auf dem Weg des Römischen Reiches in den Niedergang. Aber zu entscheiden, wo und wann dem Reich der entscheidende Todesstoß versetzt wurde, müssen wir uns versagen. Wissen wir doch nicht einmal genau, ob es sich um einen Stoß von außen handelt; oder ob nicht vielmehr eine lange, unheilbar gewordene Krankheit das Reich von innen her zerstörte. Wie ein Krebs-Geschwür mit vielen Metastasen, dessen eigentliche Ursachen auch die Ärzte nicht klar ausmachen können.

Deutsche Schulweisheit hat kurz und bündig und mit drohendem Zeigefinger erklärt, es sei der Sittenverfall gewesen, der Rom in den Abgrund gezogen habe. Mit Sittenverfall war dann abwechselnd sexuelle Freizügigkeit, Völlerei, Luxus, Verweichlichung gemeint. Mit einem Satz: Da stimmte eben einfach die ganze Richtung nicht. Diese alte, übersättigte und hochgezüchtete Zivilisation konnte den jungen und kraftvollen, keuschen und harten Germanenvölkern einfach nicht widerstehen. Daß diese Germanenvölker meist nichts anderes im Sinn hatten, als eben in den Genuß dieser „Segnungen“ der römischen Kultur und Zivilisation zu kommen, davon war weniger die Rede. Und daß gerade diejenigen der Germanenreiche auf ehemalig römischem Boden am längsten Bestand hatten, die sich am leichtesten den gewachsenen Zuständen anpaßten, hatte schon gar keinen Platz in solcher Geschichtsbetrachtung.

Natürlich spielt der Verfall der Sitten eine große Rolle unter den Gründen, die zum Untergang des römischen Weltreiches führten. Aber wir müssen sehen, daß wir den Begriff der Sitten nicht zu eng fassen und auch zur Kenntnis nehmen, daß es gewichtige Ursachen für den Niedergang gibt, die beim besten Willen nicht mehr oder nur mit einiger Mühe unter den Oberbegriff Sittenverfall zu bringen sind. Lassen wir einen Zeitgenossen urteilen, Salvian von Massilia (Marseille), der um die Mitte des 5. Jahrhunderts in seinem Hauptwerk „De Gubernatione Dei" („Über die Herrschaft Gottes") aus christlicher Sicht über den Niedergang Roms spekuliert. Auch für Salvian ist der unaufhaltsame Abstieg, den er in seinem ganzen Ausmaß noch nicht kennen kann, aber von dem er mit untrüglichem Instinkt weiß, wo er enden wird, auch für Salvian ist der unsittliche Lebenswandel ein Hauptgrund für das Unheil, in dem er eine wohlverdiente Gottesstrafe sieht. Es versteht sich, daß Salvian nicht, wie das die konservativen Heiden tun, das Christentum, sondern das unchristliche Leben der Römer für den Verfall des Reiches verantwortlich macht. Aber für ihn bezieht sich unchristliche Gesinnung nicht nur auf sexuelle Moral. Er schneidet ganz konkret das Problem arm und reich an, die ungeheuren sozialen Unterschiede: „Die Habsucht der Vornehmen, die Käuflichkeit der Finanzbeamten und die Ungerechtigkeit der Kurialen bringen es zuwege, daß die Schwachen die Lasten der Stärkeren tragen müssen."

Den Gegensatz zwischen arm und reich hat es in Rom schon gegeben, als das Reich noch Republik war. Doch hatte der Arme damals, im Gegensatz zur Kaiserzeit, noch die Chance, sein kleines Glück zu machen. Gewiß, die reichen alten Familien lebten im Wohlstand und angenehm, verwalteten ihre Güter mit geringem persönlichen Arbeitsaufwand, gaben sich, bedient von Sklaven, der Beschaulichkeit hin. „Beati possidentes", glückliche Besitzende, wie ein ins Lateinische übertragenes geflügeltes Wort des Euripides besagte. Sie führten gelehrte Gespräche mit Nachbarn über Philosophie und Politik, luden sich gegenseitig zum Essen ein und waren stolz auf ihre Söhne, die irgendwo an den Grenzen des Reiches soldatischen Ruhm ernteten. Die Armen mußten arbeiten, zehn und zwölf Stunden am Tag, im Schweiße ihres Angesichts: Auf einem kleinen Bauernhof, den sie nach jahrelangem Militärdienst erhalten hatten; oder für kargen Lohn in einer Werkstatt, im Hafen, in einem Bergwerk. Aber wer arbeiten wollte, fand Arbeit. Und die Fleißigen konnten für sich und ihre Familien sorgen.

In der Kaiserzeit wandelte sich die Szene. Die Reichen wurden immer noch reicher. Statt ein paar hatten sie jetzt Dutzende, ja Hunderte von Sklaven aus aller Herren Länder, die das Reich unterworfen hatte. Das römische Imperium umfaßte gegen Ende des 1. Jahrhunderts rund 3,3 Millionen Quadratkilometer mit nahezu 60 Millionen Einwohnern. Das ist in etwa die Bevölkerungszahl der Bundesrepublik Deutschland, aber auf gut dreizehnmal soviel Fläche. Die Hauptstadt dieses Reiches zog die Menschen an wie das Licht die Motten. Ein ungesundes Wachstum blähte Rom auf. Eineinhalb Millionen Einwohner hausten in den Mauern dieses aufgedunsenen Wasserkopfs. Unter ihnen sind bereits 150 000 Personen — Glücksritter und Arbeitsscheue, Arbeitslose und Pechvögel — die sich überwiegend aus staatlichen Getreidespenden ernähren. Diese Freiverteilung von Lebensmitteln demoralisiert die Armen geradezu. Sie versuchen jetzt vielfach gar nicht mehr, sich aus eigener Kraft aus dem Dreck zu ziehen. Dazu kommt, daß immer mehr Menschen in die Stadt drängen, an die weniger werdenden Arbeitsplätze und vor allem an die staatlichen Futterkrippen. Das Proletariat in den mehrstöckigen Mietskasernen wächst und wächst. Mit diesem Proletariat wachsen auch die Probleme: Die Kriminalität steigt, der Dreck nimmt überhand, die Wohnviertel, im Besitz der Reichen, kommen herunter. Um die Massen bei Laune zu halten, um Unzufriedenheit und Aufstände zu verhindern, muß man Ventile schaffen, sich allerhand einfallen lassen.

Die Faszination, die von dieser Riesenstadt ausgeht, saugt die Lebenskraft ihrer Umwelt auf. Der Traum des kleinen Mannes war über eine lange Periode die eigene Scholle, der Besitz eines Bauernhauses mit ein paar Feldern, etwas Vieh, mit Weinstöcken, Ölbäumen, Obstplantagen. Söhne von Bauern und Handwerkern suchten ihr Glück bei der Armee, um sich nach jahrelangem und treuem Dienst in den Legionen als Veteranen die Anwartschaft auf ein kleines Gut zu sichern. In der Kaiserzeit ändert sich diese Einstellung. Von Generation zu Generation eskaliert die Landflucht. Die jungen Leute ziehen in Scharen in die Stadt; und wen die Stadt einmal hat, den läßt sie nicht mehr los. Viele Hoferben folgen, kaum daß der Vater die Augen geschlossen hat, ihren Geschwistern und Freunden in die Metropole nach. Sie verkaufen ihr Land dem nächsten Großgrundbesitzer, leben für einige Zeit gut von dem Erlös oder versuchen sich mit dem Startkapital eine städtische Existenz aufzubauen. Wem das mißlingt oder wer mit seinem Geld nicht hauszuhalten versteht, der sinkt ab ins Proletariat und fällt früher oder später der öffentlichen Fürsorge zur Last.

In weit größerem Maße, als man sich das in einer modernen Industriegesellschaft vorstellen kann, war ein gesunder Bauernstand das Rückgrat des Römischen Reiches gewesen. Aus dem Landvolk, an Arbeit und Entbehrung gewöhnt, auf Ausdauer und Kraft trainiert, rekrutierten die Legionen ihren Nachwuchs. Die Kampfstärke der römischen Heere wuchs aus dem Boden des Bauernlandes. Das Rom der Kaiserzeit mit seiner geradezu magnetischen Anziehungskraft hat diesen Bauernstand zuerst ausgehöhlt und dann systematisch vernichtet.

Es gab ja immer noch Kleinbesitzer, die ein Leben in mühevoller Plackerei auf eigenem Boden dem süßen Nichtstun, der Verlockung der Großstadt vorzogen. Ihnen drückte die Steuerlast die Luft ab. Die Haupteinnahmequelle des römischen Fiskus war die Grundsteuer. Während die Großgrundbesitzer, die Einflußreichen in Staat

und Gesellschaft, tausend Wege fanden, um ihre Steuerschulden in Raten zu zahlen oder ermäßigen zu lassen, waren für den kleinen Eigentümer die Lasten sofort nach Bekanntgabe fällig. Aufschub wurde nicht gewährt. Es war im alten Rom so, wie es heute noch ist. Dem Lohnsteuerzahler werden seine Abgaben sofort abgezogen, der Selbständige muß seine Einkommensteuer auf Heller und Pfennig berappen. Die großen Steuersummen aber werden oft gestundet, säumigen Großschuldnern räumen die Finanzbehörden Sonderfristen und Nachlässe ein. Bei Millionenbeträgen ist man allemal nachsichtiger, als bei einigen Hundert- oder Tausendmarkscheinen.
Der kleine Landwirt im Römischen Reich konnte seinem Steuereintreiber nicht einmal Verzugszinsen anbieten. Er mußte, wenn ihn eine Mißernte, ein Hagelschaden oder Krankheit vorübergehend zahlungsunfähig gemacht hatten, zu Wucherern gehen und Geld zu hohen Zinsen aufnehmen. Oder er mußte sich unter den Schutz der Mächtigen begeben, sich einen Patron suchen. Die Großgrundbesitzer freilich nahmen sich ihrer kleinen Nachbarn nicht aus christlicher Nächstenliebe an, sondern wußten ihre Hilfe mit gesundem Erwerbssinn zu verbinden. Die von der Steuerlast bedrückten Bauern mußten ihren Grundbesitz verpfänden und bald darauf auch meistens verkaufen. Zu Schleuderpreisen, versteht sich.
Besonders verheerend für die Kleineigentümer wirkte sich eine römische Steuerbestimmung aus, nach der ein einzelner Bauer nicht nur für seine persönliche Grundsteuer aufzukommen hatte, sondern kollektiv für die Steuersumme eines ganzen Bezirks mitzuhaften hatte. Wenn also ein Bauer das Handtuch warf und bei Nacht und Nebel unter Zurücklassung seines immobilen Besitzes in die Stadt floh, mußten die Nachbarn seine Schulden an den Fiskus mit übernehmen, auch wenn ihnen selbst schon das Wasser bis zum Hals stand. Es war wie eine Lawine, die auf ihrem Weg ins Tal immer schneller und größer wird und alles mit sich in die Tiefe reißt. Es kam zu einem Bauernlegen in einem Ausmaß, wie es sich in der Geschichte nur noch in den kommunistischen Staaten wiederholte. Mit dem einen Unterschied, daß im Römischen Reich die Groß-

grundbesitzer die Nutznießer waren, und nicht staatliche Zwangskollektive.
Aus dem freien Bauernstand war so eine neue Klasse von Pächtern geworden, die ihren ehemalig eigenen Boden nun auf Rechnung der neuen Besitzer bewirtschaften mußten. Diese sogenannten Kolonen hatten entweder große Pachtsummen abzuliefern und selbst zu sehen, wie sie über die Runden kamen, oder sie wurden von ihren neuen Herren als Landarbeiter gegen Lohn gehalten. Beide Varianten brachten den Großagrariern Vorteile. Aber es ließ sich auch noch mehr herausholen. Billiger als ein Pächter oder ein bezahlter Landarbeiter kam allemal noch ein Sklave, der dieselbe Arbeit ohne jeden Lohn zu leisten hatte. Solange die Sklavenmärkte noch genug Menschenware zu billigen Preisen abwarfen, suchten die Grundherren systematisch, die ehemaligen Bauern hinauszuekeln und durch Sklaven zu ersetzen. In den Zeiten, da das Römische Reich auf Expansionskurs war und in immer neuen Kriegen zahllose Menschen unterworfener und besiegter Völker abschleppen konnte, funktionierte dieser Austausch hervorragend. Als die Kaiser dann in die Defensive gerieten, wurden die Sklaven rarer und teurer. Angebot und Nachfrage diktierten auch auf diesem Markt den Preis.
In dieser Situation war Rom zu Beginn des 4. Jahrhunderts. Die Großgrundbesitzer änderten ihre Taktik, hatten jetzt kein Interesse daran, ihre Pächter und Lohnarbeiter loszuwerden. Denn die Investition, einen Sklaven zu kaufen, kam nun auf lange Sicht teurer zu stehen, als einen Kolonen zu zahlen. Und hatte man vorher mit allen Mitteln versucht, die Kolonen abzuschieben, so ging man jetzt mit allen Mitteln daran, sie für immer festzuhalten. Unter Kaiser Konstantin dem Großen geschah das auf gesetzlichem Wege: Die Kolonen wurden samt ihren Familien an die Scholle gebunden, bekamen damit einen Status, der den Leibeigenen des Mittelalters gleichkam. Diese Zwangsverpflichtung war übrigens keine Ausnahmegesetzgebung, sondern auch in anderen Berufssparten üblich. Wurden in Rom Bäcker oder Metzger knapp, verfügte der

Staat, daß sie und ihre Kinder auf unbefristete Zeit ihrem Gewerbe treu zu bleiben hatten. In der Landwirtschaft rächte sich diese Politik später insofern, als diese Kolonen in Notzeiten keinen Anlaß sahen, sich für Rom und sein verhaßtes Zwangssystem zu schlagen. Es war ihnen zumindest gleich, welchen Herren sie zu dienen hatten. Sie hatten nichts zu verlieren, und schlechter als von ihren Grundherren wurden sie auch von einem germanischen Edelmann nicht behandelt. Bedenkt man, daß es vor allem die Kolonen waren, die von Fall zu Fall Wehrdienst zu leisten hatten und das Rückgrat des römischen Heeres bilden sollten, kann man sich die Langzeitfolgen dieser Ausbeuter-Politik leicht ausmalen.
Zu den Kurzzeitfolgen gehörten regelrechte Aufstände von ganzen Bauerndörfern, die sich mit den örtlichen Behörden und deren Sicherheitskräften Straßenschlachten lieferten. In Gallien hatte bereits Ausgang des 3. Jahrhunderts eine Bauernrebellion eingesetzt, die mit Unterbrechungen noch im 5. Jahrhundert — wir werden bei Attila darauf kommen — wirksam war. Die Rebellen hießen Bagauden, ein Wort, das aus der keltischen Sprache kommt und ursprünglich wohl soviel wie Landstreicher bedeutete. Die Bagauden waren unterdrückte, verzweifelte Bauern, die sich zu militärischen Formationen zusammenschlossen, um gegen Staatsgewalt und Großgrundbesitzer Krieg zu führen. Von regulären Truppen besiegt und zersprengt, zogen ihre Reste plündernd durch das Land. Aus einer idealistischen Schar, die für eine gerechte Sache kämpfte, wurde, wie das oft so geht, eine anarchistische Räuberbande, die zuletzt nichts mehr mit ihrem ursprünglichen Ziel zu schaffen hatte. Die Bagauden wurden zwar niedergeworfen, aber mit wachsender Bedrückung fanden die Banden neuen Anhang. Das Bagauden-Unwesen flackerte immer wieder auf, weil die Obrigkeit das Übel nie an der Wurzel bekämpfte. Statt nach den Ursachen dieser Aufstände zu forschen, statt die Schuld in Behördenwillkür und sozialer Ungerechtigkeit zu suchen, dokterte der Staat nach Eisenbart-Manier an den Symptomen herum. Und je brutaler man die Bagauden verfolgte, desto größeren Zulauf fanden sie.

Bevor das kaiserliche Edikt die Kolonen auf dem Land festnagelte, speisten die ehemals freien Bauern über Generationen hinweg in einer Landflucht ohne Beispiel das großstädtische Proletariat. Je mehr Ausgestoßene und Entwurzelte in die Stadt drängten, desto kleiner wurden die Stücke, die sich die Armen vom Sozialkuchen abschneiden konnten. Die Verelendung der Massen schritt unaufhörlich fort. Viele Sklaven in großherrschaftlichen Häusern lebten besser als die sogenannten freien Bürger in den Slumvierteln der Stadt. Die Mietskasernen kamen zusehends herunter, weil die Hausbesitzer kein Geschäft darin sahen, mit den wenigen Mietgeldern, die sie noch eintreiben konnten, zur Instandhaltung der Elendsquartiere beizutragen. Wohnungswirtschaft warf keinen Gewinn ab. Sollten die armen Hunde selbst sehen, wo sie blieben.

Der allgemeinen Verarmung der Massen auf der einen Seite entspricht ein unermeßlicher Reichtum der Eliten auf der anderen Seite. Die oberen Zehntausend von Rom sind unfaßbar reich in einem Ausmaß, wie es selbst die hochkapitalistische Welt von heute nicht kennt. Die soziale Frage im alten Rom stellte sich drängender als im Europa des 19. Jahrhunderts. Die Familie des Symmachus, Redner, Schriftsteller und Politiker in der zweiten Hälfte des 4. Jahrhunderts, besitzt — so geht es aus einem seiner Briefe hervor — drei Häuser in der Hauptstadt, zwölf Villen in der Umgebung von Rom, in Latium und am Golf von Neapel, sowie mehrere große Landgüter in Unteritalien, Sizilien und Mauretanien. Die heilige Melanie, die zur selben Zeit, unter der Regierung des großen Theodosius, lebte, verfügte zum Beispiel über 60 Landgüter, jedes davon mit einer Fläche von 300 Hektar. Wir haben davon nicht deshalb Kenntnis, weil sie einen besonderen Spitzenrang unter den Großgrundbesitzern eingenommen hätte, sondern weil uns überliefert wird, daß sie aus schlechtem Gewissen und christlicher Nächstenliebe sich von den meisten dieser Güter trennte, um mit dem Erlös den Armen zu helfen.

Von einigen dieser Superreichen wissen wir, daß sie neben Stadtpalästen und Lustschlössern in den Bergen und an der See Dutzende von Landgütern besaßen, eines in Nordafrika und eines in Spanien, eines auf Sizilien und eines in Gallien, kreuz und quer über das ganze Weltreich verteilt. Und viele dieser Güter waren größer als ein durchschnittlicher bundesdeutscher Landkreis. Mancher Großgrundbesitzer, dem das Reisen zu beschwerlich und zu zeitraubend war — Hauptzweck seines Daseins war ja das dolce vita in und um Rom — hat die Ländereien nie gesehen, die ihm seinen Luxus erlaubten. Ein Gut mittlerer Größe hat im Schnitt 260 Hektar umfaßt, aber es gab noch weit größere Ländereien, fundi genannt, und ganz umfassende Komplexe, die massae hießen. Letztere hatten die Ausdehnung eines ganzen Regierungsbezirkes.

Der größte Grundbesitzer war der Kaiser selbst und seine Familie. Ihm war es mehr als recht, daß nicht nur große Privatdomänen, sondern riesige agrarische Vermögen entstanden, weil er sich vom privaten Großgrundbesitz gesicherte Steuereinnahmen versprach. Da nahm er es auch in Kauf, daß die clarissimi, die senatorischen Familien, eine steuerliche Sonderveranlagung für ihren Boden beanspruchten oder zum Teil überhaupt steuerfrei wirtschafteten. Wir haben es schon angesprochen: Wo die Kleinen ohne Widerspruch zahlen mußten, fanden die Großen tausend Wege, vor dem Fiskus billiger davonzukommen. Sie konnten einem Steuereinnehmer mit ihren Beziehungen drohen, ihn sogar vom Grund jagen, wenn er frech wurde; und ihn bestechen, sie durch die Maschen der Steuergesetze schlüpfen zu lassen. Weil die Grundsteuer nicht allein nach Bodenfläche, sondern auch nach der Ertragskraft bemessen wurde, gab es da einige Lücken und Spielraum.

Der Mittelstand zwischen den wenigen Reichen und den vielen Armen, war klein an der Zahl und unbedeutend in seinem Einfluß. Die Kaiser, ihre Behörden, aber auch die Reichen selbst wußten, daß solche Verhältnisse gefährlich waren und zu revolutionären Explosionen führen konnten. Brotspenden waren eine der Möglichkeiten, um die Gegensätze ein bißchen zuzudecken. Spiele waren das andere, geradezu überlebensnotwendige Ventil, um den Zorn der Armen über die krassen und schreienden Ungerechtigkeiten abzulassen. Mit „panem et circenses“, mit Brot und Spielen, hielten die Reichen das Volk bei Laune.

Die Opfer an die heidnischen Götter wurden zu riesigen Show-Veranstaltungen aufgeblasen. Es gab Wagenrennen der verschiedensten Arten, Sportwettkämpfe, Gladiatorenspiele, in denen sich kriegsgefangene Barbaren, glaubensstarke Christen oder verurteilte Verbrecher unter den verzückten Schreien der Massen gegenseitig abschlachten mußten. Tierkämpfe, in denen sich afrikanische Raubkatzen gegen eine Meute von Hunden zu wehren hatten, oder bei denen man Stiere auf Elefanten loshetzte. Ein besonders beliebter Spaß war es, wilde Tiere auf wehrlose Menschen loszulassen. Auch das Ballett und Theater wurde aus öffentlichen und privaten Kassen subventioniert. Natürlich spielte man dem Proletariat nicht die großen klassischen Stücke vor, sondern meist standen sehr seichte Pantomimen mit Musik auf dem Programm, in denen vor allem und mit jeder wünschbaren Deutlichkeit das exzessive Liebesleben der Götter behandelt wurde. Gelegentlich gab einer der Multimillionäre auch einmal ein Sommerfest in seinen Gärten und ließ die Armen an den Brosamen teilhaben, die von seinen überladenen Tischen fielen.

Gerade politisch ambitionierte Familien mußten für die öffentliche Belustigung besonders tief in die Tasche greifen. Wahlkämpfe gewann nicht der Kandidat mit den besseren Argumenten — dem Volk fehlte wohl auch der Glaube —, Wahlkampf wurde mit Spielen und großem Trara bestritten. In den USA und neuerdings in der Bundesrepublik gibt es ja ähnliche Tendenzen. Von Symmachus, von dem wir bereits in Zusammenhang mit seinem Grundvermögen gehört haben, ist überliefert, daß er für die Wahl seines Sohnes zum Konsul einen Betrag von weit mehr als zwei Millionen Mark hingeblättert hat, damit dieser das Stimmvieh unterhalten lassen konnte.

Die meiste Zeit freilich blieb die High Society unter sich. Auf Parties, die den Jet-Set von heute vor Neid erblassen ließen, mästeten sich die reichen Römer mit allen Köstlichkeiten einer erfindungsreichen Küche. Hunderte von Sklaven bedienten sie, während sie stundenlang bei Tische lagen. Sie halfen ihnen, die Speisen wieder von sich zu geben, damit nach acht Gängen weitere vier Folgen Platz hätten. Dazwischen ließ der Gastgeber junge Sklavinnen aus aller Herren Länder, schwarze Nubierinnen und blonde Germaninnen, zum gefälligen Gebrauch servieren. Und zur Abwechslung, zu der nicht nur die Homosexuellen gerne griffen, mußten Lustknaben aus Griechenland oder Persien herhalten. Selbstverständlich hatten die reichen Paläste herrlich gekachelte Swimmingpools mit dem full service aller Massagegriffe, in denen es vor allem die orientalischen Sklaven zur Meisterschaft gebracht hatten. Natürlich gab es derlei auch in der Proletarier-Variante. Das Rom der Kaiserzeit zählt um die Mitte des 4. Jahrhunderts rund 800 öffentliche Bäder und 50 öffentliche Bordelle. (Daneben 144 öffentliche Bedürfnisanstalten, damit sich der müßiggehende Pöbel nicht zu Fuß nach Hause begeben muß, wenn ihn ein menschliches Rühren überkommt.) Solchermaßen beschäftigt, vergißt die Masse, über die Zustände nachzudenken. Vernimmt die Staatsgewalt durch ihre Geheimpolizei, daß es im Volk rumort, wird eine Sonderzuteilung Getreide ausgegeben, werden außerplanmäßige Festspiele in irgendeinem Zirkus anberaumt.

„Extra Romam non est vita" heißt ein Satz, der wörtlich übersetzt besagt, daß es außerhalb Roms kein Leben gibt. In unserem Zusammenhang bedeutet das, daß keiner mehr Rom verlassen wollte, der hier so bequem und sorglos zu leben gelernt hatte. So wie es ein Beamter als Strafversetzung empfindet, wenn er von Düsseldorf oder München aus irgendwohin in die tiefste Provinz, ins Sauerland oder in die Oberpfalz geschickt wird, so wäre es für den Römer eine Zumutung gewesen, seine Stadt zu verlassen, die ihm so viele angenehme Abwechslung und Lebensart bot. Die Söhne der Reichen, die sich in der Republik und der beginnenden Kaiserzeit noch danach gedrängt hatten, sich ihre Sporen in der Armee zu verdienen, hatten solchen Ehrgeiz längst nicht mehr. Ein kleiner Feldzug vielleicht aus Abenteuerlust und Beutegier oder ein hübscher Posten, möglichst als Statthalter oder Steuereintreiber in den Provinzen, um ein für allemal ausgesorgt zu haben, ging noch hin. Zu mehr reichte es nicht. „Dulce et decorum est pro patria mori", dichtete Horaz noch in der Republik. Jetzt, in der hohen Kaiserzeit, wurden Männer, die es als ehrenvoll empfanden, für das Vaterland zu sterben, wie leicht Irre betrachtet, als unheilbare Idealisten. Für die Jeunesse dorée Roms gab es weit süßere Liegestätten als ein Schlachtfeld.

Werfen wir einen Blick auf die andere Seite und versuchen wir, das Leben in der Provinz kurz zu skizzieren. Natürlich hatten auch die Kleinstädte, etwa in der Provinz Raetien, im heutigen Bayern, ihren Bewohnern durchaus einiges zu bieten. Sie hatten ein öffentliches Bad und eine Arena, ein Theater und, wie wir annehmen dürfen, auch ein hübsches Bordell. Aber gegenüber dem Freizeitwert, den Rom zu bieten hatte, war das nur ein matter Abklatsch. Der Legionär, der am Limes oder an Rhein und Donau die Grenzen zu bewachen hatte, war in ein festes Reglement eingespannt: Exerzieren und Wache schieben bei Schnee und Regen, Schanzarbeiten an den Grenzwällen oder als Beschäftigungstherapie mit dem Spaten Kanäle ausheben und in Bergwerken nach Metall für die Waffenproduktion schürfen. Selbst wer hier als Offizier nicht selbst zugreifen mußte, konnte sich Schöneres vorstellen, als im rauhen Klima des Nordens acht Stunden lang am Tag solche Arbeiten zu beaufsichtigen.

Wer aus Rom kam und jetzt in Kempten oder Passau Dienst tun mußte, der vermißte mehr als die südliche Sonne. Für den war es eine Sensation, wenn ein Händler mit arabischen Seidengewändern oder afrikanischen Raubtierfellen durchkam. Der freute sich über eine Sendung exotischer Gewürze, über einen Krug Wein oder ein paar Südfrüchte, soweit sie den Transport überdauert hatten. Was in Rom täglich selbstverständlich war, war hier die große Ausnahme.

Noch schlimmer war es natürlich auf dem Unterhaltungssektor, mit der kulturellen Versorgung. Da hörte man aus Rom von einer besonders frechen Theatergruppe und konnte sich ausrechnen, daß derlei in der Provinz, wenn überhaupt, frühestens in einigen Jahren zu genießen wäre, und dann von abgetakelten Schauspielern. Da sah man das eigene Fronttheater bei einer Tanzvorführung und sehnte sich zurück nach den vollendeten Bewegungen der hauptstädtischen Akteure. Geistig anspruchsvollere Menschen lasen immer wieder die gleichen Pergamentrollen, auf denen eine Rede des Cicero oder ein Gedicht des Horaz abgeschrieben waren. Sie wurden in der Provinz ständig an die großen privaten und öffentlichen Bibliotheken von Rom erinnert, wo hunderte und tausende lateinischer und griechischer Texte, von fleißigen Sklaven vervielfältigt, aufbewahrt lagen.
Rom kannte nicht die allgemeine Wehrpflicht, jedenfalls nicht in unserem Sinn, mit unserer bürokratischen Perfektion, die keine Ausnahmen duldet. Soldaten wurden in normalen Zeiten mit Geld angeworben. In Notzeiten wurden Truppen wohl auch mit Druck ausgehoben. Aber mit einigem Verstand konnte man sich jedenfalls vor dem Militär drücken. Andererseits war das Reich gewachsen, die Grenzen waren länger geworden, an allen möglichen Fronten mußten gleichzeitig kleinere und größere lokale Konflikte unter Kontrolle gehalten werden. Das heißt, Soldaten wurden allerorten gebraucht. Allein am Limes waren mehr als 1 000 Wachtürme und über 100 Kastelle Tag und Nacht besetzt zu halten. Oder eine andere Zahl, die die Größe der militärischen Aufgabe verdeutlicht: Zu Beginn des 2. Jahrhunderts betrug die Länge des Straßennetzes im Römischen Reich, von Schottland bis nach Jerusalem, etwa 80 000 km. Das ist mehr als doppelt soviel wie die Länge aller deutschen Autobahnen und Bundesstraßen zusammengenommen. Jede dieser Straßen war zwischen vier und sieben Meter breit, hatte Gehsteige in den Städten und war nach allen Regeln der Wegebaukunst aus mehreren Schichten von Schottersteinen gefügt, mit einer glatten, wasserdurchlässigen Kiesdecke. Dieses Straßen-

netz war im wesentlichen aus militärischen Gründen angelegt und von Soldaten gebaut worden. Natürlich mußte das Heer sie auch erhalten. Die Römerstraßen waren durchwegs besser im Schuß als die Wege der Goethezeit. Caesar reiste bequemer als der deutsche Dichterfürst.

Gastarbeiter in Uniform

Schon in sehr früher Zeit waren die Römer darauf gekommen, aus unterworfenen oder verbündeten Völkern Soldaten anzuwerben. Die Germanen, denen ein militärischer Ruf wie Donnerhall vorausging, boten sich dazu natürlich besonders an. Von Caesar wissen wir, daß er sich eine Eliteeinheit, eine germanische Reitertruppe zugelegt hatte, die bei Schlachten auf ihren kleinen Pferden stets und vor allem schnell dort auftauchte, wo es am bedrohlichsten war. Stürzten die Reiter sich ins Getümmel, sprangen sie von den Pferden, hieben auf ihre Gegner los, um im nächsten Moment an einem anderen Brennpunkt auszuhelfen. Von Kaiser Augustus ist überliefert, daß er seine Leibstandarte aus den blonden Riesen rekrutierte. Mit 300 Germanen um sich, durfte er sich überall sicher fühlen. Kaiser Caracalla führte gar ständig einen Trupp germanischer Reiter in ihrer nationalen Tracht und Bewaffnung mit sich und zeigte sie überall stolz als seine „Löwen" her. Von Arminius oder Marbod wissen wir bereits, daß sie in römischen Diensten gestanden, auf römischen Kriegsschulen das militärische Handwerk gelernt haben. Noch war es damals nicht die Regel, daß Germanen in höhere Offiziersstellen aufrückten. Aber bei Söhnen aus fürstlichem Geblüt wurden schon einmal Ausnahmen gemacht. Germanische Kommandeure von Hilfstruppen wurden mit goldenem Tafelgeschirr, mit wertvollem Schmuck bei Laune gehalten. Auch legte man großen Wert darauf, daß die Germanen mit ihren eigenen Waffen antraten. Denn in der Waffenproduktion waren die Germanen — offenbar hatten sie von den Kelten in der Metallurgie einiges gelernt — den Römern zumindest ebenbürtig. Und in der Kampfmoral waren sie ihnen ohnehin überlegen. Die drei Hauptgötter der Germanen, Wotan, Ziu und Donar, waren allesamt Kriegsgötter.

Im 3. Jahrhundert waren die Germanen im römischen Heer zur Selbstverständlichkeit geworden. Sie dienten jetzt nicht mehr nur bei den Hilfstruppen (auxilia) und bei den Sonderregimentern (numeri), sondern auch in den regulären Legionen. Goten wurden zu Tausenden angeworben und fochten an allen Fronten des Reiches. Es gibt kaum eine Region im Weltreich der Römer, in der Archäologen nicht Grabsteine oder Skelette gefallener Germanen gefunden haben. Die Germanen starben in den Wüsten Ägyptens, in den Karstgebieten Syriens, bei der Belagerung griechischer oder persischer Städte, in den Wäldern Galliens und an den Küsten Spaniens.

Das römische Heer wandelte unter dem wachsenden Einfluß der Germanen sein Gesicht. An Stelle des römischen Kurzschwertes war das germanische Hiebschwert getreten. Der Legionsrock wurde mit der Kniehose vertauscht. Besondere Einheiten sogenannter Leichtbewaffneter wurden aufgestellt, deren taktische Aufgabe nicht mehr das Handgemenge und der Nahkampf waren, sondern die Vorbereitung einer Schlacht durch Speerwurf und Pfeil, eine Aufgabe, wie sie im modernen Krieg der Artillerie zukommt. Die Reiterabteilungen wurden vergrößert, die alte Infanterie büßte an Bedeutung ein. Unter Kaiser Diokletian hatte an der Wende zum 4. Jahrhundert eine Heeresreform begonnen, die Konstantin der Große um 330 vollendet hatte. Die Zahl der Legionen wurde vermehrt, vor allem aber wurde neben dem Grenzheer (limitanii) eine mobile Armee geschaffen, die als Einsatzreserve (comitatenses) bereitstand.

Im Grunde war das eine Gliederung, wie sie noch im Zweiten Weltkrieg Gültigkeit hatte. Vorne an der Front, etwa am Atlantikwall, standen Verteidigungstruppen, im rückwärtigen Raum, an verkehrsmäßig günstig gelegener Stelle die mobilen Eingreifreser-

ven. Im Zweiten Weltkrieg waren das Panzerdivisionen, in der Römerzeit eine Truppe, deren Gesicht die Kavallerie bestimmte. An den einzelnen Grenzabschnitten führten Militärbefehlshaber, sogenannte duces, das Kommando über Grenztruppen, die im wesentlichen dort mit ihren Familien auf kleinen Bauernhöfen lebten. In der strategischen Reserve, in der Feldarmee, waren die Höchstkommandierenden die Heermeister der Infanterie, der magister peditum, und in der Kavallerie der magister equitum. Unter Konstantin wurden diese Marschallstellen nun auch an bewährte Offiziere germanischer Herkunft vergeben.
Ein besonders guter Überblick über die militärische Stärke des Reiches ist uns gerade für die Zeit erhalten, die uns interessiert. Kurz nach dem Tod von Kaiser Theodosius dem Großen, also bald nach dem Jahre 395, wurde die „Notitia dignitatum" erstellt, ein für den Dienstgebrauch bestimmtes Verzeichnis aller militärischen und zivilen Behörden des Reiches. Im Osten betrug die Gesamtstärke des Heeres etwa 350 000 Mann, im Westen waren es rund 100 000 Soldaten weniger. Zu den Grenztruppen und Eingreifreserven kamen jeweils noch einige Tausend Mann der sogenannten scholae, also kaiserliche Kadetten, Palastwachen und Leibgarden. Allerdings muß hier schon eine Einschränkung gemacht werden. Die Zahlen aus diesem Handbuch geben die Sollstärke der Truppen an. Ob die Effektivstärken ihnen tatsächlich entsprochen haben, muß bezweifelt werden.
Denn mehr und mehr war man gerade in den Grenzbereichen dazu übergegangen, die Rekruten aus dem halbfreien Bauernstand der Kolonen zu ziehen. Die Gutsbesitzer kamen ihren Verpflichtungen allerdings oft nur dadurch nach, daß sie Alte und Lahme, Schwachsinnige und Verkrüppelte zum Militär abkommandierten. Über die Kampfkraft solcher Verbände braucht man nicht viel zu sagen. Kaiser Valentinian I. (364—375) mußte ein Gesetz gegen die Selbstverstümmelung erlassen, durch die sich viele seiner Soldaten dem Dienst mit der Waffe entziehen wollten. Im übrigen waren die Grundherren auch in der Lage, bei Arbeitskräftemangel ihre

kleinen Bauern durch Geldzahlungen vom Wehrdienst zu befreien. Dieses Geld sollte der Staat dazu verwenden, um unter den Barbaren, also vor allem unter den Germanen, Ersatzsoldaten anzuwerben. Ein System, das durchaus logisch erscheint, der Korruption aber Tür und Tor öffnen mußte.

Mancher Großgrundbesitzer wird mit dem örtlichen Verteidigungskommissar Sonderregelungen abgesprochen haben, wird weniger bezahlt haben und seinerseits die Augen zugedrückt haben, wenn sein Geschäftspartner wiederum einen Teil der Ablösesumme für sich behielt. Dem rückwärtigen Befehlshaber oder der römischen Zentrale wurden hohe Truppenstärken gemeldet, die nur auf dem Papier standen. Kam wirklich einmal eine Inspektion, ein Zählappell, so konnte man dem höheren Dienstgrad Theater vorspielen. Man lieh sich für diesen Zweck von den benachbarten Großgrundbesitzern ein paar hundert Kolonen aus und wenn es dann noch irgendwelche Zweifel gab, konnte man sie meist auch mit einer kleinen Spende ausbügeln.

Wenn man die Truppenstärken der „Notitia dignitatum" zusammenzählt, kommt man auf über 600 000 Mann stehendes Heer. Nähme man diese Zahl ernst, dann würden die Vorgänge der Völkerwanderungszeit gänzlich unverständlich erscheinen. Vom Vandalenkönig Geiserich wissen wir, daß er seinen Zug quer durch Gallien, Spanien und Nordafrika mit höchstens 20 000 Kriegern geschafft hat. Alarichs Streitmacht dürfte in seinen besten Tagen kaum über 35 000 Mann betragen haben. Selbst das große hunnische Heer zählte mit allen Verbündeten des Königs Attila höchstens 100 000 Köpfe. Diese Zahlen lassen nur zwei Schlüsse zu: Entweder war die Kampfkraft der römischen Truppen auf den Nullpunkt gesunken oder die Armee bestand zu einem Gutteil eben nur aus Karteileichen, war also — um ein Schlagwort unserer Tage zu gebrauchen — ein Papiertiger.

Ein ganz anderes Problem ist die Frage nach der Zuverlässigkeit der germanischen Söldnertruppen. Zumindest bis zum Ausbruch der Völkerwanderung sind die Zeugnisse sehr selten, die von Verrat, Desertion, Bruch des Fahneneids oder vom Wechseln der Fronten berichten. Wenn so etwas überhaupt vorkam, dann lagen meist sehr gewichtige Gründe dafür vor. Etwa die Schindereien eines Quinctilius Varus, der die Cherusker mit der Steuerschraube bis aufs Blut quälte. Es war auch nicht so, daß germanische Söldner in römischen Diensten Skrupel gezeigt hätten, gegen ihre Volksgenossen an den Grenzen zu kämpfen. Die Germanenstämme hatten sich im Verlauf ihrer Geschichte zu oft gegenseitig aufs Haupt geschlagen, als daß gefühlsmäßige Hemmungen ihnen verboten hätten, ihre militärische Pflicht zu tun. Insgesamt darf gesagt werden, daß die Kampfkraft römischer Verbände vor allem daran gemessen wurde, wieviele Germanen in ihren Reihen standen. Je größer der Germanenanteil, desto höher war eine Legion einzuschätzen.

Der germanische Söldner hatte die Funktion eines Gastarbeiters in Uniform. Er hatte gegen anständiges Geld und passable Verpflegung die Dreckarbeit seiner Zeit zu verrichten, zu der die römischen Bürger in den Stammlanden und Provinzen nicht bereit waren: nämlich weit draußen, mit Verlaub gesagt, am Arsch der Welt, den Kopf für das Reich hinzuhalten. Für diejenigen Aufgaben, zu denen die reichen Industrienationen heute die Gastarbeiter heranziehen, hatten die Römer ja die Sklaven. Sie räumten den Müll weg, begruben die Toten, pflegten die Kranken, trugen die Bürger in Sänften oder zogen ihre Wagen, verrichteten niedrige Dienste aller Art. Daneben gab es natürlich auch eine Luxuskategorie von Sklaven: Schauspieler, Musiker, Masseure, Schreiber, ja selbst Eunuchen, die in Gold aufgewogen wurden, weil sie Mangelware darstellten (in Rom war die Kastration verboten!). Nur eben zum Wehrdienst wollte und konnte man die Sklaven nicht heranziehen. Dazu brauchte man die germanischen Gastarbeiter.

Solange die römischen Kommandostrukturen noch funktionierten, solange das Reich noch einigermaßen normal regiert und verwaltet wurde, haben diese Söldner auch ihre Pflicht getan. Als aber die Dämme barsten, als in Verwaltungs- und Kommandostellen das totale Chaos herrschte, als vor allem durch die Erschütterungen der ersten großen Wanderungen im Inneren des Reiches Machtkämpfe ausbrachen, wurden die germanischen Söldner zu einem wachsenden Unsicherheitsfaktor. Jetzt rächte sich auch die römische Politik der Apartheid, der strengen Absonderung, unter der man die Gastarbeiter in Uniform gehalten hatte. Die Römer haben nicht nur nie versucht, diese Soldaten zu integrieren, sondern ganz im Gegenteil mit strengen Gesetzen und Verordnungen jede Fraternisation unterbunden. Noch zu Beginn des 5. Jahrhunderts waren eheliche Verbindungen zwischen Römern und Germanen unter Todesstrafe gestellt. Nur für die kaiserliche Familie und für germanische Fürstensprosse waren Ausnahmen gemacht worden.

Zunehmend mochten sich hohe germanische Offiziere und ihre Truppen gefragt haben, ob es sich lohne, für dieses Reich und für diese Gesellschaftsordnung Kopf und Kragen zu riskieren. Den Verlockungen eines Alarich oder Geiserich zu widerstehen, fiel ihnen umso schwerer, als auf römischer Seite keine klare Befehlsstruktur mehr vorhanden war. Viele Maßnahmen — wir erinnern an das Germanen-Progrom nach Stilichos Tod — waren vielmehr dazu angetan, die germanischen Söldner in die Arme der Reichsfeinde zu treiben.

Es gab zwei grundsätzlich verschiedene Einstellungen zum Germanenproblem — mit manchen Zwischenschattierungen. Salvian etwa, den wir eingangs des Kapitels zitiert haben, stellt der römischen Gesellschaft die Barbaren als vorbildlich hin. Die sozialen Zustände bei den Goten, die keine Unterdrückung der Armen kennen, hätten sogar vornehme Römer veranlaßt, lieber im gotischen Herrschaftsbereich zu leben, als in dem Gefängnis, zu dem das eigene Reich geworden war. Gotische Freiheit und Menschlichkeit würden schwerer wiegen als — nun kommt eine Spitze des Salvian — der üble Gestank der Germanen, die offenbar weder ihre Kleider noch sich selbst waschen würden. Der Katholik Salvian bescheinigt den arianischen Goten eine weit bessere Lebensführung als den eigenen Glaubensgenossen: „Wie Gott über uns und über die Goten und Vandalen urteilt, zeigt der Sachverhalt: Diese wachsen täglich, wir nehmen ab; diese gedeihen, wir werden gedemütigt; diese blühen, wir welken."

Hier wird ein Problem angeschnitten, das schon im ersten nachchristlichen Jahrhundert eine große Rolle gespielt hat, wie wir aus den „Annalen" des Tacitus wissen. Während die Barbaren, und allen voran die Germanen, für ihren Kinderreichtum bekannt waren, hielten sich die hochzivilisierten Römer bevölkerungspolitisch sehr zurück: Methoden der Enmpfängnisverhütung waren in Rom offenbar weit entwickelt, Abtreibungen an der Tagesordnung. Die Gesetzgebung mußte hier mehrfach eingreifen. Die Kaiser stellten sogar Ehelosigkeit und Kinderlosigkeit unter Strafe, ohne freilich entscheidende Änderung zu erreichen.

Die Gegenposition zu Salvian vertritt der Bischof Synesios von Kyrene (370—415), der zu Beginn der Völkerwanderungszeit gegen die starke Stellung der Goten am Hof von Konstantinopel wettert: „Die Barbaren bilden einen Fremdkörper. Man muß sie von den Ländereien, auf denen man sie unvorsichtigerweise angesiedelt hat, muß sie aus dem Gemeinwesen, aus den Häusern der Reichen, aus der Armee, aus dem Senat vertreiben. Denn sobald sie aus dem Amt herausgehen, ziehen sie wieder ihre Pelze an und verspotten die Toga." Erstaunlich an diesem Zitat ist der modische Aspekt am Schluß. Wie zu allen Zeiten, machten auch im Römischen Reich Kleider (böse) Leute. Über nichts kann man sich mehr erregen, als wenn Römer in germanischen Hosen herumlaufen. Wie heute lange Haare und Jeans Menschen abstempeln, so war es auch damals: Wehe dem, der die traditionelle Toga mit der extravaganten Barbaren-Kleidung vertauschte. Nein, solch blanker Fremdenhaß war keine Basis für ein Zusammenstehn gegen den äußeren Feind.

Die Frage, ob es das Römische Reich wert war, für es zu kämpfen und zu sterben, haben sich freilich nicht nur die Germanen gestellt. Die Römer selbst haben den inneren und äußeren Zerfall ihres Staates mit angesehen und wurden von zunehmenden Zweifeln geplagt, ob Kaiser und Reich im Westen noch eine Zukunft hätten.

In Rom war diese Frage noch drängender geworden, seit Kaiser Konstantin der Große (324—337) die Hauptstadt des Reiches im Jahr 330 nach Osten, nach Byzanz (Konstantinopel) verlegt hatte. Dafür hatte eine Reihe von Gründen gesprochen. Rom lag angesichts der Aufgaben, die auf das Reich zukamen, angesichts der Kriege, die sich vor allem im Osten abspielten, nicht günstig genug. Die Brennpunkte des Geschehens, die Hauptfronten und die wichtigsten Interessensgebiete des Reiches waren von Konstantinopel aus schneller und besser zu erreichen. Außerdem galt die Stadt als uneinnehmbar; sie erwies sich ja auch tatsächlich über ein Jahrtausend als unbezwingbar. In Rom freilich mußte man das Gefühl haben, daß die Ratten ein sinkendes Schiff verlassen. Seit der Kaiser und seine Regierung ausgezogen waren, seit der Gestank aus den Mietskasernen und Elends-Quartieren nicht mehr in die erlauchten Nasen der Herrschenden drang, verkam Rom noch mehr. Öffentliches Geld, so vorhanden, wurde in wichtigere Dinge gesteckt.

Die große Finanzkrise

Geld war sehr rar geworden in den letzten Jahrzehnten. Zunächst hatte man den ungeheuren Rüstungsetat mit einer galoppierenden Inflation finanziert. Die Münzprägereien hatten Hochkonjunktur, der Gold- und Silbergehalt der Währung wurde immer geringer. Die Folge davon: Es gab zuviel Geld und zu wenig Ware. Das Mißverhältnis trieb die Preise in schwindelnde Höhen. Ein wirtschaftlicher Kollaps stand unmittelbar bevor.
Kaiser Diokletian hatte um die Jahrhundertwende versucht, das Übel mit untauglichen Mitteln zu bekämpfen. Statt Anstrengungen zu unternehmen, den Markt wieder in Ordnung zu bringen, das Verhältnis zwischen Angebot und Nachfrage zu verbessern, griff er zum planwirtschaftlichen Holzhammer, zu einem Höchstpreis-Edikt, das für das ganze Reich gelten sollte. Wer der Verordnung zuwiderhandelte, wurde mit dem Tode bedroht.

Der Preisstop war ein gewaltiger Schlag ins Wasser. Wir wollen es an einem einfachen Beispiel erklären. Für Getreide war ein Höchstpreis bestimmt, der in Afrika genau so hoch war wie zum Beispiel in Kärnten. Die Erzeuger und Händler waren deshalb ganz natürlich darauf bedacht, möglichst die Transportkosten zu sparen und das Getreide in der eigenen Provinz oder der nächsten Umgebung zu verkaufen. Ähnlich verhielt es sich mit anderen Gütern. Die Folge davon: Der Außenhandel brach zusammen. Jede Provinz, jeder Landstrich versuchte, so gut es ging, sich selbst mit dem Notwendigsten zu versorgen. Tausch und Handel funktionierten nur noch über kürzeste Entfernungen.

Das Höchstpreis-Edikt führte zudem zu einer Aufblähung des Beamtenapparates, der die Einhaltung der kaiserlichen Vorschriften überwachen sollte. Die Beamten kosteten zusätzliches Geld. Dieses Geld hatte wiederum der Steuerzahler zu erbringen, der mit neuen Belastungen zur Kasse gebeten wurde. Ein Zeitgenosse des Diokletian, der Christ Lactantius, kritisierte: „Es gab mehr staatliche Gehaltsempfänger als Steuerzahler. Ungeheure Steuerforderungen verzehrten die Kraft der Bauern. So wurden die Felder verlassen und anbaufähiges Land verwandelte sich in Wildnis." Jetzt spielte sich das Bauernlegen auf der nächsthöheren Ebene ab.

Kaiser Diokletian hatte eine neue Steuer erfunden. Sie war eine Kopfsteuer, capitatio genannt. Sie entwickelte sich aus der annona, einer Kriegssteuer, die nur für die Zeit von Kampfhandlungen und nur in der Nähe von Kriegsschauplätzen erhoben worden war. Nun fand Diokletian mit einigem Recht, daß mittlerweile Rom ununterbrochen an irgendeiner Front Krieg zu führen hatte und daß Sicherheit unteilbar ist, wie ein politisches Schlagwort unserer Tage besagt. Mit anderen Worten: Einer trage des anderen Last! Also wurde die Gelegenheitssteuer annona in die Dauersteuer capitatio umgewandelt. Die Berechnung der capita-Sätze traf nun auch den gehobenen bäuerlichen Mittelstand, den mittleren Grundbesitzer, weil sich die Veranlagung nach der Zahl der Bewohner eines Gutes, der Stückzahl des Arbeiterviehs und der Anbaufläche richtete.

Die Großgrundbesitzer waren auch bei dieser Steuer wieder im Vorteil. Die capitatio mußte nämlich nicht unbedingt in bar beglichen werden, sondern konnte auch mit Naturallieferungen abgegolten werden. Was Lebensmittel und Vieh, Stoffe und Lederschuhe wert waren, bestimmten die Finanz-Bürokraten. Die konnten zwar dem normalen Gutsbesitzer die Preise diktieren, mußten aber kuschen, wenn einer der einflußreichen und mächtigen Magnaten seine eigene Rechnung aufmachte. Abgesehen davon, daß mit den berühmten zwei „B", mit Beziehungen und Bestechungen, ohnehin fast alles gerichtet werden konnte.
Die neuen Steuerlasten, die Geldentwertung und das Höchstpreis-Edikt förderten noch eine andere Entwicklung, die den Handel fast zum Erliegen brachte. Die verschiedenen Industrien und Fertigkeiten hatten sich praktisch selbst exportiert. Von den alten Ländern des Orients, von Griechenland und Italien waren nicht nur die Produkte, sondern auch die Produktionsverfahren nach den anderen Teilen des Reiches getragen worden. Teppiche und Stoffe wurden jetzt auch in Frankreich hergestellt, umgekehrt kamen die Metallverarbeitungskenntnisse der Kelten im Süden und Osten Europas zur Geltung. So wirkten verschiedene Gründe zusammen, um den Handel einzuschränken und autarke, sich selbst versorgende Regionen zu schaffen.
Ein weiterer Grund für den Kollaps des grenzüberschreitenden Handels war der innere und äußere Sicherheitszustand des Reiches. Wir haben von den Bagauden, den räuberischen Bauern-Banden, von den zahlreichen germanischen Verbänden gehört, wir werden noch von den Hunnen hören: Sie alle machten in immer neuen Anläufen die Grenzen und die Provinzen unsicher, fielen über Städte und traditionelle Märkte her, machten die alten Handelswege unpassierbar. Kein Wunder, daß es sich jeder Kaufmann zweimal überlegte, bevor er mit seiner Ware über eine weite Strecke aufbrach. Lieber in der Nachbarschaft zu kleinem Preis verkaufen, als für ein besseres Geschäft den Verlust der Ware und des eigenen Kopfes riskieren.

Der Niedergang des Handels hatte zunächst einen finanziellen Effekt. Im gesamten Römischen Reich, mit Ausnahme von Italien, wurde auf alle Erzeugnisse im grenzüberschreitenden Verkehr ein Zoll erhoben von zweieinhalb Prozent des Warenwertes. Eine größere Stofflieferung, die aus Kleinasien auf dem Landweg nach Britannien unterwegs war, brachte so dem staatlichen Zolleinnehmer an den verschiedenen Provinzgrenzen an die 15 Prozent des Warenwertes. Bei Luxusartikeln wie Gewürzen, die bis von den Molukken-Inseln herkamen, oder bei exquisiten Seiden aus China, wurden bis zum Zehnfachen höhere Zollsätze erhoben. Mit der Abnahme des Handels fielen diese Einnahmen weitgehend weg.
Noch bedenklicher als die fiskalischen waren die politischen Folgen. Als sich die Staaten der Europäischen Wirtschaftsgemeinschaft 1957 in den Römischen Verträgen zusammenschlossen, gingen die Politiker davon aus, daß dem wirtschaftlichen Verbund die politische Einigung geradezu zwangsläufig und schnell folgen müsse. Wir wissen, daß diese Rechnung nicht aufgegangen ist. Aber zweifellos ist es so, daß Handelsverflechtungen das Zusammengehörigkeitsgefühl stärken und auf Dauer auch schon oft politische Früchte getragen haben. Umgekehrt steht jedenfalls fest, daß politische Bindungen zerbröckeln, wenn die wirtschaftlichen Interessen nicht übereinstimmen. Das römische Weltreich war nicht zuletzt auch eine riesige Wirtschaftsgemeinschaft. Es gab keinen Massentourismus, der den Bewohnern Spaniens erlaubt hätte, ihre Ferien in Syrien zu verbringen oder der Bürger aus Britannien zum Badeurlaub nach Nordafrika verfrachtet hätte. Auch gab es kein gesamtrömisches Parlament, keine Gipfelkonferenzen, keine Zeitungen und kein Fernsehen, das die Bürger dieses Weltreiches einander näher gebracht hätte. Die einzigen, die sich rühmen konnten, das Reich genauer zu kennen, waren Offiziere, die im Lauf ihrer Karriere an den verschiedensten Fronten Dienst taten.
Wenn es trotzdem so etwas wie einen inneren Zusammenhalt gab, so lag das vor allem, wenn nicht einzig und allein, am Handel. Die Kaufleute, die den Bernstein von den nördlichen Küsten nach Rom

einführten, die Weinhändler, die aus Spanien Fässer nach Britannien schafften, die Reeder, die geräucherte Schinken aus Südfrankreich an den Küsten Griechenlands ausluden: Sie alle bildeten die Kommunikationsmittel ihrer Zeit, erzählten den Menschen im Osten, wie man im Westen lebte, sie brachten Nord und Süd einander näher. In allen Provinzen wurde man fast täglich durch das Warenangebot ohne Propagandaaufwand davon überzeugt, daß das Römische Reich eine gute Sache war und jedem nützte. Auch Völker, die erst vor kurzem von den Römern unterworfen worden waren, ließen sich von den Segnungen dieser fast weltweiten Wirtschaftsunion beeindrucken.

Die Währungsreform

Den Nachfolgern Diokletians waren die Folgen dieser Politik nicht entgangen. Sie sahen, daß die Finanzen zerrüttet, die Steuereinnahmen gesunken waren. Sie sahen auch die politischen Gefahren, die aus dem Rückgang von Handel und Gewerbe resultierten. Der Preisstop des Diokletian hatte sich schnell als Fehlschlag herausgestellt. Man mußte zunächst dazu übergehen, beide Augen zuzudrücken und schließlich ganz auf diesen ungeeigneten dirigistischen Eingriff verzichten. Schwieriger war es, den galoppierenden Geldwertschwund zu bremsen. Kaiser Konstantin der Große versuchte es mit einem neuen Mittel. Er verschrieb seinem Reich die Roßkur einer Deflationspolitik. Konstantin schuf eine neue Währung, eine reichseinheitliche Goldmünze, die sich sehr schnell auf der ganzen damaligen Welt durchsetzte und das Ende des weströmischen Reiches überlebte. Die Münze hieß Solidus, wog 1/72 des römischen Pfundes, war also viereinhalb Gramm schwer und aus reinem Gold geprägt.

Die neue Währung war äußerst knapp gehalten, der Münzumlauf gering. Der Solidus stoppte nicht nur die Inflation, garantierte nicht nur Stabilität, sondern führte bald dazu, daß die Preise für wichtige Erzeugnisse zu sinken begannen. Volksnahrungsmittel wie Getreide und Schweinefleisch kosteten innerhalb weniger Jahre nur noch die Hälfte des bisherigen Preises. Zunächst hatte sich diese Deflationspolitik günstig auf Handel und Gewerbe ausgewirkt. Jetzt konnte man wieder beruhigt produzieren und verkaufen, im Vertrauen auf den festen Währungswert. Doch bald zeigten sich die Schattenseiten der Geldverknappung. Fabrikanten und Gutsbesitzer mußten Löhne kürzen und Arbeitskräfte freistellen. Wieder einmal bissen den letzten die Hunde, hatte vor allem der kleine Mann die Zeche zu zahlen.

Die Politik des knappen Geldes bremste jede wirtschaftliche Expansion. Weil mit der neuen Währung die Steuern bezahlt werden mußten, sahen sich Geschäftsleute und Grundbesitzer gezwungen, möglichst wenig Gold auszugeben. Man versuchte, Geschäfte bargeldlos abzuwickeln. Statt zu kaufen und zu verkaufen, wurde eifrig getauscht. Darüber hinaus wurden die großen Betriebe auf Selbstversorgungswirtschaft umorganisiert. Der reiche Latifundienbesitzer richtete sich eigene Textilwerkstätten oder Schuhmacherbetriebe ein; der Großfabrikant suchte umgekehrt einen landwirtschaftlichen Zuerwerbsbetrieb aufzuziehen, um seine Familie und seine Betriebsangehörigen billig mit Nahrungsmitteln versorgen zu können. Löhne wurden vielfach mit Naturalleistungen abgegolten.

Die staatlichen Behörden mußten dieses Spiel wohl oder übel mitmachen. Wir haben bei der capitatio, der Kopfsteuer, schon darauf hingewiesen, daß sich der Fiskus dazu bequemen mußte, Erzeugnisse aller Art in Zahlung zu nehmen. Nun kam es so weit, daß der Staat selbst die Gehälter seiner Beamten nur noch teilweise in bar auszahlen konnte. Der Rest wurde in Form von Anweisungen an die staatlichen Magazine beglichen. Die kaiserliche Regierung nahm derlei Schwierigkeiten wie ein gottgewolltes Schicksal hin. Man verfügte im alten Rom nicht über die volkswirtschaftlichen Erkenntnisse unserer Tage, sah den Zusammenhang zwischen Geldverknappung, Arbeitslosigkeit und Wirtschaftsflaute nicht. Was uns übrigens nicht zu wundern braucht. Der letzte demokratische Kanzler der Weimarer Republik, Heinrich Brüning, bekämpfte die Folgen der Weltwirtschaftskrise von 1929 ebenfalls mit dem denkbar ungeeignetsten Mittel der Deflation: Statt die Wirtschaft anzukurbeln und mit Geldspritzen neue Investitionen und Arbeitsplätze zu schaffen, hatte er in hausväterlicher Sparsamkeit gewirtschaftet, hatte Preise und Gehälter reduziert — und am Schluß zwar die Reichsmark gerettet, aber den Rechtsstaat verspielt.

Die Währungsreform Kaiser Konstantins hatte jedenfalls mit ganz anderen Mitteln einen ähnlichen Effekt wie die Inflationspolitik Kaiser Diokletians: Die sozialen Spannungen zwischen arm und reich wurden noch verschärft, Handel und Gewerbe stagnierten mehr denn je, das Geld in den öffentlichen Kassen war so rar wie nie zuvor. Zu seiner weiteren Verknappung trug ein besonderer Umstand bei: Die reichen Nachbarvölker des Römischen Reiches waren auf den Goldgeschmack gekommen und verkauften ihre Spitzenerzeugnisse — Seiden, Teppiche, Gewürze, Duftstoffe, Edelsteine — nur gegen bare Solidi. Die oberen Zehntausend von Rom, die auf solche Luxusartikel nicht verzichten mochten, transferierten Solidus für Solidus für diese Zwecke ins Ausland und keine dieser Goldmünzen kam jemals wieder zurück. So wurde dem Umlauf zusätzliches Gold entzogen.

Aus den währungs- und handelspolitischen Folgen ergeben sich noch andere Konsequenzen. Das Römische Reich war in seiner Blütezeit hoch technisiert. Man kannte verschiedenste Formen von Metallgewinnung, Großziegeleien, Färbereien, Leder- und Textilfabriken, Glashütten, Kunstdüngerherstellung. Riesige Bergwerke und Steinbrüche, überwiegend in staatlichem Besitz, lieferten die Grundstoffe für einen technischen Fortschritt, der zumindest auf der Stufe des hohen Mittelalters stand. Durch die Finanzmisere kommt es auch in diesem Bereich zu einer Stagnation. Statt hochwertiger Waren werden möglichst billige Massenprodukte hergestellt. Forschung, soweit sie überhaupt noch betrieben wird, konzentriert sich ganz auf den militärischen Bereich, auf den aktuellen Bedarf. Im Prinzip hätten die Römer, auf der Basis ihres hohen

Kulturstandes, durchaus die Dampfmaschine und das Schießpulver, die Buchdruckerkunst und das Fahrrad erfinden können.
Dies ist keine allzu gewagte Übertreibung, sondern kann durch Fakten erhärtet werden. Allein der hohe Leistungsstandard der römischen Medizin, der Chirurgie zumal (wir wissen, daß Anfang des 2. Jahrhunderts schon erfolgreiche Brustkrebs-Operationen durchgeführt wurden), die Perfektion von römischen Belagerungsmaschinen, die Qualität der Papiererzeugung zeigen uns, wozu man hätte imstande sein können, wenn die Umstände zu gezielter Forschung gezwungen hätten. Aber die Notwendigkeit zu revolutionierenden Erfindungen bestand gar nicht. Die besseren Schichten lebten gut und im übrigen gab es billigste Arbeitskraft im Überfluß. Wozu Maschinen, wenn man Muskeln hatte, wozu Vervielfältigung durch Druck, wenn Tausende von gebildeten Sklaven darauf warteten, Texte abzuschreiben? Die Wissenschaftler des 4. und 5. Jahrhunderts hatten das Experimentieren aufgegeben, hielten keine Ausschau nach neuen Methoden, beschränkten sich vielmehr darauf, bekannte Verfahren weiterzugeben. Wobei sie einige Mühe hatten, genug Schüler zu finden. Mit Technik gab sich der junge Mann aus besserem Hause nur noch ungern ab. Zukunft hatte Juristerei, Spaß machten Philosophie und Rhetorik. So wie sich heute viele Studenten auf Fächer wie Soziologie, Kunstgeschichte und Politologie stürzen, waren auch damals die Geisteswissenschaften gefragt.
„Zum Kriegführen", so sagte einmal Marschall Trivulzio zu Ludwig XII. „sind drei Dinge nötig: Geld, Geld und nochmals Geld." Und eben dieses Geld war im entscheidenden Augenblick nicht mehr vorhanden. Das bißchen Geld, das Kaiser Konstantin und seine Nachfolger aus ihren Untertanen herauspreßten, ging zum großen Teil in einer Hofhaltung auf, die immer üppiger wurde. Die Kaiser waren absolutistische Herrscher, der Welt wie göttliche Wesen entrückt, Mittelpunkt eines Kults, der seltsamste Blüten trieb. Der Kaiser schöpfte selbst Recht und frisierte das bestehende Recht um, so wie es Adolf Hitler tat. Er bestrafte kleinste Vergehen auf drakonische Weise: Mit immensen Geldstrafen bei denen,

wo etwas zu holen war; mit dem Tode bei solchen, die nicht zahlen konnten. Wenn es stimmt, daß man die Schwäche eines Regimes an der Härte seiner Strafen erkennt, dann war das Kaisertum im 4. Jahrhundert besonders schwach.

Unterstützt wurde der Kaiser von einem aufgeblähten Beamtenapparat, von einer schikanösen Bürokratie, die nach oben buckelte und nach unten um so härter trat. „Der Übermut der Ämter", wie es im Hamlet-Monolog heißt, war nicht mehr zu überbieten. Die Beamten wurden zum Staat im Staate und vermehrten sich wie die Karnickel. Das Parkinson'sche Gesetz galt schon im alten Rom: Das Ansehen eines Behördenchefs wurde vor allem nach der Zahl seiner Untergebenen bemessen. In einer einzigen Provinzhauptstadt tummelten sich in den verschiedenen Behörden bis zu 1 700 Beamte aller Ränge. Unzählige Subalterne, aber auch genug Hofschranzen mit den seltsamsten Titeln bevölkerten die Residenzstadt selbst. Die Kompetenzen waren undurchschaubar, der Verwaltungsapparat beschäftigte sich mit sich selbst. Staatsbeamte konkurrierten mit Hofbeamten, die Provinz arbeitete gegen die Zentrale und umgekehrt. Und zwischen und über allen stand der persönliche Stab des Kaisers, ein Gehirntrust, dessen Funktion niemand ganz klar war, ein bißchen vielleicht vergleichbar dem persönlichen Stab des US-Präsidenten. Auch die römischen Kaiser hatten ihre Haldemans und Ehrlichmans, die ihre Ellbogen zu gebrauchen wußten und ihre Finger in allerlei krumme Geschäfte steckten.

Die römischen Beamten, die Juristen zumal, haben wesentlichen Anteil daran, daß aus dem Reich ein Klassenstaat wurde, der nur noch den höheren Schichten Vorteile brachte, während die Armen wie im Gefängnis lebten. Die Juristen hatten einen einst vorbildlichen Rechtsstaat in eine wahre Folterkammer umgewandelt, hatten die kommunale Selbstverwaltung beseitigt, hatten städtischen Besitz auf kaltem Wege dem Staat und damit ihrem kaiserlichen Herrn zugeschanzt. Als Helfershelfer bedienten sie sich einer Geheimpolzei, deren Schnüffelei vor keiner Tür haltmachte und sogar den oberen Zehntausend Ärger und Schrecken bereitete. Wehe

dem Mann, der an den Grundfesten dieses Zwangssystems zu rütteln gewagt hätte!
Die klassischen Aufgaben der Geheimdienste wurden dagegen vernachlässigt. Einst waren die Römer auf dem Gebiet der Feindaufklärung geradezu unschlagbar gewesen. Eine Schar von Agenten, als Kaufleute oder Schiffer getarnt, war durch alle dem Reich benachbarten Länder gereist, hatte Augen und Ohren offengehalten, hatte gegen gutes römisches Geld überall Spione angeworben. Plante ein Perser-König einen Feldzug gegen die Römer, rüstete ein Germanen-Herzog zu einem Grenzüberfall, dann wußte der nächste Militärbefehlshaber oder die Zentrale in Rom schon nach wenigen Tagen Bescheid. Ein ausgeklügeltes Post-System mit Eilkurieren, mit wechselnden Läufer- und Pferdestafetten, überbrückte eine Entfernung von tausend Kilometern in einer Woche. Jetzt aber wurden die Agenten zur Bespitzelung des eigenen Volkes gebraucht. Was draußen, hinter den Grenzen, vorging, war nicht mehr so wichtig. Für den auswärtigen Geheimdienst, für das reibungslose Funktionieren der Post, reichte das Geld nicht.
Wie es auf dem militärischen Sektor stand, haben wir schon an einigen Beispielen gezeigt. Bezeichnend ist jedenfalls, daß ein Regime, das sich mit aller Konsequenz zur Militärdiktatur hinentwikkelt hatte, gerade auf diesem seinem ureigensten Gebiet versagte. Die verbliebene Kampfkraft tobte sich immer wieder in bürgerkriegsähnlichen Aktionen aus. Wildgewordene Würdenträger streiften sich selbst den Purpur über, um von irgendeiner Provinz aus gegen den Kaiser Front zu machen, unbeeindruckt davon, ob hinter ihrem Rücken der äußere Feind zum Schlag ausholte. Solch persönlicher Ehrgeiz und nackte Machtpolitik wurden nur mühsam bemäntelt von hehren Zielen. Die Religion mußte nicht selten dafür herhalten. Andererseits darf nicht verschwiegen werden, daß eine korrupte Verwaltung in der Zentrale die Truppen in den Provinzen oft genug zur Verzweiflung trieb. Von allen verlassen, von Nachschub und Verstärkungen abgeschnitten, suchten sie dann oft das Heil bei einem Usurpator.

Ein aufgeklärtes Zeitalter wie das unsere mag Schwierigkeiten haben, in Religions-Streitigkeiten einen mitentscheidenden Grund für den Verfall eines Weltreiches zu sehen. Ein Blick zurück in die eigene Geschichte, in die Zeit der Religionskriege des 16. und 17. Jahrhunderts, mag uns klarmachen, wie wichtig ein religiöser Grund-Konsensus für den Zusammenhalt und Bestand eines Staatswesens ist. Das Heilige Römische Reich Deutscher Nation ist nicht Napoleon allein zum Opfer gefallen. Der war nur noch der Vollstrekker und Urkundsbeamte eines Zusammenbruchs, dessen Wurzeln in der Reformation, spätestens im Dreißigjährigen Krieg liegen. Wer aber nicht so weit zurückgreifen will, sei an die Vorgänge in Nordirland erinnert, deren religiösem Hintergrund wir geradezu fassungslos gegenüberstehen.

Es hieße das Problem unzulässig vereinfachen, wenn wir die religiösen Streitigkeiten im Römischen Reich auf das Verhältnis zwischen Christen und Heiden reduzieren wollten. Unter Diokletian wurden die Christen verfolgt, unter Konstantin wurde das Christentum zur Staatsreligion, unter Julian dem Abtrünnigen erleben wir eine kurze Phase heidnischer Restauration, unter Theodosius dem Großen schlägt das Pendel dann total zurück: Sein Edikt vom 8. November 392 untersagt alle öffentlichen und privaten heidnischen Kulthandlungen, verbietet sogar die zu Ehren des Zeus immer noch veranstalteten klassischen Olympischen Spiele.

Daß sich die Römer, daß sich Heiden und Christen gegenseitig die Schuld für den Niedergang des Reiches in die Schuhe geschoben haben, wissen wir bereits. Jede Niederlage wurde als Rache der alten heidnischen Götter betrachtet oder auch als Reaktion des Christengottes darauf, daß neben ihm noch andere Götter verehrt wurden. Der Himmel hatte wechselweise die besten Ausreden für eigenes Versagen parat zu halten.

Wir haben Heidentum und Christentum gegeneinander gestellt. Doch gab es weder das eine noch das andere in eindeutiger Form.

Die alten römischen Götter hatten längst Konkurrenz aus dem Osten bekommen. Persische und ägyptische Kulte, Sonnen- und Lichtgötter, hatten sich zwischen die klassischen Götter des griechisch-römischen Altertums gedrängt. Germanische Gottheiten kamen hinzu. Die Kaiser selbst ließen sich als Götter verehren. Der Wirrwarr war beträchtlich.

Auf christlicher Seite war die Situation eher noch verfahrener. Die getauften Kaiser bekannten sich abwechselnd zu Arianismus oder zum Katholizismus; Donatisten und andere Häresien spielten eine gewichtige Rolle. Es gab Zeiten, wo nicht weniger als 80 christliche Heilslehren gegeneinander eiferten. Die Donatisten zum Beispiel vertraten die Ansicht, die Gültigkeit der Sakramente sei davon abhängig, ob der Spender selbst im Stande der Gnade ist, was dazu führte, daß die Repräsentanten anderer Bekenntnisse sich dauernden Angriffen wegen ihrer Lebensführung ausgesetzt sahen. Die Arianer wiederum ließen nur Gottvater gelten und gestanden Christus keine Gotteigenschaft, sondern nur Gottähnlichkeit zu. Für Völker mit starker patriarchalischer Bindung, für die Germanen etwa, eine verführerische These.

Das Zeugnis des Bischofs Gregor von Nyssa, der die Zustände im Konstantinopel des Jahres 382 schildert, veranschaulicht die religiöse Situation zu Beginn der Völkerwanderungszeit: „Die Stadt ist voll von Leuten, die unbegreifliche und unverständliche Dinge reden auf allen Straßen, Markthallen, Plätzen und Kreuzungen. Gehe ich in einen Laden und frage, wieviel ich zu bezahlen habe, dann bekomme ich einen philosophischen Vortrag zur Antwort über den gezeugten oder nicht gezeugten Sohn des Vaters. Erkundige ich mich in einer Bäckerei nach dem Brotpreis, so antwortet mir der Bäcker: Der Vater ist unzweifelhaft größer als der Sohn. Und frage ich in den Thermen, ob ich ein Bad bekommen kann, dann versucht mir der Bademeister zu beweisen, daß der Sohn ohne Zweifel aus dem Nichts hervorgegangen sei."

Zum innerkirchlichen Streit kommt bald der Gegensatz zwischen Kirche und Staat, der Machtanspruch beider Institutionen und der

Versuch, der jeweils anderen Seite Vorschriften zu machen. Vor allem der Heilige Ambrosius tut sich darin hervor, den Kaiser in seine Schranken zu weisen. Für Ambrosius ist Theodosius der Große ein Sünder wie jeder andere. Als der Kaiser eine jüdische Synagoge aus Staatsmitteln wieder errichten läßt, die zuvor auf Betreiben von Mönchen durch christlichen Mob angezündet worden war, beschimpft der streitbare Bischof den Kaiser. Und als Theodosius in Thessalonike eine Schar Aufständischer im Zirkus zusammenhauen läßt, zwingt der Kirchenfürst den weltlichen Gebieter sogar zur öffentlichen Buße. Aus Angst vor Exkommunikation kriecht Theodosius förmlich zu Kreuze. Ein Vorfall, der dem Gang nach Canossa des deutschen Kaisers Heinrich IV. rund 700 Jahre später an historischer Bedeutung nicht nachsteht. Solche Erfolge ermutigen die Bischöfe und Päpste dazu, auch in politischen Fragen ihre moralische Autorität in die Waagschale zu werfen. Wie stark diese geistliche Nebenregierung im Laufe der Zeit wurde, erhellt daraus, daß die kirchlichen Institutionen und Verwaltungsapparate die einzigen waren, die den Stürmen der Völkerwanderungszeit standhielten. Wir werden darauf noch einzugehen haben.

So bleibt denn als Band der Einheit im Römischen Reich allein die lateinische Sprache. Aber auch hier sind Einschränkungen am Platze. Im Ostteil des Reiches hatte sich zunehmend das Griechische durchgesetzt. Aber auch die feinen Leute in Rom sprachen mit Vorliebe Griechisch, so wie die besseren deutschen Kreise im 18. Jahrhundert sich des Französischen bedienten. Neben der Amtssprache Latein kamen im 3. Jahrhundert in den Provinzen wieder vorrömische Sprachgewohnheiten zum Tragen. Auch hatte sich das Lateinische von Region zu Region im Wortschatz und in der Aussprache verändert. Ein Gallier dürfte ähnliche Mühe gehabt haben, einen Ägypter zu verstehen, wie ein Niederbayer, der ein Gespräch in Plattdeutsch verfolgt.

Ziehen wir ein Fazit: Das römische Weltreich ist aus vielen Gründen auseinandergebrochen. Es ist — um ein Schlagwort unserer

Tage zu gebrauchen — unregierbar geworden. Auf dem Gipfel seiner Macht und Ausdehnung herrschte das Reich zwischen Britannien und Kleinasien, zwischen Nordafrika und dem Schwarzen Meer über ein Gebiet, das fast zweieinhalbmal so groß war wie die Europäische Gemeinschaft der Neun oder ein Drittel dessen ausmachte, was wir unter dem geographischen Begriff Europa verstehen. Die einzelnen Teile dieses Riesenreiches hatten sich auseinandergelebt. Die inneren Zustände waren untragbar geworden. „Es kommt nicht darauf an, ob die Sonne in eines Monarchen Staaten nicht untergeht", sagte Georg Christoph Lichtenberg einmal, „sondern was sie während ihres Laufes in diesen Staaten zu sehen bekommt".

4. Kapitel

Die Hunnen

Der Sturm, der aus der Kälte kam

Von bösen Geistern gezeugt

Die hübscheste Version über Ursprung und Herkunft der Hunnen hat uns Bischof Jordanes, der Geschichtsschreiber der Goten, überliefert. Danach gab es in alten Zeiten einen gotischen König namens Filimer, der sein Volk auf der letzten Etappe der großen Wanderschaft von Skandinavien zum Schwarzen Meer geführt hatte. Bei den neuen Wohnsitzen angelangt, entdeckte der König in der Schar seiner Untertanen einige zauberkundige Weiber. Jordanes nennt sie „Haljarunae", ein Wort, in dem wir unschwer unsere Alraune, die Zauberwurzel, entdeckten. Aus Angst und Aberglauben ließ Filimer diese Hexen vertreiben. Er jagte sie weit weg von den Küsten seines Meeres, hinaus in die Ebenen des Ostens. Dort aber warteten schon böse Geister auf die feschen Damen. „Sie gesellten sich ihnen zu", so Jordanes, „und zeugten mit ihnen eine gräßliche Nachkommenschaft, die zunächst im Sumpfland lebte. Es war ein untersetztes, häßliches und armseliges Geschlecht, kaum noch Menschen ähnlich, eine Sprache redend, die nur noch entfernt an menschliche Laute erinnert. Von diesen Wesen stammen die Hunnen ab, die an der Grenze des gotischen Reiches auftauchen."

Zwischen dem ersten Auftreten der Hunnen auf europäischem Boden und dem Bericht unseres Gewährsmannes Jordanes liegen fast zweihundert Jahre. Schon aus diesem Grunde, vor allem aber weil wir aufgeklärte, nüchterne Menschen sind, dürfen wir die Sache mit der Hexen-Brut als gänzlich untaugliche Theorie verwerfen. So kann es nicht gewesen sein. Aber wie war es wirklich? Und jetzt müssen wir bekennen, daß wir es so genau auch wieder nicht wissen. Was wir im folgenden in aller Kürze von den Hunnen und ihrer Vorgeschichte ausbreiten, kann sich so zugetragen haben, muß aber nicht. Wir tappen im dunkeln, weil uns viele Hinweise fehlen, die uns sichere Schlüsse ziehen lassen. Wir kennen den Wortschatz der Hunnen zu wenig, um mit den Methoden der vergleichenden Sprachforschung an sie heranzugehen. Sie selbst waren Analphabeten. Ihre Nachbarn waren es meistens auch, so daß uns auch schriftliche Zeugnisse über sie fehlen. Abgesehen davon, daß kaum einer die Chance gehabt hätte, seine Eindrücke von diesem wilden Reitervolk niederzuschreiben: Die Hunnen pflegten, wenn sie nicht gegen ihresgleichen kämpften, reinen Tisch zu machen und die Zeugen ihrer Untaten radikal zu beseitigen. Schließlich kann uns auch die Wissenschaft der Archäologie nicht helfen; denn ein Nomadenvolk hinterläßt keine Stadtmauern, keine Residenzen und Mausoleen, die spätere Generationen hätten ausgraben und auswerten können.

Die Hunnen gelten als türkisch-mongolischer Volksstamm, auch Turkvolk genannt. Woher sie wirklich kommen, wissen wir nicht. Die wenigen Sprachreste weisen auch auf sibirische Elemente hin. Mit einiger Sicherheit dürfen wir annehmen, daß sie identisch sind mit den Hsiung-no, oder Hiung-nu, jenen Angstgegnern der Chinesen, zu deren Abwehr die berühmte große Chinesische Mauer erbaut wurde. Im 3. Jahrhundert vor Christus sahen sich die Chinesen dazu gezwungen, aus schon vorhandenen Schutzwällen eine Mauer von fast zweieinhalbtausend Kilometern Länge zu bauen, um den Norden ihres Landes vor den dauernden Einfällen dieser Reiter-Nomaden zu schützen. Die Chinesen sprachen von Hunor, Hunoch, Hungnos oder auch ganz kurz von Hu und meinten damit wohl die Hunnen, die „Barbaren des Nordens".

In jahrhundertelangen Kämpfen wurde das Reich der Hunnen, das seinen Schwerpunkt in der heutigen Mongolei hatte, von den Chinesen besiegt. Einzelne Hunnenstämme fügten sich chinesischer Oberhoheit. Andere Verbände, die Vorfahren der uns bekannten Hunnen, dürften nach Westen abgedrängt worden sein und schließlich die Steppen um den Aralsee erreicht haben. Dort war über drei Jahrhunderte hinweg das Zentrum ihres Nomadendaseins, bevor sie weiter nach Westen, nach Europa hin vorstießen.

Der größte Feind der Steppenvölker ist der Winter. Wenn der Boden beinhart gefriert, wenn eine tiefe Schneedecke über dem Gras liegt, beginnen für Mensch und Tier Monate des Hungers und der Entbehrung. Die anspruchslosen struppigen Pferdchen mit den großen Köpfen magern zu Skeletten ab, die Stuten und Kühe geben keine Milch mehr. Tiere verenden vor Hunger und Kälte, das bißchen Fleisch, das dann noch an ihnen ist, wird von den Menschen gierig aufgegessen. Gewöhnt daran, von wilden Früchten, von Kräutern und Wurzeln zu leben, stehen die Steppenbewohner vor dem Nichts, wenn ihre Vorräte aufgebraucht sind. Der Frost erlaubt es ihnen nicht, den Boden aufzugraben; sie haben dazu weder die geeigneten Werkzeuge noch nach einem langen Winter die Kraft.

Nichts sehnen die Nomaden in Osteuropa und Asien mehr herbei als die ersten Anzeichen des Frühlings. Anfang der siebziger Jahre des 4. Jahrhunderts nach Christus ließen diese Vorboten ungewöhnlich lange auf sich warten. Eine übermäßige Frostperiode trieb die Hunnen geradezu zur Verzweiflung. Aus den Steppen nördlich des Aralsees brechen sie hervor nach Westen, setzen über die Wolga, überqueren dann den Don und dringen in das Gebiet der Alanen ein. Die Alanen sind ein iranisches Steppenvolk, nördlich des Kaukasus beheimatet. Sie werden von den Hunnen überrollt und unterworfen.

Für die Reiternomaden ist diese Art von Krieg die natürlichste Sache der Welt. Sie schlagen sich untereinander um Weideplätze, weichen vor dem Stärkeren aus oder schließen sich ihm und seinem Zug an. Da sie allesamt ohne festen Wohnsitz und ohne Grundeigentum sind, haben sie wenig zu verlieren und der Gegner umgekehrt wenig zu gewinnen. Der besiegte Feind verwandelt sich schnell in einen Verbündeten. Das einzige, was sich der Sieger aneignen kann, sind die Menschen selbst mit ihrer beweglichen Habe.

„Als die Hunnen das Gebiet der Alanen, der Grenznachbarn der Ostgoten, durchzogen und eine ganze Anzahl von ihnen niedergemacht hatten", so berichtet uns Ammianus Marcellinus, ein Geschichtsschreiber von Rang, ein römischer Offizier und ein unmittelbarer Augenzeuge, „beschlossen die übrigen Alanen, sich durch ein Bündnis mit den Siegern zu retten. Mit ihnen verbündet brachen die Hunnen nun umso zuversichtlicher und in jähem Ungestüm in die sich weit und offen ausbreitenden Gaue Ermanerichs ein".

Der heilige Ambrosius, Zeitgenosse und zum Teil auch Augenzeuge der Geschehnisse, bestätigt das kurz und einfach: „Die Hunnen haben sich gegen die Alanen, die Alanen gegen die Goten, die Goten gegen die Taifalen und die Sarmaten erhoben." Eine Kettenreaktion also, eine Lawine, die alles hinwegreißt, was den wilden Reitervölkern im Weg steht.

Der griechische Historiker Zosimos erklärt den Hunnensturm in seiner „Nea Historia" mit dem Hunger in der Steppe und den besonders strengen Wintern dieser Jahre. Die Hunnen hatten nach Zosimos keine andere Wahl, als einen Eroberungskrieg zu führen. Und sie hatten keine Zeit zu verlieren, wenn sie überleben wollten: „In jener Zeit fielen Barbaren über die jenseits der Donau lebenden Skyten her." Mit Skyten bezeichnet Zosimos all die Völkerschaften, die an der Nordostgrenze des Römischen Reiches siedelten, also auch und vor allem die Ostgoten. „Ein bisher völlig unbekannter Stamm", so fährt unser Gewährsmann fort, „tauchte ganz plötzlich auf. Er wurde Hunnen genannt. Es ist ungewiß, ob dieser Name sich von einem skytischen Königsgeschlecht herleitet oder mit jenem affenartig aussehenden und besonders kriegslustigen Volk identisch ist, von dem schon Herodot sagt, daß es östlich der Donau wohnt."

Das affenartige Aussehen, von dem Zosimos berichtet, beflügelt auch die Phantasie anderer Zeitgenossen. Ammianus Marcellinus schildert die Hunnen so: „Sie sind fest und kräftig gebaut, haben feiste Nacken und sind abstoßend häßlich und widerwärtig wie zweibeinige wilde Tiere." Ammianus vermutet, daß die Hunnen ihre Gesichter mit Absicht entstellen und zwar durch Messerschnitte, die sie bereits den Säuglingen beibringen. Er vergleicht die Hunnen mit jenen roh behauenen Klötzen, die als Brückenfiguren im Römischen Reich üblich sind.

Apollinaris Sidonius, der Bischof von Clermont in Gallien, weiß über die Verunstaltung der Gesichter noch weiteres zu berichten. Die Köpfe der Neugeborenen werden mit einer Binde umwickelt, damit sie später besser unter das Helmvisier passen. „In dieser Weise entstellt mütterliche Liebe nur um des Kriegshandwerks willen die eigenen Söhne; denn die Gesichtsfläche wird breiter, wenn sie nicht durch eine vorspringende Nase durchbrochen wird." Dadurch entsteht nach des Bischofs Eindruck schon bei den Babies eine grauenhaft unförmige und runde Masse dort, wo schöne Römerkinder ein Gesicht haben. „Unter der Stirn zwei Höhlen ohne Glanz, das sind ihre Augen."

Jordanes, der in seiner Goten-Geschichte viele zeitgenössische Berichte ausgewertet hat, vervollständigt das Bild: „Diejenigen Völkerstämme, denen die Hunnen nicht im Kampfe überlegen waren, versetzten sie durch ihr bloßes Aussehen in Schrecken und jagten sie durch ihren gräßlichen Anblick in die Flucht. Die Hunnen hatten nämlich eine unheimlich dunkle Hautfarbe; ihr Gesicht war, wenn man so sagen darf, nicht eigentlich ein Gesicht, sondern eine formlose Masse mit stechenden Punkten statt der Augen. Ihr entstelltes Gesicht spiegelt nur ihre Wesensart wider. Gegen ihre eigenen Kinder erzeigen sie sich bereits grausam, wenn diese geboren werden: Sie verletzen die Wangen der neugeborenen Knaben mit dem Schwert, so daß diese, noch ehe sie Milch zu kosten bekommen, schon Wunden ertragen müssen."

Die Hunnen müssen also allesamt wie besonders schöne Exemplare schlagender Studenten ausgesehen haben, mit Schmissen, die so tief reichten, daß den mannbaren Jünglingen nicht einmal mehr ein Bart wuchs, oder nur ein dünnes Ziegenbärtchen nach Art des Ho Chi Minh. Aber auch sonst wissen unsere Informanten manch Abstoßendes zu erzählen: Die Hunnen gebrauchen kein Feuer, um ihr Mahl zuzubereiten, sondern reiten das Fleisch unter den Schenkel gepreßt auf den Pferderücken gar. Sie steigen nie aus dem Sattel, essen und trinken, schlafen und debattieren im Reitersitz. Sie haben nicht nur keine Häuser und Hütten, sondern weigern sich sogar, unter irgendein Dach zu gehen, weil ihnen geschlossene Räume wie Grabkammern vorkommen. Mit einem Satz des Apollinaris Sidonius: „Umherschweifende Scharen von unbändiger Wildheit, furchtbar, raubgierig, gewalttätig und selbst unter den Barbarenvölkern als barbarisch geltend."

Sieg über die Goten

In den Augen der Goten und Römer sind die Hunnen wahre Ungeheuer in menschlicher Gestalt. Doch das totale Unverständnis für die Art des anderen muß gegenseitig gewesen sein. Die Welt, in die das Nomadenvolk eindringt, ist den Hunnen völlig fremd. Sie kommen in ein Land seßhafter Bauern, die in Häusern wohnen, die ihren Boden pflügen, deren Anführer in einer Residenzstadt sitzen. Wenn es sich wirklich um die gleichen Hunnen handelt, die zehn Generationen zuvor gegen die Kulturnation China Krieg geführt haben, so ist die Überlieferung, die Erinnerung daran verschüttet und vergessen. Drei Jahrhunderte nur mit ihresgleichen konfrontiert, finden die Hunnen in den Goten Menschen einer völlig anderen Rasse, mit anderem Lebensstil: Wesen wie von einem anderen Stern.

Über die Ostgoten gebot — wir haben seinen Namen bereits gehört — um die Zeit des Hunneneinfalls König Ermanerich. Seine Gestalt ist beinahe so sagenhaft wie die Hexen-Abstammungslehre des Jordanes. Ermanerich ist der Schöpfer des Ostgotenreiches, das sich von der Ostsee bis zum Schwarzen Meer ausdehnte. Nur dürfen wir uns darunter kein Staatsgebilde vorstellen, das den Vergleich mit dem Römischen Reich ausgehalten hätte. Es war vielmehr eine Sammlung verschiedenster Stämme und Sippen, die Ermanerich langsam, mit Geduld und Gewalt unter seine Oberhoheit gebracht hatte. Dieses Reich war nicht in Provinzen aufgeteilt, hatte keine Verwaltungsbeamten und keine Finanzbehörden. Die einzelnen Stammesführer waren zu kleinen Tributzahlungen und zum Heeresdienst verpflichtet. Sie trafen sich gelegentlich am Hof des Königs und dieser Hof war Parlament und Regierung, Verwaltungssitz und oberste Justizbehörde zugleich.

Ermanerich war ein alter Mann, als die Hunnen im Frühjahr 375 an seinen Grenzen auftauchten. An die hundert Jahre soll der greise König gewesen sein, nach manchen Quellen wird sein Alter sogar mit 110 Jahren angegeben. Als die Hunnen kamen, beging Ermanerich Selbstmord. Die Spekulationen darüber, warum der kampferprobte Fürst sich der Verantwortung entzog, sind zahllos. Wollte er einem jungen Nachfolger Platz machen, weil er sich nicht mehr zutraute, mit der Herausforderung fertig zu werden? Fiel er durch Verrat und wurde er beseitigt, weil er nur noch im Wege stand? Möglich! Die Sage weiß noch eine ganz andere Antwort: Danach fiel er der Rache von zwei Fürstensöhnen eines anderen Stammes zum Opfer, weil er deren Schwester in seinem königlichen Bett geschändet hatte und sie später als Spionin in besonders grausamer Weise hinzurichten befahl, indem er sie mit Pferden vierteilen ließ. Bei allem Respekt vor dem alten Herrn, aber irgend etwas kann da nicht stimmen: Ein Hundertjähriger hat nach aller menschlichen Erfahrung doch andere Gelüste, als sich an fremden Prinzessinnen zu vergreifen.

Im übrigen half es den Goten nichts, daß sie nach Ermanerichs Tod jetzt unter jüngerer Führung gegen die Eindringlinge vorgingen. Wie alle anderen seßhaften Völker wurden sie mit der militärischen Taktik der Hunnen nicht fertig. Zosimos berichtet:

„Die Hunnen lieferten den Ostgoten keine offene Feldschlacht. Denn dazu wären sie gar nicht in der Lage gewesen, weil sie ihre Füße niemals auf festen Boden setzen. Den Stößen der Goten wichen sie stets geschickt aus, überschütteten aber von der Flanke her den Feind mit wahren Wolken von Pfeilen, die ein unermeßliches Blutbad anrichteten."

Ähnlich äußert sich der Berufsoffizier Ammianus Marcellinus. „Sie schießen aus der Ferne mit Pfeilen, die statt der herkömmlichen Spitzen höchst kunstvoll mit scharfen Knochenstücken versehen sind. Hin und her sprengend richten sie ein entsetzliches Blutbad an und bei ihrer blitzartigen Geschwindigkeit bekommt man sie kaum zu Gesicht, wenn sie in eine Befestigung einbrechen oder ein feindliches Lager plündern."

Die Taktik der Hunnen ist in der Tat revolutionär. So neuartig, wie der moderne Bewegungskrieg gewesen sein muß; Entsetzen verbreitend, wie die Tanks oder Panzer, die im Ersten Weltkrieg plötzlich vor den Schützengräben auftauchten. Römer und Germanen waren es über Jahrhunderte gewohnt, in festen Schlachtordnungen auf den Feind loszumarschieren. Nun war da ein Gegner, der sich nicht zur Schlacht stellen wollte, der kein Ziel abgab, der an allen Ecken und Enden auf seinen schnellen Pferden erschien, Pfeile abschoß und wieder verschwand. Manchmal kamen sie in fester Formation herangerückt; aber immer, wenn man sie zu fassen glaubte, stoben sie auseinander, schwärmten aus, wie es der Infanterist heute im Gelände lernt.

Im Nahkampf werfen sie Lassos, mit denen sie ihre Gegner niederreißen und fesseln, so daß diese nicht nur nicht reiten und laufen, sondern auch ihr Schwert nicht mehr ziehen können. Die Hunnen selbst bevorzugen ein Kurzschwert oder greifen zum Schaftmesser, das sie am Unterschenkel tragen. Die Goten wissen kein Rezept, um dieser Taktik zu begegnen. Ziehen sie Schutztruppen um ihre Gehöfte zusammen, tauchen die plündernden Reiter im nächsten Dorf auf. Sie sprengen herbei, schießen ihre todbringenden Pfeile ab, machen alles nieder, was ihnen im Weg ist, reißen vom Sattel aus die Beute an sich, und in Minutenschnelle ist der böse Spuk wieder verschwunden. Wer Westernfilme kennt, kann sich solche Überfälle ziemlich gut vorstellen.

Die Ostgoten müssen sich den Hunnen nicht deshalb beugen, weil sie eine große Schlacht verlieren, sondern weil sie in hundert kleinen Gefechten keine Chance gegen sie haben. Das Ende aller Sicherheit ist im Reich der Ostgoten angebrochen. Und während bei den germanischen Völkerwanderungen normalerweise nur die Städte und die Gebiete an den großen Heerstraßen bedroht sind, kommt dieser Feind überall hin. Die hunnischen Reiter brausen über Stock und Stein, brauchen keine Römerstraßen. Das Ostgotenreich zerfällt, weil es seine Untertanen nicht schützen kann. Daß der Hunnenkönig Balamber den Nachfolger des Ermanerich, den Gotenkönig Vinitharius, in einer Schlacht schlägt und ihn angeblich selbst mit dem Pfeil vom Pferd herunterschießt — in den Schlachten des Altertums gehört es zum guten Ton, daß ein König nur von seinesgleichen getötet wird — dies ist eigentlich Nebensache. Den Ostgoten bleibt keine andere Wahl, als sich mit den Hunnen zu arrangieren.

Dies geschah auf verschiedene Weise. Ein Teil des Volkes durfte — in Anerkennung der hunnischen Oberhoheit — in seinen angestammten Wohngebieten bleiben. Andere Verbände mußten sich den Hunnen anschließen und als Hilfstruppen die Raubzüge des Reitervolkes mitmachen, was ihnen nicht allzu schwer gefallen sein dürfte. Der Hang zum Krieg und Abenteuer war ja ziemlich ausgeprägt. Viele Ostgoten wichen allerdings auch zurück, um bei ihren Volksverwandten im Westen, bei den Westgoten also, Zuflucht zu finden. Freilich kamen sie da vom Regen in die Traufe.

Das nächste Volk, das auf der Abschußliste der Hunnenpfeile steht, sind jetzt die Westgoten. Sie stellen sich den Hunnen am Dnjestr entgegen, werden aber ebenso überrannt wie ihre Brüder vorher am Dnjepr. Die Chance der Westgoten, den Eindringlingen zu widerstehen, ist eher noch geringer, weil sie unter keiner einheitlichen Führung stehen, sondern in zwei Lager gespalten sind: Herzog Athanarich ist mit seinem Anhang Heide geblieben, Herzog Fritigern ist der Repräsentant derjenigen Goten, die von Bischof Ulfilas eine Generation zuvor das arianische Christentum angenommen haben. In der Not kämpfen sie zwar beide gegen den gemeinsamen Feind, aber aus der Niederlage ziehen sie unterschiedliche Konsequenzen. Athanarich taucht unter und führt seine Leute in die undurchdringlichen Wäler und Berge Siebenbürgens (dort findet man eineinhalb Jahrtausende später die Reste des sagenhaften Gotenschatzes), während Fritigern sich mit dem größeren Teil des Volkes, darunter auch mit vielen ostgotischen Flüchtlingen, an die Römer um Hilfe wendet. Kaiser Valens kann sich diesem Ersuchen nicht widersetzen, schon weil die Westgoten in einer Menge kommen, die eine andere Reaktion nicht geraten erscheinen läßt.

Tag und Nacht setzen sie über die Donau, einzeln und in Gruppen, auf Flößen, Schiffen und Baumstämmen. Viele schwimmen neben ihren Pferden her, verzweifelt bemüht, von den Wogen des Stromes nicht abgetrieben zu werden. Am römischen Ufer erwarten sie wild gestikulierende Beamte, die vergeblich versuchen, die Menschenflut zu kanalisieren. Ihre ursprüngliche Absicht, die Flüchtlinge zu zählen, geben sie schnell auf. Des Kaisers Leute haben alle Hände voll zu tun, Erschöpfte an Land zu ziehen und ihnen erste Hilfe zu leisten, Ertrinkende zum Durchhalten anzufeuern und ihnen Tips zu geben, wie sie den rettenden Strand erreichen könnten. „Unselige Beamte", schimpft sie Ammianus Marcellinus, weil sie „in stürmischem Eifer das Verderben selbst in die römische Welt hereingeholt" haben. An die 200 000 Krieger sollen es gewesen sein — eine maßlose Übertreibung sicherlich. Eher waren es 200 000 Menschen insgesamt, also rund vierzig- bis fünfzigtausend Waffenfähige. Aber auch wenn diese Zahl noch zu hoch gegriffen ist: Es kamen jedenfalls genug, um dem Kaiser gehörigen Respekt einzujagen.

Unter römischem Schutz

Das Römische Reich weist den Westgoten Wohnsitze in Thrakien zu, räumt ihnen eine weitgehende Autonomie ein, mit der Erlaubnis, unter dem eigenen Fürsten nach gotischen Gesetzen zu leben. Dafür muß sich Herzog Fritigern verpflichten, dem Kaiser Waffendienste zu leisten, eine Sache, für die Germanen immer zu haben sind. Es ist ein Abkommen, das beiden Seiten Nutzen bringt, und solche Verträge sind normalerweise die haltbarsten. Doch der Teufel steckte im Detail. Kaiser Valens hatte sich bereiterklärt, den Goten in der Übergangszeit mit kostenlosem Saat- und Brotgetreide auszuhelfen. Die örtlichen militärischen und zivilen Behörden waren damit entweder überfordert oder sie versuchten einfach, sich um diese Zusage zu drücken. Die Getreidelieferungen laufen stockend an, bleiben dann völlig aus. Die Hungersnot, die daraufhin unter den Westgoten ausbricht, wissen des Kaisers Amtsträger zu einem Riesengeschäft zu machen. Gegen gutes Geld verkaufen sie ihnen Fleischabfälle aller Art, mischen in die Lieferungen zwischen Schweine-, Schaf- und Rinderresten selbst tote Hunde, Katzen und Ratten hinein.

Die Goten zahlen und schlucken, bis ihnen das Geld ausgeht. Sie versetzen ihren Hausrat, ihre Wagen und Pferde, müssen schließlich Menschen in Zahlung geben: für einen Laib Brot und zehn Pfund Fleisch einen Sklaven.

„Als Sklaven und Hausrat ausgegangen waren", so erzählt uns Jordanes, „forderten die Kaufleute, die Not der Goten ausnutzend, deren Kinder. Die Eltern gingen voll Sorge um ihre Nachkommenschaft darauf ein. Sie erachteten es für besser, die Freiheit zu verlieren als das Leben."

Doch damit hatten die römischen Behörden und ihr verlängerter Arm, die Zunft der betrügerischen Kaufleute, den Bogen überspannt. Im Volk der Goten gärte es. Ein Funke genügte, um das Pulverfaß zur Explosion zu bringen. Bei einem Gastmahl, zu dem der römische Statthalter den Gotenfürsten Fritigern eingeladen hatte, kam es zum großen Krach. Vor den Türen waren die Begleiter des Herrschers und die Schranzen des Statthalters aneinander geraten; beide Seiten führten Verstärkungen heran, und im Handumdrehen war aus einer Schlägerei blutiger Ernst geworden.

Fritigern hörte das Getöse durch die Türen, verließ das Gastmahl, rief seine Krieger zusammen und stürzte sich ins Getümmel.
Binnen weniger Tage war die Rebellion allgemein. Die Goten holten sich jetzt plündernd und raubend das, was ihnen rechtens zustand — und einiges mehr. Von Thrakien aus schwärmten sie über die Balkanhalbinsel, verwüsteten sengend und mordend das Land. Die Spitzen ihrer Heerhaufen tauchten sogar vor Konstantinopel auf. „Ohne Rücksicht auf Alter und Geschlecht", so weiß Ammianus Marcellinus, „richteten sie mit Mord und riesigen Feuersbrünsten alles zugrunde. Selbst Säuglinge wurden von der Brust ihrer Mütter gerissen und getötet, die Mütter selbst in die Sklaverei verschleppt, die Männer vor den Augen ihrer Frauen erschlagen und jene so zu Witwen gemacht. Jünglinge und gerade erwachsene Knaben aber entführte man über die Leichen der Eltern hinweg." Es ist eine Zeit, in der — um noch einmal Ammianus zu zitieren — „an allen Ecken und Enden der römischen Welt die Kriegshörner erklangen." Als der Gotenaufstand losbricht, führt Kaiser Valens mit seinen besten Legionen gerade Krieg gegen die Perser. Und sein Mitregent und Neffe Gratian ist im Westen in heftige Gefechte mit den Alemannen verwickelt. Beide schicken sich sofort an, in Eilmärschen der gefährdeten Region zu Hilfe zu kommen. Der als sehr fromm bekannte Gratian mußte sich freilich vom streitbaren Bischof Ambrosius vorhalten lassen, daß den Arianer Valens und dessen Untertanen nur die gerechte Strafe Gottes treffe. „Wenn die Goten die Treue gebrochen haben, die sie dem Reiche geschworen, ist es nicht bezeichnend, daß solches in dem Teil des Reiches geschieht, wo man die Treue Gott gegenüber gebrochen hat? Zuerst wurde die Grenze durch die arianischen Freveltaten durchlöchert." Soweit der Heilige und Kirchenlehrer. Religionsstreit war jetzt genau das, was das Reich am allerwenigsten brauchen konnte.
Ob Kaiser Valens von dieser Intrige nun gewußt hat oder nicht, ob er mit Gratian überhaupt noch rechnete: Er jedenfalls war als erster zur Stelle und glaubte es nicht mehr verantworten zu können, dem Treiben der Goten länger tatenlos zuzusehen. Bei Adria-

nopel suchte er am 9. August des Jahres 378 die Schlacht — und fand den Tod. Die Westgoten waren im letzten Augenblick noch durch ein Kontingent versprengter Ostgoten verstärkt worden. Gemeinsam nahmen sie die Truppen von Valens in die Zange, und vor allem dank der überlegenen gotischen Reiterei wurde das Treffen zu einem völligen Debakel für die Römer. Des Kaisers Heer wurde fast vollständig aufgerieben, von Valens selbst fand man nie wieder eine Spur. Vermutlich ist er in einer Hütte, wo er Zuflucht gesucht hatte, elend verbrannt.

Der Nachfolger des toten Kaisers, Theodosius der Große (379 bis 395), versuchte dort neu anzufangen, wo Valens durch die Habgier seiner Beamten gescheitert war. Nach einigen kleineren Gefechten schloß Theodosius mit den Goten Frieden und einen Vertrag, für dessen korrekte Durchführung der Kaiser all seine Autorität einsetzte. Theodosius wies den Westgoten das Land zwischen Balkangebirge und Donau (im heutigen Bulgarien) zu und machte sie zu seinen Bundesgenossen. Die Goten zeigten sich dafür dankbar und schlugen sich, mit Geld und Getreide belohnt, für den Kaiser im Kampf gegen seine Nebenbuhler. Zwei entscheidende Siege in Kroatien und am Isonzo beseitigten die Nebenkaiser und damit zugleich den letzten Aufstand des Heidentums gegen den Christen Theodosius. Zumindest bei der zweiten dieser Entscheidungsschlachten war bereits der junge Alarich als kaiserlicher General mit von der Partie.

Alarichs weitere Geschichte kennen wir schon. Die Nachfolger des Theodosius — das Reich wurde nach seinem Tod endgültig geteilt — waren entweder zu schwach, die Vereinbarungen mit den Goten gegenüber nachgeordneten Stellen durchzusetzen, oder sie fühlten sich stark genug, auf die Dienste Alarichs zu verzichten, auch mit dem Risiko einer neuen Konfrontation. Die Quittung für diese Politik haben sie bekommen. Das römische Volk mußte für die Unfähigkeit seiner Regenten schrecklich büßen.

Doch sind wir den Ereignissen um einiges vorausgeeilt. Wir haben die Hunnen in dem Augenblick verlassen, in dem sie, ohne großen

Widerstand zu finden, durch das Herrschaftsgebiet der Westgoten direkt in den Machtbereich der Römer vorgedrungen waren. Ihnen ging ein gewaltiger Ruf voraus. „Möge Jesus diese Bestien vom Römischen Reich fernhalten", fleht der Heilige Hieronymus (347—420). „Sie tauchen auf, wo man sie am wenigsten erwartet. Durch ihre Schnelligkeit eilten sie jedem Gerücht voraus. Religionen galten ihnen nicht als heilig; denn sie hatten keine. Sie verschonten keinen Stand und kein Alter, fühlten nicht einmal Mitleid mit hilflosen Kindern. Selbst Säuglinge, die noch kaum zu leben begonnen hatten, zwangen sie in den Tod." Bekannte Töne — die Klagen über die Barbaren aller Art klingen geradezu stereotyp.

Die ersten Raubzüge, die sie mit ihren Verbündeten ins Römische Reich unternehmen, führen die hunnischen Scharen tief hinein in die Donau- und Balkanländer. Der Schrecken, den sie verbreiten, ist ungeheuer; denn die Hunnen machen keine Gefangenen, lassen sich durch kein Lösegeld von Belagerung, Plünderung und Mord abhalten. Denn noch wissen sie nicht, was man mit Gold und Geld, mit Beute aller Art anfangen sollte. Futter für ihre Pferde und Eßbares für ihre Mannschaft ist das einzige, was sie mitnehmen. Ihre Pferde lassen sie aus heiligen Brunnen und kirchlichen Gefäßen saufen. Tempel und Kirchen benutzen sie als Ställe. Ihr größtes Vergnügen ist es, wenn sie über ein Frauenkloster herfallen können. Natürlich kennen sie den Sinn klösterlichen Lebens nicht, müssen vielmehr das Gefühl haben, in einen besonders schönen Harem gekommen zu sein. Die Bräute Christi in ihren langen, weißen Gewändern sind wie für sie hergerichtet. Noch einmal der Heilige Hieronymus: „So fürchteten wir einen Schiffbruch weit weniger, als diese Barbaren; nicht so sehr, weil wir um unsere Sicherheit besorgt gewesen wären, sondern wegen der Keuschheit der Jungfrauen."

Einzelne hunnische Banden stoßen im Lauf der nächsten Jahre hinauf bis an die Ostsee, andere tauchen in Kleinasien auf, wieder andere verdingen sich als Söldner den römischen Kaisern oder dem Westgoten-König Alarich. Die verschiedenen Verbände werden, so muß es uns scheinen, nur sehr lose zusammengehalten von einem Königtum, das nicht die Macht und die organisatorischen Möglichkeiten hat, alle Aktionen zu kontrollieren und zu koordinieren. Die Namen dieser Könige spielen eine untergeordnete Rolle. Balamber hieß wohl der erste; Hunimund war sein Sohn, gezeugt mit einer Goten-Prinzessin, der Enkelin des alten Ermanerich. Von Uldin wird uns berichtet und von Ottkar oder Oktar — sowie von dessen Bruder Rugila oder Ruas, auf den wir noch kurz zurückkommen müssen.

Lehr- und Wanderjahre

Es sind dies die Lehr- und Wanderjahre der Hunnen. Das Lehrgeld, das sie zahlen, ist ihr Blut. Wo immer es den Römern gelingt, eine hunnische Räuberbande irgendwo in Südosteuropa zu stellen, machen sie tabula rasa. Doch es gibt zu viele Hunnen. Wird ein Haufen vernichtet, wachsen zehn neue nach. Es ist wie der Kampf gegen die neunköpfige Hydra. Die Hunnen beseitigen ihrerseits alles, was ihnen in den Weg kommt. Männer und Frauen, Greise und Kinder werden getötet. Sie machen keinen Unterschied zwischen arm und reich, gut und böse, zwischen Christen und Heiden. Die Hunnen sind Gottesgeißel, apokalyptisches Gericht.

Bei den Überlebenden macht sich tiefe Verzweiflung breit. Eine weltliche Hilfe gegen die Hunnen-Plage gibt es nicht, höchstens geistlichen Trost. Der Heilige Augustinus, Bischof im nordafrikanischen Hippo und damit noch weitab vom Schuß (seine Peiniger, die Vandalen, kommen erst später), schreibt im Jahre 409 an einen Mitbruder: „Du sagst, daß brave und eifrige Mönche dem Schwert der Barbaren zum Opfer gefallen sind. Was liegt aber daran, ob es nun ein Fieber war, das sie vom Leibe trennte, oder das Schwert? Nicht darauf sieht Gott bei seinen Dienern, durch welche Ursache, sondern in welcher Verfassung sie aus dem Leben scheiden und vor ihn treten.“

Wir haben von Lehrjahren gesprochen. Was konnten die Hunnen lernen? Sie verschafften sich in relativ kurzer Zeit, innerhalb einer Generation, einen tiefen Einblick in die Verhältnisse des Römischen Reiches. Sie prägten sich die Geographie der Länder ein, die sie durchstreiften. Sie bekamen als Söldner bei Römern und Germanen die Regeln europäischer Kriegskunst eingepaukt. Sie beobachteten die sozialen Verhältnisse, studierten die Machtstrukturen Roms. Und sie begriffen bald, daß es lohnendere Dinge gab als Morden und Sengen ohne Maß und Ziel.

Rugila, Anfang des 5. Jahrhunderts an die Macht gekommen, erkennt, daß mit Erpressung oft mehr zu holen ist, als mit Raub. Er verlegt das Zentrum seines Herrschaftsbereiches nach Pannonien, in die ungarischen Ebenen. In ein Gebiet also, wo sich seine Krieger unbeschwert tummeln und erholen können und von dem aus er in kürzester Zeit an alle wichtigen Brennpunkte der oströmischen Welt gelangen kann. Rugila verlegt sich aufs Verhandeln und trotzt dem Kaiser in Konstantinopel Tributzahlungen ab. Man tauscht Gefangene aus, schickt Gesandtschaften hin und her, stellt einander Geiseln. Besonderen Wert legen die Hunnen darauf, daß ihnen alle Überläufer ausgeliefert werden. Ost-Rom beugt sich auch diesem Ansinnen, wohl wissend, was das Schicksal dieser Beklagenswerten sein würde. Der Kaiser ist umso leichter erpreßbar, als es Rugila gelungen war, den Rücken frei zu bekommen. Ein großer Teil der sarmatischen (iranische Nomaden) und germanischen Völker zwischen Ostsee, Schwarzmeer und Böhmen hatte die Oberhoheit der Hunnen anerkannt und sich ihrem Herrschaftsgebiet in lockerer Form angeschlossen.

Unter Rugila lernen die Hunnen vor allem auch den Umgang mit Geld und Gold. Zwar irrt Karl Marx, wenn er in seinem „Kapital" behauptet, daß Nomadenvölker zuerst die Geldform entwickelt hätten, aber er hat recht mit seiner Begründung: „Weil all ihr Hab und Gut sich in beweglicher, daher unmittelbar veräußerlicher Form befindet."

Nun, aus genau diesem Grunde erkennen die Hunnen sehr schnell den Vorteil, statt umfangreicher Beute, die sie unbeweglich machen müßte, aufs gute Bare umzuschalten. Der Solidus war ja auch eine besonders harte Währung. Römische Frauen und Mädchen verschwanden zwar weiter in hunnischen Freudenhäusern, oder besser gesagt: Haremszelten. Für einen kriegsgefangenen römischen Soldaten aber bekam man zum Beispiel zuletzt zwölf Solidi, mit denen man sich viele schöne Dinge leisten oder die man einschmelzen und zu herrlichem Schmuck verarbeiten konnte. Aus diesem Grunde konnte auch niemand ein größeres Interesse am reibungslosen Funktionieren des Handels haben als die Hunnen. Bei keinem Friedensvertrag wurde vergessen, Zahl und Lage der großen öffentlichen Märkte und deren quasi Exterritorialität festzulegen. Mit anderen Worten: Kaufleute und Hunnen mußten sicher sein, daß Waren und Geld ungehindert den Besitzer wechseln konnten. Beiden Seiten mußte auch das freie Geleit von und zu den Märkten garantiert sein.

Waren die Römer den Hunnen im Kriegshandwerk unterlegen, im Handel konnten sie sich revanchieren. Mit einer Moral, die uns doch ein bißchen doppelbödig vorkommen darf, rät ein leibhaftiger Heiliger, der Bischof Ambrosius von Mailand, seinen Schäfchen: „Ihn, den du im Kriege schwerlich zu bezwingen vermagst, kannst du rächend überwinden im Umgang mit Geld und Gewinn. So wie im Krieg Töten kein Verbrechen ist, so ist in diesem Falle dem Gegner gegenüber der Wucher ebensowenig ein Verbrechen wie das Übervorteilen."

Man darf davon ausgehen, daß sich die römischen Kaufleute das nicht zweimal sagen ließen. Was taten sie auch schon anderes, als sich mit Raffinesse ein bißchen von dem zurückzuholen, was die Hunnen in Raubzügen ohnegleichen an sich gerissen hatten?

Unter Rugila hatten Hunnen und Römer jedenfalls einen modus vivendi, einen Weg des Zusammenlebens gefunden. Heute würden wir es wohl friedliche Koexistenz nennen. Natürlich gab es Pannen, Ausrutscher auf dem rechten Weg. Ammianus Marcellinus, auf dem hohen Roß des römischen Ehrbegriffs, wirft den Hunnen Unbeständigkeit und Treulosigkeit vor, wenn es um die Einhaltung von Verträgen geht. „Schon von jedem Hauch einer neuen Hoffnung lassen sie sich bewegen und verfallen dann völlig der leidenschaftlichsten Raserei. Gleich unvernünftigen Tieren ist ihnen der Begriff Ehre und Unehre total unbekannt. Trügerisch und dunkel sind ihre Worte." Nun, in dieser letzten Bemerkung mag in der Tat der Unterschied zwischen Hunnen und Römern liegen. Verständigungsschwierigkeiten bei den Nomaden, Wortklaubereien bei den Römern, die sich zwar im allgemeinen an den Text, aber oft genug nicht an den Sinn von Verträgen gehalten haben, wovon die Westgoten manches Lied singen konnten. Abgesehen davon, daß uns auch Beispiele bekannt sind (Caesar!), wo die feinen Römer ganz eindeutig gegen das Völkerrecht verstoßen haben.

Der erste förmliche Tributvertrag zwischen Rugila und dem oströmischen Kaiser datiert aus dem Jahre 430 und sah eine jährliche Zahlung von umgerechnet 300 Kilo Gold vor. Damit begann eine Periode steter Goldlieferungen, die zwei Jahrzehnte währte. Für den gut entwickelten Erwerbssinn der Hunnen spricht die Tatsache, daß sie in zwanzig Jahren mehr Gold aus den römischen Staatskassen herausholten als alle Germanenvölker zusammen in 200 Jahren. Rugila freilich waren nur noch wenige Jahre vergönnt, diesen Goldsegen zu genießen. Drei Jahre später erschlug ihn nämlich auf offenem Felde der Blitz. Die Römer mögen das als gutes Omen gesehen haben, ahnten freilich nicht, daß sie sich bald geradezu zurücksehnen würden nach der guten alten Zeit eines Rugila.

Das hunnische Königtum leitete seine Herkunft von den Adlern ab. So wie sich die heidnischen römischen Kaiser als Götter verehren ließen oder der japanische Tenno heute noch als Sohn der Sonne verehrt wird, pflegten auch die hunnischen Könige ihren Adler-Mythos. Der Adler ist der Beherrscher der Steppe. Seinem Auge entgeht nichts. Er ist das Bindeglied zwischen Himmel und Erde.

Die Könige der Hunnen kamen immer aus derselben Familie, ohne daß uns feste Regeln bekannt wären, nach denen die Erbfolge vonstatten ging. In zwei Perioden zumindest wissen wir auch von einem Doppelkönigtum. Neben Rugila herrschte, quasi als sein Statthalter im Westen, jener Ottkar oder Oktar, der einige Jahre vor seinem Bruder seiner Völlerei zum Opfer fiel. Das berühmtere Brüderpaar auf dem Königsthron waren Attila und Bleda, die — wenigstens nominell — einträchtig und gleichberechtigt mehr als ein Jahrzehnt herrschten. Ob dieses Doppelkönigtum traditionell begründet und rechtlich abgesichert war, oder ob es sich einfach aus der Praxis ergab, weil einer allein sich überfordert fühlte, das riesige Nomadenvolk zu regieren, wissen wir nicht. Klar erscheint uns nur, daß sowohl Rugila als später auch Attila die dominierenden Figuren in diesem Doppelkönigspiel waren.

Attila und Bleda kamen, wenn sich unsere Quellen nicht irren, im Jahre 434 oder 435 an die Macht. Von Anfang an liefen die Fäden bei Attila zusammen. Bleda war offenbar ein Mann von bescheideneren Geistesgaben und mäßigem Ehrgeiz, der seinen Hauptspaß daran fand, stundenlang Gauklern und Narren zuzusehen, der die Repräsentation, die Damenwelt und das süße Leben höher schätzte als harte Politik und Soldatenberuf. Diesen Eigenschaften, seiner Harmlosigkeit also, dürfte es Bleda verdankt haben, daß ihn sein Bruder Attila so lange an seiner Seite duldete.

Väterchen Attila

Den richtigen Namen des bedeutendsten der Hunnenkönige kennen wir nicht. In der deutschen Sage heißt er Etzel, im Volksmund der Goten wurde er anfangs wohl Godegisel, die Gottesgeißel, genannt. Später bürgerte sich bei den Goten der Name Attila ein. Atta ist das gotische Wort für Vater, Attila also die Verkleinerungsform Väterchen. In dieser Namensgebung schwingt etwas Beschwörendes, Begütigendes mit. Väterchen Zar hießen die Russen ihre Kaiser respektvoll und ängstlich gerade dann, wenn sie besonders gewalttätig und blutrünstig waren. Sogar Josef Stalin wurde mit solchem Euphemismus Väterchen Stalin genannt.

Attilas Geburtsjahr ist uns unbekannt. Wahrscheinlich liegt es um 395 oder ein wenig zuvor. Bei seinem Regierungsantritt war er also ein gestandener Mann in den besten Jahren. Über seine Jugend lassen sich nur Vermutungen anstellen. Einiges spricht dafür, daß er schon als Knabe nach Rom oder Konstantinopel geschickt wurde und dort das Leben einer Geisel führte. Für Attila war das ein ausgesprochener Glücksfall. Denn in einer Königsfamilie, in der es keine „geborenen" Thronerben gibt, in der das Recht des Stärkeren gilt, in der sich nur der Kräftigste, Schlaueste und Brutalste durchsetzt, ist das Leben eine höchst gefährliche Sache. Aus William Shakespeares Königs-Dramen wissen wir, wie bedenkenlos selbst in christlichen Herrscherhäusern der konkurrierende Nachwuchs abgeschlachtet wurde. Bei einem wilden Nomadenvolk hatte man, wenn möglich, noch weniger Hemmungen. Die Luft am hunnischen Königshof ist jedenfalls eisenhaltig: Über jedem Sproß der Königsfamilie hing das Mordschwert an einem seidenen Faden. Wenn einer der gerade amtierenden Herrscher einen Sohn in die Welt gesetzt hatte, mußten die Brüder, die Onkel und Neffen samt ihren Sprößlingen um ihr Leben bangen. Und Söhne kamen nach der Wahrscheinlichkeitsrechnung ziemlich oft zur Welt; erstens weil die hunnischen Eliten mehrere Frauen neben- und nacheinander in ihren Zelten hielten; zweitens weil zu damaliger Zeit die Geburtenkontrolle höchstens für die Römer ein Thema war.

Daß Attila die ersten zwanzig Jahre seines Lebens, bis er sich selbst zu schützen und zu helfen wußte, überstand, müßte als kleines Wunder betrachtet werden, wenn er nicht, dem Zugriff seiner lieben Verwandten entzogen, im sicheren römischen Gewahrsam gewesen wäre. Vielleicht haben die freundlichen Herren, die den jungen Prinzen als Geisel abstellten, insgeheim damit gerechnet, daß sich damit das Problem eines überzähligen Prinzen von selbst lösen würde. An hunnischen Absichten, die eine solche römische Radikalkur gerechtfertigt hätten, fehlte es ja nicht. Aber so schnell war man eben damals Geiseln gegenüber nicht bei der Hand. Anders als in unseren Zeiten, wo eine Geisel — ob von kriminellen

Bankräubern oder von politisch motivierten Terroristen genommen — von Anfang an schon als halbtot gelten muß, verfuhr man im Altertum mit ihnen sehr anständig und großzügig. Die Geisel hatte einen halb diplomatischen Status, war vielleicht einem Pagen des Mittelalters vergleichbar. Es war eher Ausnahme als die Regel, daß Geiseln gebrochene Garantien mit ihrem Leben bezahlen mußten.

Der junge Attila dürfte nicht nur Sitten und Gebräuche, nicht nur die politischen, wirtschaftlichen und sozialen Strukturen Roms kennengelernt, sondern sich auch zumindest notdürftig die lateinische und griechische Sprache angeeignet haben. Außerdem konnte er bei Hofe eine Menge von Leuten aus der Nähe sehen, mit denen er es später zu tun haben sollte. Die geradezu hellseherische Meisterschaft, mit der er die Reaktionen seiner Gegenspieler zu kalkulieren wußte, spricht für solche intimen persönlichen Erfahrungen und Kenntnisse. Wenn wir schon beim Spekulieren sind, dann darf auch noch die vage Vermutung angeschlossen werden, daß Attila im Jahre 410 als Geisel in Rom oder Ravenna die Eroberung der alten Hauptstadt durch König Alarich mitbekommen hat. Sollte Attila in jenen Tagen in Rom gewesen sein, dann datiert sein Leben als freier Mann von jenem 24. August an, da die westgotischen Belagerer ein offenes Tor in den römischen Befestigungsanlagen fanden.

Kehren wir zurück zu den Tatsachen: Mit Attilas Regierungsantritt erfährt die hunnische Politik eine gewichtige Wandlung. Auf der einen Seite versucht der neue König die lockeren Verbindungen zu all den Völkern zu stärken, die den Hunnen bisher schon botmäßig waren. Attila begnügt sich nicht mehr damit, daß die Völker und Stämme zwischen Karelien und Krim formell die hunnische Oberhoheit anerkennen, sondern versucht mit diplomatischem Geschick und einigem Druck so etwas wie ein funktionierendes Reich zu gründen. Die Verbündeten haben Tribute zu leisten und sind zur Heerfolge verpflichtet.

Ans Geld geht Attila auch und vor allem dem oströmischen Kaiser. Der Vertrag, den sein Onkel Rugila mit Konstantinopel abgeschlossen hatte, wird annulliert, die jährliche Goldforderung erhöht sich. Attila und der Kaiser schicken Gesandtschaften aus, die sich auf halbem Wege treffen und hoch zu Roß miteinander reden. Man einigt sich darauf, daß den Hunnen alle Verräter — was immer man darunter versteht — zurückzugeben sind. Zugleich erhält der Hunnenkönig die Zusicherung, daß der Kaiser mit keinem Barbarenstamm, der sich im Kriegszustand mit Attila befindet, ein Bündnis eingeht.

Die Römer vermeiden alles, was den Hunnen einen Vorwand zu neuen Kampfhandlungen geben könnte, weil sie im Augenblick Sorgen genug haben. Die Vandalen, seit 429 in Nordafrika, machen mit ihren Schiffen die Küsten des gesamten Mittelmeerraumes unsicher, die Parther und Äthiopier rüsten zum Krieg, in einigen Provinzen sind Aufstände ausgebrochen. Ein neuer Hunneneinfall würde dem Reich den Rest geben. Also akzeptiert man alle Bedingungen, um Attila bei Laune zu halten. Jede Gesandtschaft, die von nun an zu den Hunnen aufbricht, führt eine ganze Karawanenladung wertvoller Geschenke mit sich. Diese außerplanmäßigen Leistungen ermuntern Attila dazu, den diplomatischen Verkehr zu intensivieren.

Doch Beschwichtigungspolitik ist einem Gewaltherrscher gegenüber das schlechteste Mittel, auf Dauer den Krieg zu vermeiden. Der Kaiser in Ost-Rom muß dieselben schlechten Erfahrungen machen wie in unserem Jahrhundert die Franzosen und Engländer mit ihrem Appeasement gegenüber Hitler. Attila wird in seinen Forderungen immer unverschämter, in seiner Goldgier immer unersättlicher. 443 kommt es zum Krieg und zu einer Schlacht, in der die kriegsmüden Römer den Hunnen total unterliegen. Das Ergebnis des Feldzuges: Konstantinopel muß an die Hunnen jährlich 700 Kilo Gold liefern und darüber hinaus eine einmalige Kontribution von 2 000 Kilo Gold entrichten. Addiert man, was die Hunnen aus Konstantinopel herausholten, so ergibt sich in zwanzig Jahren die stolze Summe von mehr als zehn Tonnen reinen Goldes.

Für Attila ist das besonders bedeutungsvoll deshalb, weil er sich und seiner königlichen Familie das Goldmonopol vorbehalten hat. Wo der König allein über den ganzen Segen verfügt, steigt seine Macht ins Unermeßliche. Natürlich versuchen seine Untertanen, das eine oder andere Nebengeschäft zu machen. Beim Schmuggel mit Sklaven, Pferden und anderem Beutegut drückt Attila wohl beide Augen zu. Aber wehe demjenigen Hunnen, bei dem man auch nur einen Solidus findet, über dessen Herkunft er nicht Rechenschaft zu geben weiß. Da kann es sich doch nur um einen bezahlten Verräter, um einen bestochenen Agenten oder gar gedungenen Mörder handeln. Dessen Kopf wackelt dann sofort bedenklich.

Immerhin hat Attila mit dieser Methode nicht ganz unrecht. Es ist uns überliefert, daß ein hoher Beamter in Konstantinopel, der Eunuch Chrysaphios, auf die Idee gekommen ist, einen hunnischen Diplomaten mit 50 Pfund Gold als Mörder anzuheuern. Der Gesandte zog es allerdings vor, sich seinem Herrn zu offenbaren und das Bestechungsgeld abzuliefern. Furcht, daß der König ihn bei einer Leibesvisitation oder einer Zeltdurchsuchung mit dem Gold erwischt hätte, überwog da jeden Anflug von Goldrausch.

Seine Siege und sein Reichtum festigten Attilas Stellung so sehr, daß er es im Frühjahr 445 gefahrlos wagen konnte, seinen Bruder Bleda zu beseitigen. Attila war damit nicht nur de facto, sondern auch de jure Alleinherrscher über alle Hunnen und deren Hilfsvölker. Entsprechend selbstbewußt trat er jetzt gegenüber Ost-Rom auf. Dem Priskus, einem Gesandten des Kaisers, teilt er unverhohlen mit, daß er an dem Ehrentitel eines magister militum nicht mehr interessiert sei. Der magister militum ist eine Art Feldmarschall honoris causa, ein Titel immerhin, der mit einem Ehrensold verbunden ist. Attila meint, daß solche Titel ein Unterstellungsverhältnis unter den römischen Kaiser bedeuteten. Deshalb müsse er diesen Rang abschütteln und die Römer dazu zwingen, ihn auch Kaiser zu nennen. Im übrigen werde es nicht mehr lange dauern, bis er seine Macht noch weiter vergrößern werde. Er sei sich seiner Sache deshalb ganz sicher, weil das lang verschollene sagenhafte Schwert des Kriegsgottes, das von seinem Volke seit Urzeiten heilig gehalten wurde, kürzlich von einem Hirten aufgefunden wurde. In Konstantinopel konnte man wieder einmal anfangen, neue Goldbarren herzurichten.

Ein Mann, der sich im Range dem Kaiser an die Seite stellt, hält auch entsprechend Hof. Von seinen seßhaften Nachbarn hatte Attila gelernt, daß ein König auf Repräsentation zu halten hat. Aus den Zeltplätzen in Pannonien, in denen er bisher sein Hauptquartier hatte, wird eine fest umfriedete Residenz mit Blockhäusern für die Weiber und einer großen Halle für Trinkgelage, Empfänge, Festessen und Kundgebungen. Dort dürfen ihn die Fürsten seiner verbündeten und die Gesandten fremder Mächte bewundern und anbeten.

Priskus hat uns den Regierungssitz des Hunnenkönigs geschildert: „Innerhalb der Umfriedung standen zahlreiche Gebäude. Die einen aus geschnitzten und vertäfelten, die anderen aus geglätteten, in Abständen nebeneinander gestellten Balken, gekrönt von hölzernen Bogen in ansehnlicher Höhe." Die Inneneinrichtung — das versteht sich bei einem Räubervolk von selbst — ist reich und wohl auch ziemlich geschmacklos. Wollene Teppiche am Boden und an den Wänden, pompöse weiche Ruhelager mit bunten Tüchern, goldene Utensilien in jeder Menge. So sieht es in den Häusern der Weiber aus und ähnlich auch im Thronsaal des Königs. Noch einmal Priskus: „Die Stühle standen längs der beiden Seitenwände. In der Mitte saß Attila auf einem Ruhebett. Dahinter führten ein paar Stufen zu einem weiteren Ruhelager empor, das mit leinenen Tüchern und bunten Decken geschmückt war." Daß Priskus sich in diesem Zusammenhang an die Hochzeitsbetten erinnert, wie man sie in besseren griechischen und römischen Häusern den Neuvermählten bereitet, sagt eigentlich alles.

Derselbe Gewährsmann weiß auch die Gastfreundschaft zu rühmen, mit der König Attila seine Gäste überschüttet. Die First Lady, die Favoritin des Herrschers, läßt nicht nur erlesene Speisen und Weine, sondern auch schöne Mädchen aller Rassen zum gefälligen Gebrauch auffahren. Und im Thronsaal, beim König, tischen Diener Schüsseln mit Fleisch, Brot und Gemüsen auf, mit exotischen Gewürzen auf reich verzierten Tellern serviert. Während seine Gäste je nach Rang aus silbernen und goldenen Bechern zechen, trinkt der Herrscher selbst aus einem hölzernen Gefäß. Understatement nennt man so etwas heute.

Der Gesandte Priskus dürfte eine der Hauptquellen gewesen sein, aus denen Jordanes ein Jahrhundert später das Porträt des Attila gezeichnet hat. Ein „typischer" Hunne wird uns da präsentiert: Klein von Gestalt, mit einem großen Kopf auf einem breit gebauten, untersetzten Oberkörper. Die Augen sind klein und tiefliegend, die Nase ist platt. Aus dem dunklen Gesicht sprießt ein spärliches Ziegenbärtchen, durchsetzt mit weißen Haaren, die sein Alter verraten. In seinen Gesichtszügen, so wird uns berichtet, spiegelt sich jene Mischung aus Berechnung und List wider, die den Hunnenkönig auszeichnet.

An weiteren Eigenschaften werden aufgezählt: Finsterer Aberglaube, Leichtgläubigkeit gegenüber aller Wahrsagerei, Mißtrauen aber gegenüber vernünftigen Argumenten. Seinen Untertanen ist er ein unbestechlicher und gerechter Richter, großmütig und großzügig. Ehemaligen Feinden, die sich seiner Oberhoheit unterworfen haben, zeigt er gerne sein besonderes Wohlwollen. Persönlich ist er von einer Anspruchslosigkeit, die schon ein bißchen an Manie grenzt. Er kleidet sich in ein sauberes, aber einfaches Tuch ohne alle Borten und Fransen. Attila scheint ein sehr geselliger Mensch zu sein, der immer ein Publikum braucht. Dazu paßt gut ein unübersehbarer Hang zum Alkohol. Die Feste und Feierlichkeiten bei Hofe enden nicht selten in langen Besäufnissen. Unter den ausdauerndsten Zechkumpanen ist dann meistens auch der König.

Über die Qualitäten Attilas als Heerführer und Staatsmann läßt sich auch einiges sagen. Im Gegensatz zu seinen Vorgängern, die wilde Draufgänger sind und jeden Grund zum Streit und Krieg ausnutzen, zieht Attila Verhandlungen und diplomatische List vor. Es scheint ihm einiges daran gelegen zu sein, das Image des unberechenbaren, emotionellen Barbaren loszuwerden. Die juristischen

Spitzfindigkeiten der Römer imponieren ihm sehr. Auch er ist meist bemüht, wenigstens dem Anschein nach das Recht auf seiner Seite zu haben. Bevor er über seine Gegner herfällt, sucht er penibel nach Vorwänden. Kommt es dann zu einem Krieg, dann ist Attila weniger der geniale Feldherr, der vom Hügel aus die Schlacht dirigiert, und auch nicht so sehr ein Marschall Vorwärts, der sich an der Spitze seiner Truppen ins Getümmel wirft, allen Mitstreitern ein gutes Beispiel gebend. Die Qualitäten Attilas sind die eines Menschenführers, eines großen Psychologen, der mit Überzeugungskraft und Beredsamkeit seine Mannen zur Tapferkeit motiviert und ihnen den Sinn und die Notwendigkeit seiner Befehle erläutert. Attila praktiziert sozusagen „Innere Führung“.

Fünfzehn Jahre lang hat sich der Hunnen-Herrscher vor allem mit Konstantinopel und dem oströmischen Kaiser angelegt, ohne dabei den Westen aus den Augen zu verlieren. Hunnische Söldnertruppen, die sich für West-Rom an den verschiedensten Fronten gegen die Germanen schlagen, wiegen den Kaiser in Ravenna und seinen Statthalter in Sicherheit. Daß diese Söldner eine Fünfte Kolonne sind, die für Attila alles Wissenswerte ausspionieren, übersieht man im Westen. Ebensowenig scheint man zu bemerken, daß Attilas bisherige Politik, die sich allein gegen Konstantinopel richtet, weniger von Ressentiments und Rachegefühlen als vorwiegend von der Zweckmäßigkeit bestimmt ist. Denn Ost-Rom ist militärisch erpreßbar, weil es an vielen Grenzen Kriege zu führen hat; und es ist reicher als der Westteil, kann also die Goldgier der Hunnen eher befriedigen. Wenn man die Wahl zwischen zwei Kühen hat, nimmt man die, die sich leichter melken läßt und mehr Milch gibt.

Neue Stoßrichtung West

Um die Mitte des Jahrhunderts wandelt sich die Szene. In Konstantinopel sitzt ein neuer Kaiser namens Markian, ein in Ehren ergrauter General, ein alter Haudegen, der über die Ehe mit einer kaiserlichen Prinzessin den Purpur erhalten hat. Markian läßt sich von Attilas Drohungen und Beleidigungen nicht mehr beeindrukken. Möglicherweise bleibt dem Kaiser auch gar keine andere Wahl, als hart zu bleiben, weil er ganz einfach nicht mehr genug Geld und Gold hat, um die Unersättlichkeit der Hunnen auszuhalten. Jedenfalls ließen die Ost-Römer dem Hunnenkönig sagen, sie fühlten sich nicht länger an die alten Tributvereinbarungen gebunden. Wenn Attila sich ruhig verhalten würde, so könnte er dann und wann mit wertvollen Geschenken rechnen. Eine feste und regelmäßige Verpflichtung wolle man jedoch nicht mehr eingehen. Wählten die Hunnen dagegen den Krieg, so würde man ihnen mit ebenbürtigen Streitkräften entgegenziehen. Das ist eine Sprache, die ein Diktator versteht. Attila, an die sechzig Jahre alt, ist nun wirklich kein Springinsfeld mehr, sondern überlegt sehr wohl seine nächsten Schritte.

In Ravenna sitzt dagegen ein Herrscher, Valentinian III., von dem Attila eigentlich noch nie etwas anderes gehört hatte, als daß er schwach und unentschlossen sei. Solange Galla Placidia, die Kaiserinmutter, gelebt und für ihren Sohn die Zügel der Regierung in der Hand gehabt hatte, war diese Schwäche noch nicht so eklatant. Doch am 27. November 450 starb die frömmlerisch gewordene alte Dame und ihr Sohn mußte nach 25 Jahren, in denen er unter dem Pantoffel seiner Mutter stand, plötzlich auf eigenen Füßen stehen. Hätte Valentinian nicht den Heermeister Aetius zur Seite gehabt — von ihm wird noch ausführlicher die Rede sein — wären Kaisertum und Reich im Westen wohl um ein Vierteljahrhundert früher vor die Hunde gegangen.

Die neue politische Konstellation in beiden Teilen des Reiches läßt es den Hunnen geraten erscheinen, die Stoßrichtung ihrer Politik zu ändern. Was der König jetzt nur noch braucht, ist ein hübscher Vorwand. Dieser Vorwand heißt Honoria, ist eine kaiserliche Prinzessin und vielleicht nicht mehr ganz so hübsch, weil schon leicht überständig. Honoria war so etwas wie das schwarze Schaf in der kaiserlichen Familie. Ihre Mutter Galla Placidia, in Jugendjahren bestimmt kein Kind von Traurigkeit, hatte sich auf ihre alten Tage zu einem mütterlichen Moralapostel entwickelt und die Tochter ziemlich streng gehalten. Umso größer muß der Schock gewesen sein, als die wohlbehütete Prinzessin plötzlich ein uneheliches Kind bekam. Der Familienrat reagierte auf diese Schande so, wie es auch heute noch zuweilen geschieht: Honoria wurde weggebracht zur lieben Verwandtschaft nach Konstantinopel und dort unter Aufsicht von einer Schar Eunuchen wie in einem klösterlichen Pensionat eingesperrt. Honoria ist stocksauer, daß man sie so vollständig aus dem Verkehr gezogen hat. Immerhin ist sie längst volljährig. Ein bißchen was über das bewegte Vorleben ihrer Frau Mutter wird sie auch gewußt haben. Umso mehr mag ihr die Frömmigkeit und Sittenstrenge als pure Heuchelei erschienen sein, als Versuch, sie abzuschieben, ihr das Erbe und die Mitregentschaft streitig zu machen, die sie nach dem Tod ihrer Mutter glaubt beanspruchen zu dürfen.

Aufmüpfig und schlau, wie sie war, suchte sie nach Hilfe. Sie schickte einen Ring und ein Liebesbrieflein an den mächtigen Herrn Attila und bot ihm Herz und Hand, Erbe und Regierungsbeteiligung. Die Sache hat nur den einen Haken, daß ihr Auserwählter dieses Erbe erst erobern muß. Aber wer, wenn nicht Attila, wäre dazu in der Lage? Solange Attila mit dem Westen nichts im Sinne hatte, ließ ihn die Werbung der Honoria ziemlich kalt. Nun aber, da er seine Politik neu orientierte, erinnerte er sich an die Prinzessin nur zu gut. Mit aller Scheinheiligkeit schickt er eine Gesandtschaft nach Ravenna und verlangt erstens Honoria zur Frau und zweitens die Teilhaberschaft seiner Briefverlobten an der Regierung.

Dort ist man sozusagen von den Socken über die Unverschämtheit der Hunnen einerseits und die aufdringliche Frechheit des Biestes Honoria andererseits. Daß man Attila abblitzen läßt, darüber ist man sich jedoch völlig einig. Ein Anteil an der Regentschaft stehe der Dame ohnehin nicht zu, weil man im Römischen Reich die männliche Erbfolge kenne. Dies entlarvt Attila natürlich sofort als eine recht schwache Ausrede. Hatte nicht Mütterlein Galla Placidia den Titel Augusta geführt und das Hauptsagen in den letzten 25 Jahren gehabt? Und war nicht Markian in Konstantinopel dadurch zum Kaiser aufgerückt, weil er das Ehebett mit Pulcheria, der Schwester von Theodosius II., teilte?

Noch ungehaltener aber ist Attila über das zweite Scheinargument, das man seiner Gesandtschaft mitzuteilen wagt. Honoria, so erklärt man mit gespieltem Bedauern, sei für eine Ehe leider nicht mehr frei, sondern schon einem anderen versprochen. Diesen Konkurrenten hat man sozusagen aus dem Hut herausgezaubert; wahrscheinlich weiß Honoria selbst noch nichts von ihrem Glück und dem Mitbewerber. Und überhaupt hat der Hunnenfürst für solche Kleinigkeiten schon deshalb nicht das geringste Verständnis, weil er selbst die Sache mit der Ehe nicht gar so genau nimmt: Schließlich verfügt er über eine ganze Schar von mehr oder weniger legal angetrauten Weibern — Priskus spricht von „innumerabiles uxores“.

Nachdem gleichzeitig eine andere Gesandtschaft der Hunnen, die sich in Konstantinopel noch einmal um feste Tribute bemüht hatte, abgeschmettert worden war, muß Attila handeln. Von irgendetwas mußten die Hunnen ja leben; und zumindest in den letzten zwanzig Jahren hatten es sich die wilden und einst anspruchslosen Nomaden angewöhnt, recht gut zu leben. Bei Abwägung aller Umstände blieb nur der Krieg. Um sein Gesicht gegenüber Ost-Rom zu wahren, schickt er eine kleine Streitmacht ins Feld, die mit hinhaltendem Kleinkrieg Markian ein bißchen ärgern soll. Für den alten Streiter auf dem Kaiserthron kommen diese hunnischen Abteilungen sehr gelegen. Er schlägt sie mehrmals ganz gehörig aufs Haupt, um damit zu beweisen, daß er es durchaus ernst meint mit seiner neuen Politik der Stärke.

Der Westen aber sollte mit einem großen Feldzug in die Knie gezwungen werden. Die Frage war nur noch, wo die Hunnen zum Angriff übergehen sollten. Seine Spione in Italien berichteten von dort grassierenden Seuchen. Ein Naturvolk, das keine besonders großen Stücke auf Hygiene hält, hat einen Heidenrespekt vor Epidemien. Als naheliegender Ausweg bot sich der Einmarsch ins immer noch verhältnismäßig reiche Gallien an.

Bestärkt wurde Attila in seinem Entschluß offenbar von Abgesandten des Vandalenkönigs Geiserich, der seit gut zwanzig Jahren in Nordafrika saß und von der Küste aus immer wieder Überfälle gegen die südlichen Mittelmeerbastionen Roms inszenierte. Ein Blick auf die Landkarte muß Attilas militärischen Beratern gezeigt haben, daß sich hier die faszinierende Möglichkeit zu einer gewaltigen Zangenbewegung ergab. Wenn die Hunnen in Frankreich fest im Sattel saßen, konnte man sich mit den Vandalen gemeinsam über Spanien hermachen. Ob Geiserich im Ernst daran gedacht hat, sich auf ein solches Abenteuer einzulassen, darf bezweifelt werden. Sicherlich haben es seine Gesandten bei vagen Andeutungen bewenden lassen.

Die Vandalen waren zwar froh über jeden Entlastungsangriff im Norden, der ihnen ihr Piratentum im Süden erleichterte, aber recht viel mehr als moralische Unterstützung wollten sie zum hunnischen Unternehmen zunächst sicher nicht beitragen. Natürlich hatten die Vandalen mit den Westgoten noch ein Hühnchen zu rupfen. Aber damit konnte man sich Zeit lassen. Sollten doch die Hunnen zuerst die Kastanien aus dem Feuer holen. Attila, so stellt sich später heraus, ist ebenso der Geprellte, wie es im Zweiten Weltkrieg Hitler war, der auf Spaniens Franco als festen Verbündeten gerechnet hatte.

Zum gallischen Abenteuer riet auch ein Mann namens Eudoxios, von Beruf Arzt und Räuberhauptmann aus Passion. Eudoxios ließe sich in etwa als der Wohlmeinende oder Mann von gutem Ruf übersetzen. Beides war er nun wirklich nicht. Dieses Herzchen hatte jahrelang die Rolle des intellektuellen Führers der Bagauden in Gallien gespielt. Die Bagauden — wir wissen es bereits — waren ursprünglich verzweifelte und entwurzelte Bauern, die zu Aufständischen gegen Behördenwillkür und Steuerlast geworden waren. Zunächst hatten sie sicher in einer Art Robin-Hood-Mentalität

Die Traianssäule in Rom

Kniender Germane (Bronzestatuette aus der Kaiserzeit)

Einiger des Reiches: Theodosius I.

Sarkophag des Stilicho in Mailand

Alarich, König der Westgoten

Kaiserin Galla Placidia

Hunnischer Bronzekessel

Theoderich der Große auf einer Münze . . .

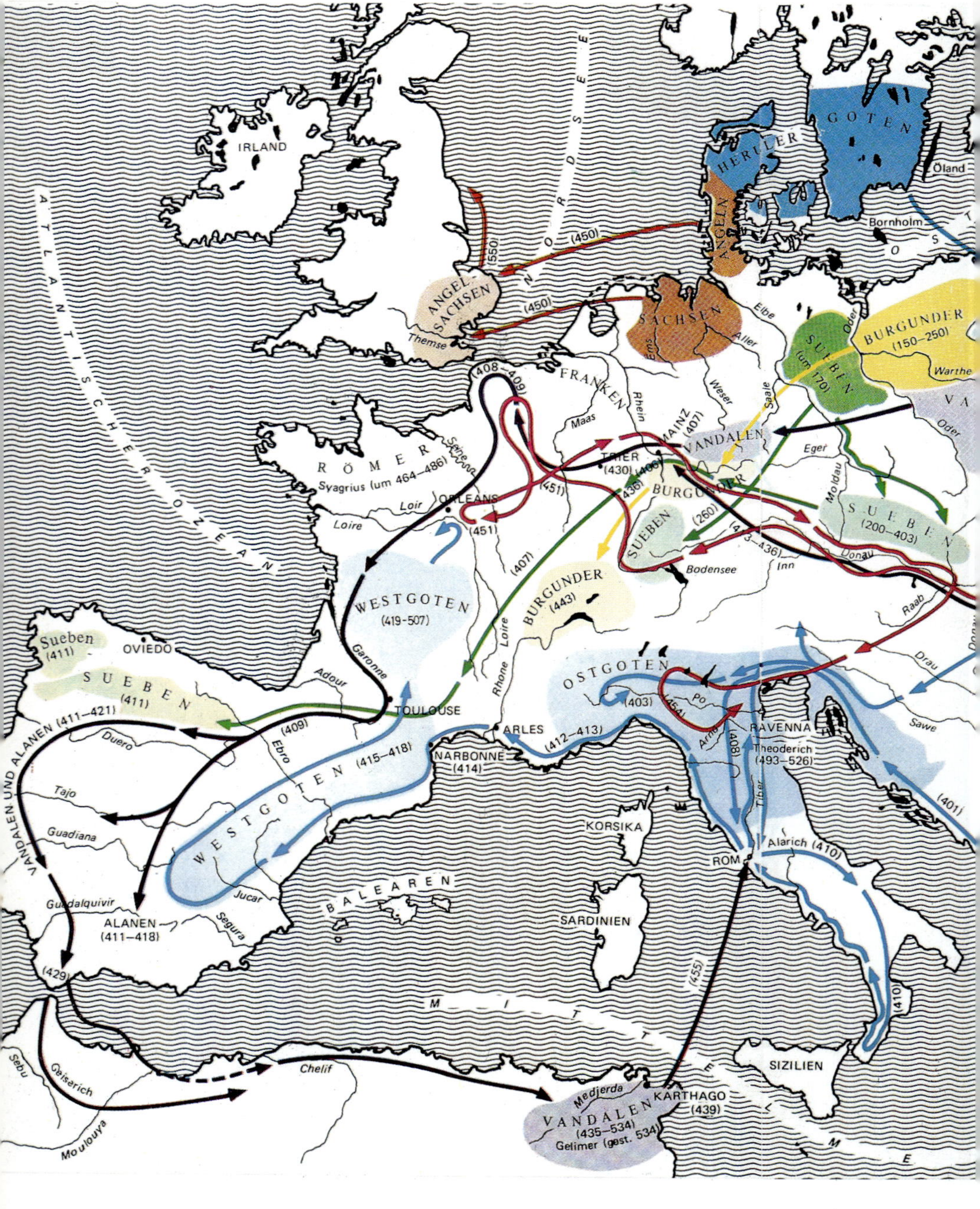

IRLAND
ATLANTISCHER OZEAN
NORDSEE
GOTEN
HERULER
Öland
Bornholm
ANGELN
OSTSEE
ANGEL-SACHSEN
(550)
(450)
(450)
Themse
SACHSEN
Ems
Aller
Elbe
Weser
Oder
SUEBEN (um 170)
BURGUNDER (150–250)
Warthe
FRANKEN
Maas
Rhein
Saale
MAINZ (407)
VANDALEN
(408–409)
Seine
RÖMER
Syagrius (um 464–486)
TRIER (430) (406)
Eger
Moldau
BURGUNDER
(436)
(451)
(260)
SUEBEN (200–403)
ORLEANS
Loir
Loire
(451)
SUEBEN
(413–436)
Donau
Inn
Bodensee
(407)
BURGUNDER (443)
WESTGOTEN (419–507)
Raab
Drau
Sueben (411)
OVIEDO
SUEBEN (411)
Garonne
Adour
Rhone
Loire
OSTGOTEN
(403)
(454)
Po
TOULOUSE
(409)
VANDALEN UND ALANEN (411–421)
Duero
Ebro
ARLES
(412–413)
RAVENNA
Theoderich (493–526)
Sawe
Arno
(408)
NARBONNE (414)
(415–418)
WESTGOTEN
Tajo
Guadiana
Tiber
(401)
KORSIKA
Alarich (410)
ROM
Jucar
Guadalquivir
BALEAREN
ALANEN (411–418)
Segura
SARDINIEN
(429)
(455)
(410)
MITTELMEER
SIZILIEN
Sebu
Geiserich
Chelif
Moulouya
Medjerda
KARTHAGO (439)
VANDALEN (435–534)
Gelimer (gest. 534)

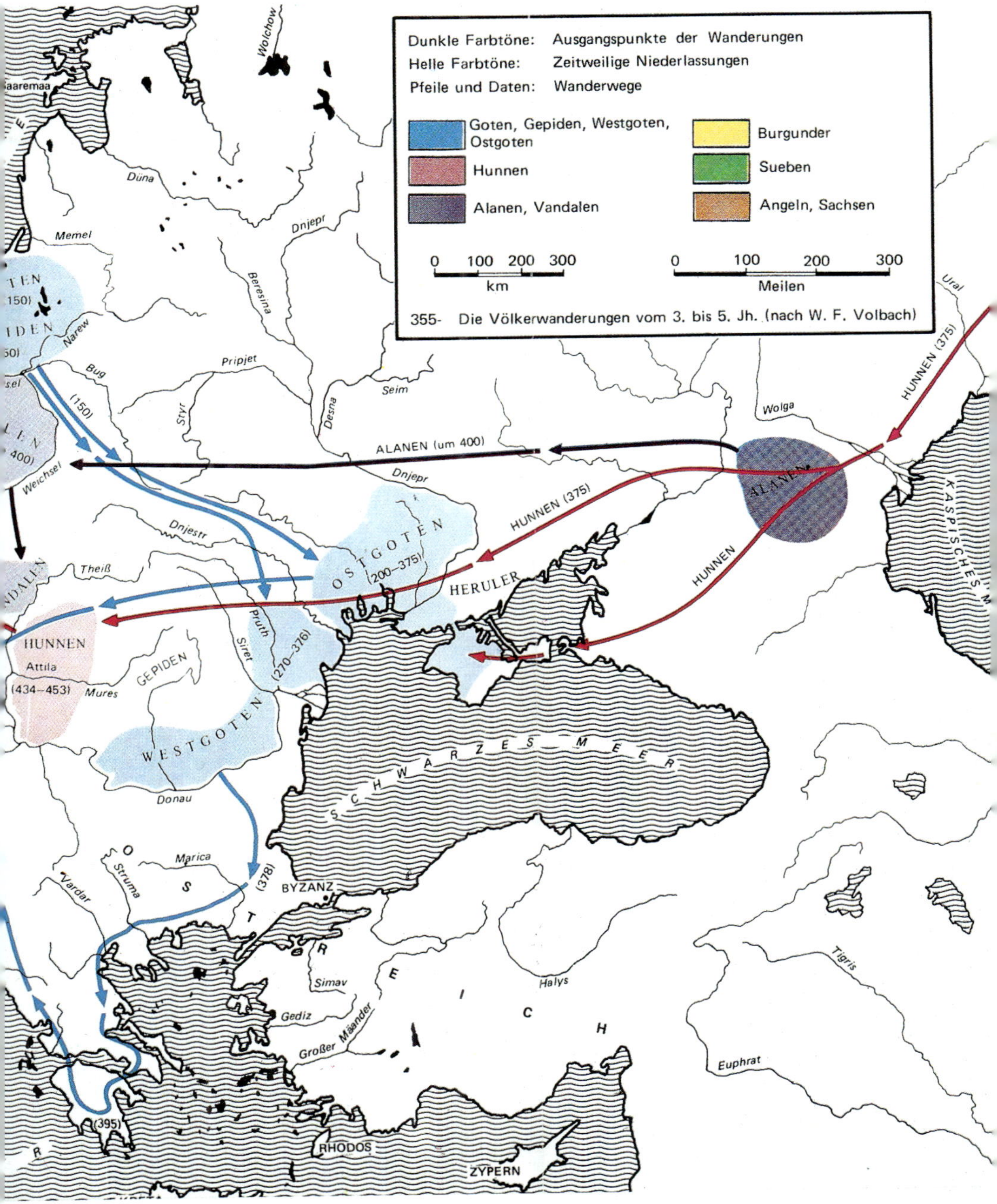

355- Die Völkerwanderungen vom 3. bis 5. Jh. (nach W. F. Volbach)

... und wie ihn das Mittelalter sah

Das Grabmal des Theoderich in Ravenna

König Theodahat

Kaiser Justinian. . .

. . . und seine Gattin Theodora

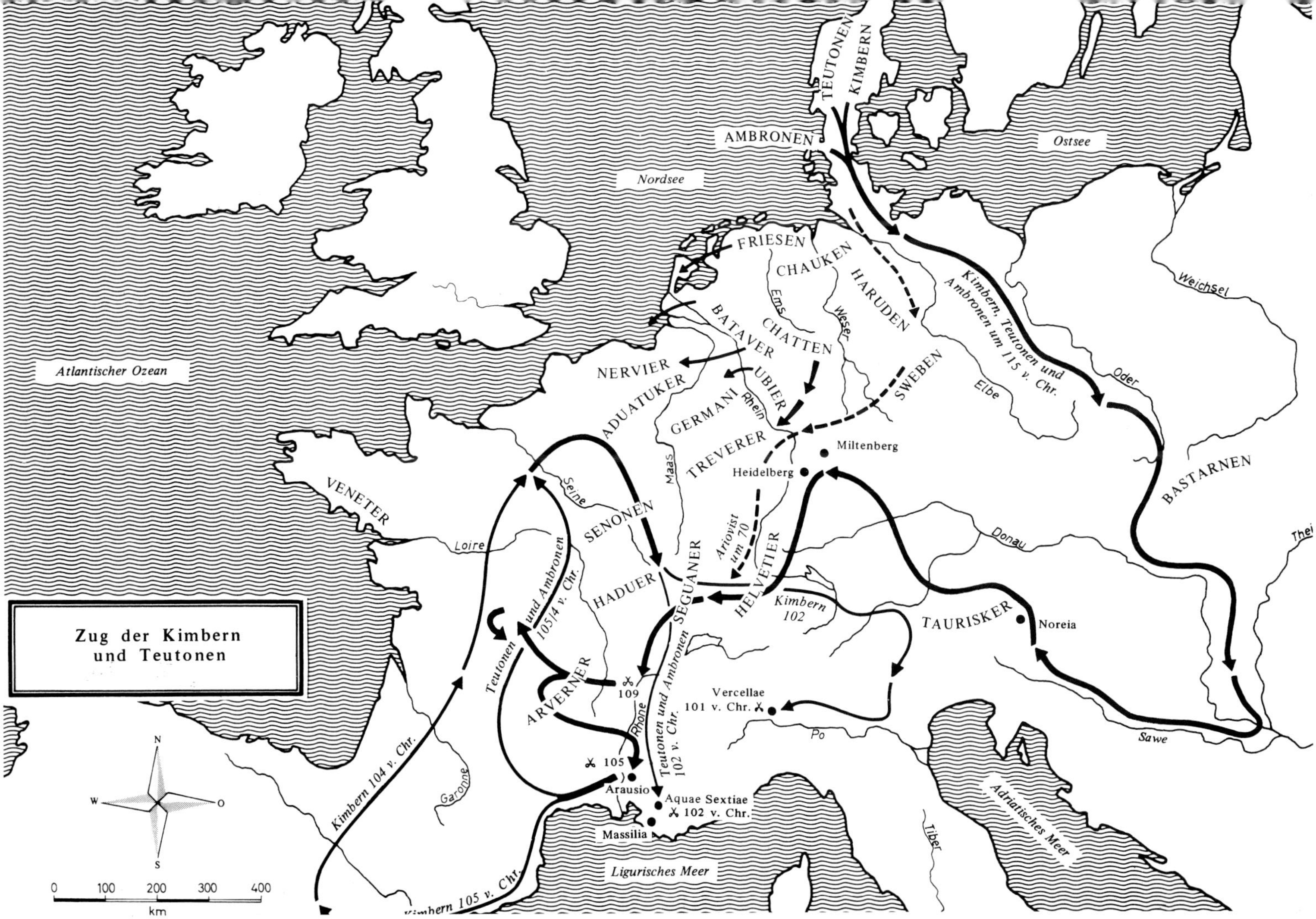

Zug der Kimbern und Teutonen

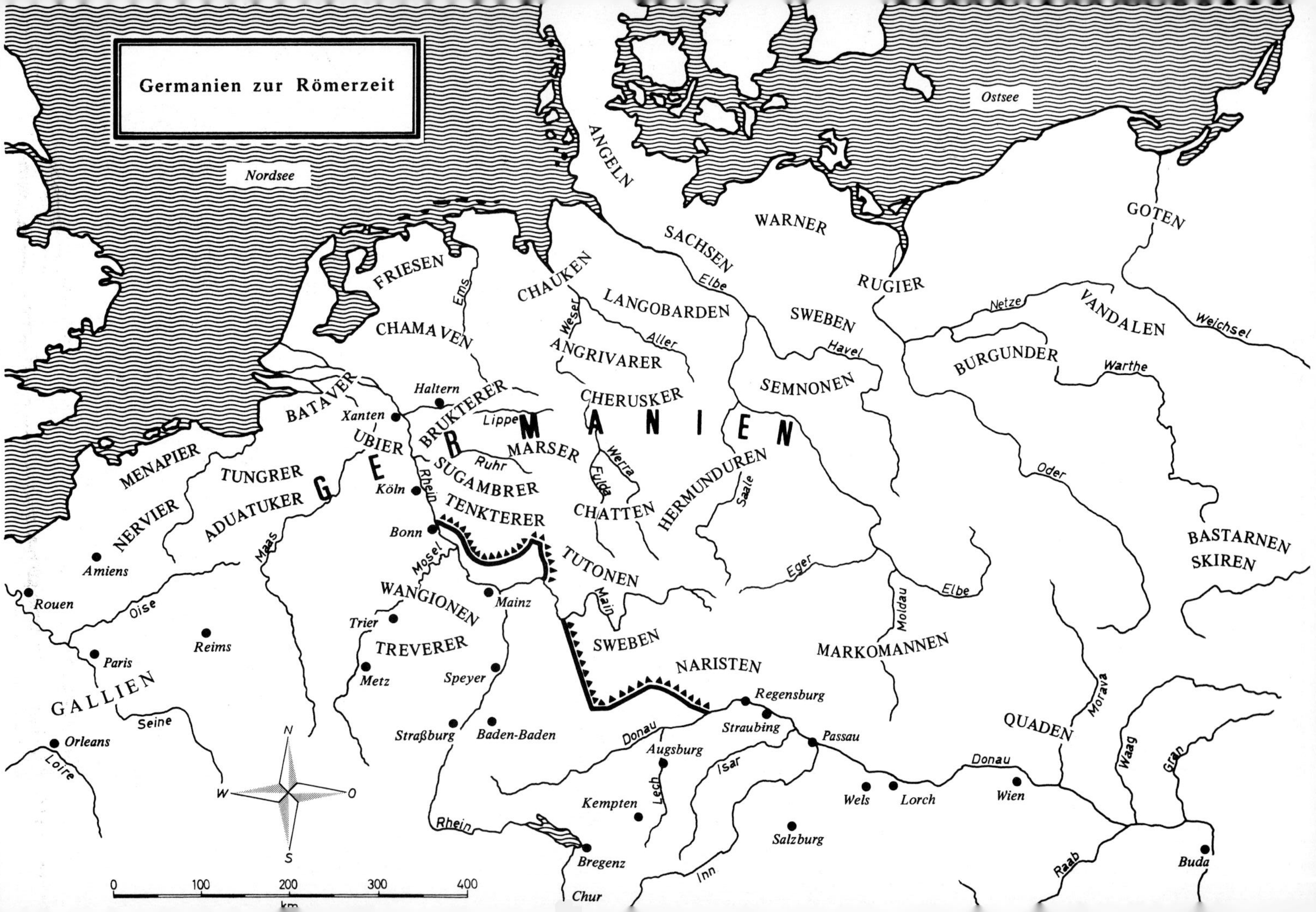

Germanien zur Römerzeit
Nordsee
Ostsee
ANGELN
WARNER
GOTEN
SACHSEN
RUGIER
FRIESEN
CHAUKEN
LANGOBARDEN
SWEBEN
VANDALEN
CHAMAVEN
ANGRIVARER
BURGUNDER
SEMNONEN
BATAVER
BRUKTERER
CHERUSKER
GERMANIEN
UBIER
MARSER
MENAPIER
TUNGRER
SUGAMBRER
HERMUNDUREN
ADUATUKER
TENKTERER
CHATTEN
NERVIER
TUTONEN
BASTARNEN
SKIREN
WANGIONEN
TREVERER
SWEBEN
NARISTEN
MARKOMANNEN
QUADEN
GALLIEN
Ems
Weser
Elbe
Aller
Havel
Netze
Weichsel
Warthe
Lippe
Ruhr
Rhein
Werra
Fulda
Saale
Oder
Maas
Mosel
Eger
Main
Moldau
Elbe
Oise
Seine
Loire
Donau
Isar
Lech
Inn
Morava
Waag
Gran
Raab
Haltern
Xanten
Köln
Bonn
Amiens
Rouen
Mainz
Trier
Reims
Paris
Metz
Speyer
Regensburg
Straubing
Passau
Orleans
Straßburg
Baden-Baden
Augsburg
Kempten
Wels
Lorch
Wien
Salzburg
Bregenz
Chur
Buda
N
W
O
S
0
100
200
300
400
km

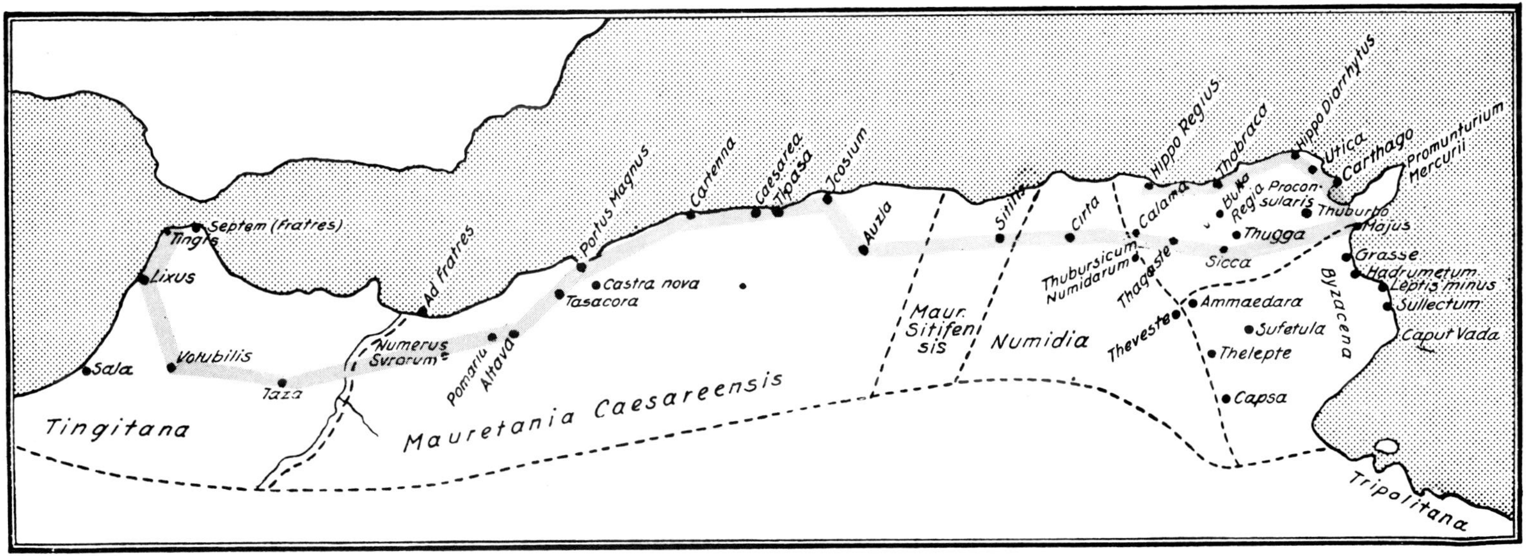

GEISERICHS WEGE IN NORDAFRIKA

Germanische Reichsbildungen von 482–526

auf ihre Art versucht, Gerechtigkeit zu schaffen, hatten die Armen geschont und die Reichen zur Ader gelassen. Aber im Lauf der Zeit waren die Bagauden zu reinen Räuberbanden geworden, die nur noch auf Geld, Mord und Vergewaltigung aus waren. Eudoxios spielte bei ihnen so eine Rolle wie der „Doc“ im amerikanischen Gangstermilieu.

Am Hofe Attilas in Pannonien besticht Eudoxios, dem der Boden in Gallien zu heiß geworden war, durch seine intime Sachkenntnis. In jeder Gegend, am Rande jeder Straße kennt er reiche Klöster und Gutshöfe. Er kann mit einer Art Generalstabsplan dienen, wo Beute zu holen ist und wo sich die heranrückenden Scharen am besten versorgen könnten. All das bestärkt den Hunnenkönig in seiner Absicht, quer durch Germanien zu marschieren und mit allen seinen Hilfsvölkern über Gallien herzufallen. Im anbrechenden Frühjahr des Jahres 451 bläst Attila zum Sturm gegen den Westen. Dem Hof in Ravenna läßt er ausrichten, daß er Gallien, gleichsam als Mitgift seiner Braut Honoria, einkassieren wolle.

5. Kapitel

Die Völkerschlacht

Europas Rettung vor der Hunnen-Herrschaft

Der Nibelungen Not

„Gallia est omnis divisa in partes tres", beginnt eines der bedeutendsten Dokumente der Weltliteratur, dessen ersten Absatz einst alle auswendig lernen mußten, die auf der Schulbank eines Humanistischen Gymnasiums bis zu den mittleren Weihen der lateinischen Sprache vorgedrungen waren. Die Rede ist von Gaius Julius Caesars Kriegstagebuch „De bello Gallico". Gallien, so berichtet uns eingangs der große Feldherr, ist in drei Hauptteile gegliedert, die von den Belgern, den Aquitanern und den Kelten, die in lateinischer Sprache Gallier heißen, bewohnt werden. „Horum omnium fortissimi sunt Belgae", heißt es dann im dritten Satz. Die Tapfersten von allen Bewohnern Galliens sind also die Belger, „weil sie am weitesten entfernt wohnen von Kultur und Zivilisation der römischen Provinz und zu ihnen ganz selten Kaufleute kommen, die Luxusgegenstände einführen, die zur Verweichlichung der Menschen dienen." Außerdem begründet Caesar die Kampfkraft der Belger damit, daß sie direkte Nachbarn der rechtsrheinischen Germanen sind, „mit denen sie ständig Krieg führen". Und so etwas übt ja ungemein.

Wir machen jetzt einen Sprung über ein halbes Jahrtausend ins Jahr 435 nach Christus. Die Belger haben sich von einem wilden und armen Kriegsvolk zu einer reichen und bequem gewordenen Handelsnation entwickelt. Die Wohnsitze der Belger liegen jetzt nicht mehr am Ende der Welt, sondern an der Drehscheibe der großen Handelsstraßen, die vom Römischen Reich nach Britannien führen. Die Grundlage ihrer Existenz ist die Kanalschiffahrt und

der Güteraustausch, der zwischen den Britischen Inseln und dem Kontinent in großer Blüte steht. Vom Handel aber lebt sich seit jeher besser als von der Hände mühevoller Arbeit.
Ihre Nachbarn im Südosten sind die Burgunder, die in der Gegend von Worms und Mainz links und rechts des Rheins gesiedelt haben. Die Burgunder gelten als besonders kriegslüsterne Rabauken, stets zu Raubzügen bereit. Die reichen und schlapp gewordenen Belger bieten sich ihnen geradezu als Ziel eines Beutezugs an. Die Belger aber rufen, zur Gegenwehr im Alleingang zu schwach, sofort die Römer zu Hilfe. Wenn auch mit ungeheuren Mühen, so hatten die Legionen des Kaisers doch über Jahrhunderte hinweg die „pax romana", den Frieden im römischen Einflußgebiet also, zu wahren versucht. Mit eigenen Kräften allein gelang das Anfang des 5. Jahrhunderts nicht mehr. Aber es gehörte zur Schiedsrichterfunktion Roms, mit Hilfe wechselnder Koalitionen das Gleichgewicht der Kräfte zu erhalten.
So war es zunächst auch im Jahre 435. Der römische Feldherr und Reichsverweser Aetius organisierte ein Expeditionskorps, das im wesentlichen aus hunnischen Söldnertruppen bestand. Die Streitmacht tauchte im Krisengebiet auf und brachte die Burgunder mit einem schnellen und harten Schlag zur Räson. Das war ein Vorgang, wie er sich im Römischen Reich wohl an die hundertmal abgespielt haben mag. Weder die Burgunder noch die Römer dürften daran etwas Besonderes gefunden haben. Wer gegen die Spielregeln der friedlichen Koexistenz verstieß, mußte damit rechnen, dafür bestraft zu werden. Anschließend ging man wieder zur Tagesordnung über.
Nicht so bei den Burgundern. Es waren noch keine zwei Jahre vergangen, seit der Konfliktherd gelöscht war, da kamen die hunnischen Scharen unvermittelt noch einmal nach Worms und Mainz zurück. Ob auf Befehl oder mit Billigung des Aetius, ob auf besonderen Wunsch des Hunnenherrschers Attila, oder auf eigene Faust — wir wissen es nicht. Das Ausmaß des Blutbads, das sie in Burgund anrichteten, läßt indes darauf schließen, daß zumindest

das stillschweigende Einverständnis höherer Stellen vorlag. In einem Ausrottungskrieg, der auch für damalige Zeiten ziemlich einmalig dastand, machten die Hunnen an die 20 000 Krieger der Burgunder samt ihrem König Gundahar (in der Sage: Gunther) nieder. Es ist dies die berühmte Schlacht, die den historischen Kern des Nibelungenliedes bildet. Sie wurde nur nicht unten an der Donau, sondern oben am Rhein geschlagen.

Die Wissenschaft hat lange herumgerätselt, wo das Motiv für diesen Vernichtungsfeldzug liegen könnte. Immerhin spielt der Hunnenüberfall auf Worms und Umgebung in einer Zeit, in der das wilde Nomadenvolk bereits gelernt hatte, daß sinnloses Morden nicht unbedingt Gewinn bringt. Vielleicht finden wir des Rätsels Lösung in einer Geschichte, die uns der Kirchenhistoriker Sokrates Scholastikus überliefert. Danach waren Burgunder und Hunnen alte Bekannte und Todfeinde. Jener Mitregent des Rugila, der Ottkar, Oktar oder auch Uptar genannt wird, und der die hunnischen Interessen im Westen vertrat, war in offenbar lange und erbitterte Gefechte mit den Burgundern verwickelt gewesen. Die Burgunder suchten in ihrer Verzweiflung Hilfe beim Gott der Christen, von dem viele Legenden erzählten, daß er als Schlachtenlenker Wunder über Wunder vollbracht hatte. Bei einem gallischen Bischof meldeten sich 3 000 burgundische Krieger zur Taufe an, die ihnen nach einwöchigem Religionsunterricht auch erteilt wurde.

An dem Bischofssitz hatte auch König Ottkar mit rund 10 000 seiner Hunnen das Lager aufgeschlagen. Die Stimmung in der Stadt muß ziemlich brisant gewesen sein. Die Hunnen, die sich in der Übermacht fühlten, ließen keine Gelegenheit aus, die Burgunder herauszufordern. Kaum daß diese aber das Sakrament der Taufe empfangen hatten, winkte ihnen schon der Lohn für die Bekehrung. Eines Abends feierten die Hunnen mit einem großen Gelage, wobei sich ihr König im Fressen und Saufen so hervortat, daß ihn ein Schlaganfall dahinraffte. Für die Burgunder war das ein Zeichen des Himmels. Sie fielen über die führerlos gewordenen, betrunken herumtorkelnden Hunnen her und schlugen sie bis auf den letzten Mann tot.

Unser braver Sokrates, mit dem gleichnamigen Athener Philosophen weder verwandt noch verschwägert, hat diese Episode sicherlich als Propagandastück für seinen christlichen Glauben geschrieben. Wer sich dem Joch Jesu Christi beugt und in Demut die Taufe empfängt, so lautet wohl die Moral der Geschichte zwischen den Zeilen, dem wachsen ungeheure Kräfte zu, die ihn über alle Heiden triumphieren lassen. Um dieses Lehrstück an den Mann zu bringen, hat sich der Kirchenhistoriker sicherlich einige dramaturgische Effekte einfallen lassen. Ob die Burgunder wirklich nur mit 3 000 Mann gegen 10 000 Hunnen kämpften, ob sie tatsächlich in derselben Stadt sich gegenüberstanden, ob der Tod des Ottkar wirklich gleich nach der Taufe eintrat, das alles wollen wir dahingestellt sein lassen. Aber der Kern der Geschichte muß wohl zutreffen. Sich so etwas gänzlich aus den Fingern zu saugen, konnte sich ein christlicher Propagandist nicht leisten. Und wenn sich die Sache auch nur so ähnlich abgespielt hat, dann hätten wir hier mehr als ein ausreichendes Motiv für den hunnischen Revanche-Schlag gegen Burgund sieben Jahre später. Wir haben zwar im vorausgegangenen Kapitel darauf hingewiesen, daß die Hunnen im allgemeinen nicht nachtragend waren und sich schnell mit ihren früheren Gegnern anfreundeten; aber der Kahlschlag in der Bischofsstadt war denn doch ein zu starkes Stück, als daß es die Hunnen hätten vergessen und vergeben können.

Umgekehrt haben wohl auch die Burgunder, die Überlebenden des Gemetzels vom Jahre 437, ihre Frauen und Kinder und alle Stammesbrüder, die bei der Vernichtungsschlacht weiter ab vom Schuß waren, den Hunnenüberfall nie verwinden können. Vierzehn Jahre später finden wir die Söhne und Brüder der Erschlagenen wieder auf den Katalaunischen Feldern, bei der großen Völkerschlacht in der Champagne, wo der römische Patrizius und Reichsfeldherr Aetius den Ansturm der Hunnen gegen das Abendland stoppt. Die burgundische Streitmacht, die sich dem Aetius zur

Verfügung stellt, stürzt sich mit verzweifelter Wut und Todesverachtung auf die hunnischen Feinde.

Bevor wir die weiteren Teilnehmer an dieser Entscheidungsschlacht vorstellen, noch ein kurzer Blick zurück in die Vorgeschichte der Burgunder. Wie die Goten kommen auch die Burgunder ursprünglich aus Skandinavien. Wenn die alten Namen Gotland und Göteborg den Schluß zulassen, daß dort oben in Südskandinavien die ursprünglichen Wohnsitze der Goten waren, so unterstützt der Name Bornholm oder Burgunderholm die These, daß die Burgunder von der gleichnamigen dänischen Ostsee-Insel herkommen. Im 1. Jahrhundert nach Christus siedeln die Burgunder zwischen Oder und Weichsel, bedrängt von ihren Nachbarn. Sie mußten sich mit Rugiern und Goten, mit Gepiden und Alanen, mit Vandalen und Semnonen auseinandersetzen, wobei sie nicht nur einmal fast bis zur Vernichtung zur Ader gelassen wurden. Um die Mitte des 3. Jahrhunderts erscheinen die Burgunder in der oberen Maingegend, an der Wende zum 5. Jahrhundert finden wir sie, offenbar mitgerissen von der Welle der Vandalen, in der Gegend von Worms zu beiden Seiten des Rheins. Im Jahre 413 sichert ein Bündnisvertrag mit den Römern die eroberten Gebiete links des Rheins, also in Gallien.

Die Lebenskraft der Burgunder ist geradezu unheimlich und muß auch den Aetius beeindruckt haben; denn schon sechs Jahre nach dem Hunnen-Debakel weist ihnen der römische Reichsverweser neue Wohnsitze in Hochsavoyen, rund um Genf am südwestlichen Ausgang der Alpen zu. Aetius hat das sicher nicht aus schlechtem Gewissen getan oder weil er sich zur Wiedergutmachung verpflichtet fühlte, sondern weil in seinem ausgeklügelten System des Gleichgewichts der Kräfte die burgundischen Überlebenskünstler einen wichtigen Platz einnahmen. Und in der Tat bringt dem Aetius diese Maßnahme auch Zinsen. Denn schon im Sommer des Jahres 451 braucht er die rachedurstigen Krieger dieses schnell wieder erstarkten Stammes im Entscheidungskampf des Römischen Reiches gegen die Hunnen.

Das zweite, weit wichtigere Volk, das an der Seite der Burgunder unter dem Römer Aetius auf den Katalaunischen Feldern gegen die Hunnen und ihre Verbündeten kämpft, sind die Westgoten. Auch sie haben eine alte Rechnung mit den Hunnen zu begleichen. Sie datiert — wir haben es schon ausführlich dargelegt — aus dem Jahre 376, als die Westgoten vor dem Druck der Hunnen aus ihren Siedlungsgebieten am Schwarzen Meer weichen und die Römer um Aufnahme ins Reich bitten mußten. Wir haben den Weg und die Irrwege der Westgoten geschildert und sie nach dem Tode ihres Königs Alarich aus den Augen verloren.

Alarichs Nachfolger war sein Schwager Athaulf, der bald die Aussichtslosigkeit des Westgoten-Planes einsah, von Süditalien aus in die reichen afrikanischen Provinzen überzusetzen. Athaulf zog mit seinen Scharen die Westküste Italiens entlang mit dem Ziel, in Gallien einzufallen, wo dem weströmischen Kaiser Honorius der Usurpator Jovinus als Konkurrent erwachsen war. Die Verwirrung in Gallien war vollkommen. Seit der Silvesternacht des Jahres 406 waren Vandalen, Alanen und Sueben, alles verheerend, quer durch die Provinzen gezogen. Im Norden hatten sich die Franken am linken Rheinufer festgesetzt, am mittleren Rhein hatten die Burgunder ihr Reich gegründet, weiter im Süden waren die Alemannen nach Gallien eingedrungen. Wenn man alle zusammennahm, mögen es an die 100 000 barbarische Krieger gewesen sein, die sich über das Land bis zu den Pyrenäen ergossen. Zum Chaos trugen auch noch die römischen Flüchtlinge bei, die von den Britischen Inseln zurückfluteten, nachdem 407 die letzte kaiserliche Garnison aus Britannien abgezogen werden mußte.

König Athaulf war wohl der Ansicht, wo so viele Germanenvölker Platz haben, müßte auch für ihn und seine Westgoten noch Raum sein. Zumindest politisch sah er Gallien als ein Vakuum an. Athaulf schlug sich zunächst auf die Seite des Gegenkaisers Jovinus, der von dieser Hilfe freilich nicht allzu erbaut sein konnte. Denn

Athaulf verlangte für sein Volk die Abtretung eines Teils von Südgallien als selbständiges Herrschaftsgebiet, während Jovinus wußte, daß ihm nur die Gewalt über ganz Gallien die Chance gab, sich gegen Ravenna zu behaupten. Um klar zu machen, daß er an keiner Teilung von Land und Regierung mit den Westgoten interessiert war, sondern einzig und allein an seine eigene Familie und deren dynastische Interessen dachte, bestellte Jovinus seinen Bruder, gegen den erklärten Willen Athaulfs, zum Mitregenten. Für den Gotenkönig war das Anlaß genug, sich auf die bewährte Taktik seines Vorgängers zu verlegen: Er wechselte ganz einfach die Fronten.

Kaiser Honorius in Ravenna zeigte sich hocherfreut über den unverhofften Verbündeten und regte ein Geschäft an. Honorius versprach üppige Getreidespenden und die Zuweisung einer gallischen Provinz zur Ansiedelung. Athaulf sollte im Gegengeschäft den Usurpator Jovinus und dessen Bruder einfangen, ihnen die Köpfe abschlagen und sie nach Ravenna schicken. Außerdem stellte der Gotenfürst in Aussicht, des Kaisers Schwester Galla Placidia, die Alarich bei der Eroberung Roms verschleppt hatte und die Athaulf immer noch mit sich führte, in die Heimat freizulassen. Wieder einmal hätten wir da ein gutes politisches Geschäft, von dem beide Seiten profitieren konnten. Aber Honorius versuchte, wie es schon immer seine Art war, den Partner auszutricksen.

Während Athaulf als Vorgabe das Brüderpaar erledigte, indem er den einen tötete und Jovinus selbst gefangennahm und an die Römer auslieferte, hielt Honorius mit der Einlösung seiner Versprechen zurück. Bevor er seine Schwester Galla Placidia nicht in die Arme schließen könne, würden die Getreidelieferungen nicht erfolgen. Athaulf dagegen, der seinen Pappenheimer Honorius kannte, wußte genau, daß Galla Placidia das einzige Pfand war, das er gegen den Kaiser noch in der Hand hatte. Auf geradezu lächerliche Weise wiederholt Honorius gegenüber Athaulf die Fehler, die er schon bei Alarich begangen hatte. Er treibt die Goten in die Enge und denen bleibt damit nur, sich jetzt mit Gewalt zu

nehmen, was man ihnen vertragsgemäß schuldete. Die Westgoten begeben sich wieder auf den Kriegspfad, holen sich zwar vor der Hafenstadt Marseille, wo Athaulf in den Lagerhallen größere Getreidevorräte vermutet, eine Schlappe, erobern dafür aber Narbonne sowie Toulouse und nehmen auch Bordeaux, das sich aus freien Stücken den Westgoten ergibt.
Neben dem Feldzug führt Athaulf einen diplomatischen Krieg mit Honorius. Je breiter seine Basis in Gallien wird, desto höher schraubt er seine Forderungen gegenüber Ravenna. Kaiser Honorius, der wieder einmal seine Karten überreizt hatte, wiederholt stereotyp seine Forderung nach Auslieferung seiner Schwester. Bestärkt wird er in dieser Haltung von dem kaiserlichen General Constantius, dem Honorius einigen Dank schuldet. Hatte Athaulf dem Kaiser den Nebenbuhler Jovinius vom Hals geschafft, so war es Constantius, der kurz zuvor einen weiteren Usurpator, namens Konstantin, zur Strecke gebracht hatte. Zum Lohn dafür will der wackere General die Ehe mit Galla Placidia, die sich freilich nach wie vor in der Hand des Westgotenkönigs befindet.
Doch König Athaulf hat mittlerweile selbst ein Auge auf die muntere Prinzessin geworfen. Offenbar war seine erste Frau, eine Gotin, die ihm mehrere Kinder geboren hatte, gerade gestorben. König Athaulf mag darin einen Wink des Schicksals gesehen haben, seine geplante Politik der Kooperation mit den Römern dadurch zu krönen, daß er die Tochter des großen Theodosius zur Frau nahm. Anfang 414 wurde in Narbonne Hochzeit gefeiert. Die Vermählung fand mit römischen Zeremonien statt, einstudiert und geleitet von jenem Exkaiser Attalus, mit dem Alarich einst versucht hatte, Honorius aus dem Sattel zu heben. Die kaiserliche Prinzessin nahm den Ehrenplatz ein, ihr frisch angetrauter Gemahl, der Gotenkönig, thronte neben ihr, bekleidet mit einer römischen Tunika.
Mit dieser Art der Hochzeitsfeier, mit der unübersehbaren Unterordnung unter Galla Placidia, wollte Athaulf zum Ausdruck bringen, daß er unter Verzicht auf gotische Souveränität nichts anderes

wollte, als sich und sein Volk in den Dienst des Römischen Reiches stellen. Allem Anschein nach hatte ihn seine frisch angetraute Frau zu dieser Haltung gedrängt.

Es ist dies die endgültige Abkehr von einer Politik, die wenigstens zeitweise damit geliebäugelt hatte, das Reich zu liquidieren und an seine Stelle einen germanischen Staat zu setzen. Der Heilige Hieronymus meint, daß Athaulf ursprünglich die gesamten weströmischen Stammlande zusammenfassen und erobern wollte, um auf diesem Boden als ein neuer Caesar oder Augustus ein Großreich der Goten zu installieren. „Wegen ihrer zügellosen Barbarei aber gehorchten die Goten — das wußte Athaulf aus Erfahrung — keinen Gesetzen.“ Ohne Gesetz aber sei ein Staat kein Staat und so habe sich Athaulf wenigstens vorgenommen, seinen Stolz darein zu setzen, den „römischen Namen in seiner Unversehrtheit mit Hilfe der gotischen Kraft wieder herzustellen und zu verbreiten.“ Soweit der Bericht des Hieronymus, der von anderen Quellen bestätigt wird. Gerade in der ersten Zeit nach seiner Vermählung mit Galla Placidia hat sich der Gotenkönig offenbar mehrfach in diesem Sinne geäußert.

Honorius freilich war auch durch solche Bekundungen nicht versöhnlicher gestimmt worden. Die Heirat seiner Schwester mit dem Gotenkönig war in seinen Augen eine schwere Beleidigung des theodosianischen Hauses. Die Fronten, die Athaulf mit verwandtschaftlichen Banden auflockern wollte, wurden nur noch mehr verhärtet. Jetzt war Athaulf an der Reihe, einen Fehler zu wiederholen, den Alarich schon einmal begangen hatte. Athaulf rief in Gallien jenen Attalus zum Gegenkaiser aus, der in dieser Funktion unter Alarich bereits total versagt hatte. Der Römer Attalus brachte in Gallien überhaupt keinen Fuß auf den Boden. In Rom hatte er wenigstens eine Reihe persönlicher Anhänger, in Gallien dagegen schwebt er sozusagen frei in der Luft, vor dem Fall nur durch die Macht der Goten bewahrt. Attalus residierte mit allem kaiserlichen Prunk zu Bordeaux, erntete aber nur Hohn und Verachtung. In den Augen der römischen Bürger Galliens war Attalus nichts anderes als der geborene, der ewige Verlierer, eine Goten-Puppe, gebraucht und verstaubt aus dem Fundus geholt.

Honorius macht das Theater mit Attalus wieder Mut. Wer in diese alte Trickkiste greift und einen schon einmal abgehalfterten Gegenkaiser hervorzieht, der ist offenbar mit seinem Latein am Ende. Der Kaiser in Ravenna sieht die Zeit gekommen für den Gegenschlag und schickt seinen General Constantius mit einer mittleren Streitmacht nach Südgallien. Constantius war doppelt motiviert. Zum einen wollte er dem Popanz Attalus die Luft ablassen, zum anderen hoffte er König Athaulf entscheidend zu schlagen, um auf diesem Wege doch noch die ersehnte Hand der Galla Placidia zu erlangen. Zu einer offenen Feldschlacht reichten indes seine militärischen Kräfte nicht. Deshalb beschränkte sich Constantius klug darauf, die großen Lagerhallen abzuriegeln und mit einer römischen Kriegsflotte die Häfen am Mittelmeer zu blockieren, um den Getreidenachschub für die Goten zu unterbinden.

Die Hungersnot, die schon vorher die Westgoten geplagt hatte, steigerte sich jetzt von Woche zu Woche und machte die Lage für den König unhaltbar. Athaulf entschloß sich zum Rückzug nach Spanien, aber nicht ohne sich zuvor an den südgallischen Städten schadlos zu halten. Bordeaux wurde noch einmal gründlich geplündert und gebrandschatzt und auch an vielen anderen Orten wandten die Goten die Taktik der verbrannten Erde bei ihrer Absetzbewegung an. Alles, was nicht niet- und nagelfest ist, vor allem sämtliche Lebensmittelvorräte, werden auf die Planwagen gepackt. Für ein weiteres Mal ist das ganze Volk auf Wanderung.

Athaulf fiel in Spanien ein und marschierte entlang der Ostküste bis nach Barcelona. Dort war dem jung vermählten Paar noch eine kurze Zeit des Glücks beschieden. Galla Placidia gebar einen Sohn, dem die Eltern den Namen seines Großvaters Theodosius gaben. Auch dies wieder ein Zeichen dafür, daß es dem Gotenkönig ernst war mit seinem Versuch, eine dauerhafte Aussöhnung mit dem Kaiserhaus in Ravenna herbeizuführen. Vielleicht würde der Sohn schaffen, was die Vätergeneration nicht zuwege brachte.

Man kennt ja derlei auch in bürgerlichen Familien, wo zuweilen ein ungeliebter Schwiegersohn oder eine umstrittene Schwiegertochter ganz plötzlich akzeptiert werden, weil die Freude an einem süßen Enkelkind alle Vorbehalte überwiegt. Vielleicht hatten Athaulf und Galla Placidia geglaubt, daß der kleine Theodosius bei der Verwandtschaft in Ravenna und Konstantinopel für gut Wetter sorgen würde. Doch die Hoffnung war nur von kurzer Dauer. Der kleine Theodosius starb noch als Säugling, von seinen Eltern aufrichtig betrauert.

Ein noch schwererer Schlag für den Gedanken des Ausgleichs zwischen Römern und Germanen war der überraschende Tod des Königs selbst. Wir haben im ersten Kapitel von dem Goten Sarus gehört, der in totaler Opposition zu Alarich gestanden und diesem manche Schwierigkeiten bereitet hatte. Dieser Sarus hatte sich auch in die gallischen Händel eingemischt und war mit einem guten Dutzend seiner Anhänger von Athaulf gefangen und erschlagen worden. Einer von den überlebenden Getreuen des Sarus fand in Barcelona die Gelegenheit zur Rache. Er lockte den König in seinen Reitstall und verübte dort ein Attentat, bei dem Athaulf auf den Tod verwundet wurde. Bevor er starb, hinterließ der Gotenkönig als sein Vermächtnis den Wunsch, Galla Placidia nach Ravenna zurückzugeben, um dadurch die Weichen zu stellen für eine dauernde Aussöhnung mit Rom. Die Nachricht von Athaulfs Tod im Spätsommer des Jahres 415 wurde im kaiserlichen Hause mit großer Begeisterung aufgenommen. In Konstantinopel wurden sogar Festspiele und Feuerwerke veranstaltet. Mochten Ost und West sonst — zumindest insgeheim — gegeneinander arbeiten, wo es um die Familienehre, um den Ruf des theodosianischen Hauses ging, war man sich einig: Es war einfach unerhört, daß ein Barbar es gewagt hatte, eine römisch-kaiserliche Prinzessin zur Frau zu nehmen.

Der Wunsch des sterbenden Königs nach Verständigung wurde allerdings nicht nur bei den Römern nicht ernst genommen. Die Goten selbst fielen zurück in nationalistischen Taumel, und an die

Spitze dieser Anti-Bewegung setzte sich mit einem Handstreich ausgerechnet der Bruder jenes Sarus, der so oft im Bunde mit den Römern gegen die Westgoten-Könige intrigiert und gekämpft hatte. Sigerich, so hieß dieser Charakter-Akrobat, herrschte zwar nur sieben Tage. Aber diese Zeit genügte ihm, um Athaulfs Kinder aus erster Ehe töten zu lassen und Galla Placidia tief zu demütigen. Sigerich führte die Witwe Athaulfs als seine persönliche Gefangene fort, indem er sie vor seinem Pferd zu Fuß laufen ließ.

Der Mann, der dem bösen Spuk ein Ende bereitete, war Athaulfs Bruder Wallia. Er ließ Sigerich ermorden und sich zum neuen König der Goten ausrufen. Auch Wallia war kein unbedingter Anhänger einer Aussöhnung mit Rom, aber immerhin Kavalier genug, um Galla Placidia anständig zu behandeln. Die Ausgangsposition, die er bei seinem Regierungsantritt vorfand, war äußerst schlecht. Die Römer waren dazu übergegangen, nun auch die Ostküste Spaniens zu blockieren. Wiederum standen die Goten hungernd vor dem Nichts, mußten den gesamten Kriegsschatz der letzten Jahre ausgeben, um sich für teures Geld bei den Vandalen ein Existenzminimum an Getreide zu kaufen.

Wallia blieb nichts anderes übrig, als die Flucht nach vorne anzutreten. Was Alarich von Süditalien aus versucht hatte, wollte Wallia von der Südspitze Spaniens aus unternehmen: Er handelte mit den Alanen und Vandalen freien Durchzug durch die Pyrenäen-Halbinsel aus, um von Tarifa aus nach Afrika, in die Kornkammer des Römischen Reiches, überzusetzen. Doch wie fünf Jahre zuvor durchkreuzten spätherbstliche Stürme den Plan der Goten. Eine Vorausabteilung ging mit Mann und Maus vor der afrikanischen Küste verloren. Wallia, in abergläubischer Angst davon überzeugt, daß auf den westgotischen Afrika-Plänen kein Segen lag, gab das Unternehmen auf und marschierte mit seinem Volk den langen Weg zurück, den er gekommen war. Wahrscheinlich sind nicht alle Westgoten an die Meeresenge von Gibraltar hinuntergezogen. Ein Teil der Frauen und Kinder wird unter Bewachung von Truppen in Katalonien — vielleicht entstand der Name dieser Re-

gion aus der Verbindung von Goten und Alanen (Gotalanien) — zurückgeblieben sein. Aber der Treck quer durch die Iberische Halbinsel kommt allein schon einer Völkerwanderung gleich. Auf heutigen Autostraßen ist der Weg hin und zurück an die 2 500 Kilometer lang. Zwar ließen die Vandalen, Alanen und die anderen Völker die Westgoten ziemlich unbehelligt durch ihre Gebiete ziehen, schon weil sie hofften, sie damit loszuwerden; aber auch so muß es eine Strapaze ungeheuren Ausmaßes gewesen sein, Volk und Vieh durch die heißen und trockenen Hochebenen zu treiben.
Kein Wunder, daß die Westgoten am Rande der Verzweiflung waren, als sie wieder vor Barcelona auftauchten. Und zu allem Unglück wartete der römische Feldherr Constantius im Nordosten Spaniens bereits auf sie, um mit ihnen endgültig abzurechnen. König Wallia wollte und konnte es nicht mehr riskieren, mit seinem ausgehungerten Haufen gegen Constantius anzutreten und überwand sich deshalb dazu, mit den Römern Verhandlungen aufzunehmen. Gegen Lieferung von 600 000 Scheffel Korn — ein Scheffel faßt rund 90 Liter — verpflichtete sich Wallia, Galla Placidia an Constantius zu übergeben. Darüber hinaus erklärt er sich bereit, in römische Dienste zu treten und mit seinen Kriegern, sobald sie wieder einigermaßen gestärkt wären, die Iberische Halbinsel von allen Barbaren zu säubern, die im letzten Jahrzehnt dort eingedrungen waren. Die römische Perspektive ist völlig klar: Man hofft, daß sich Goten und Vandalen, Sueben und Alanen und was sich sonst noch so alles in Spanien herumtreibt, gegenseitig die Schädel einschlagen. Diese römische Rechnung, die schon so oft aufgegangen ist, wird sich indes als eine Fehlspekulation erweisen.
Der einzige, der von der neuen Lage profitiert, ist Constantius selbst. Zwar hält ihn Honorius vorerst einmal hin, und auch Galla Placidia ist zunächst überhaupt nicht begeistert von der Idee, dem Herrn General die Hand zum Lebensbund zu reichen. Aber nach zwei Jahren Wartezeit ist es dann doch soweit. Über das Ehebett kommt Constantius zu noch höheren Ehren. Anno 421 erhebt ihn Honorius zu seinem Mitregenten, worüber sich

Constantius aber nicht mehr lange freuen kann, weil er noch im selben Jahr in Ravenna stirbt. Immerhin gelang es ihm, in der kurzen Zeit seiner Ehe zwei Kinder in die Welt zu setzen: Valentinian III., für den Galla Placidia die Regierung ausüben wird, und jene Prinzessin Honoria, die dem Hunnenkönig als Vorwand für seinen Feldzug gen Westen dient.

König Wallias Westgoten, durch die römischen Getreidelieferungen zu neuer Kraft gekommen, erfüllen den Auftrag des Constantius, Spanien von allen Eindringlingen zu säubern, mit solcher Vehemenz, daß sie den Römern geradezu unheimlich werden. Zuerst wenden Wallias Mannen sich gegen die silingischen Vandalen, bemächtigen sich durch List ihres Königs und bringen dem Volk eine vernichtende Niederlage bei. Als nächstes schlagen sie die Alanen so gründlich, daß diese endgültig ihre Selbständigkeit aufgeben und mit ihren Volksresten in den astingischen Vandalen aufgehen. Bleiben eben jene Astingen und die Sueben, die an der Westküste der Halbinsel im heutigen Portugal siedeln. Die Goten, gerade richtig im Schwung, rüsten sich auch gegen diese Völker.

So war nun auch wieder nicht gewettet. Der „furor goticus“ läßt es dem Constantius geraten erscheinen, König Wallia so schnell wie möglich aus Spanien zurückzurufen und seinem Volk dort Land zuzuweisen, wo man es besser unter Kontrolle zu haben glaubt. Die neuen Wohnsitze liegen zwischen Loire und Garonne an der Atlantikküste, in der römischen Provinz Aquitanien II. Nach Südosten ist Tolosa, das heutige Toulouse, die Begrenzung. Vor allem kam es den Römern darauf an, die Westgoten von den Küsten des „mare nostrum“, vom Mittelmeer also, fernzuhalten.

Die Ansiedlung der Westgoten im Jahre 418 erfolgte im Rahmen des römischen Quartierlastengesetzes. Seine Bestimmungen sprachen den eigenen Legionen mindestens ein Drittel vom Hausbesitz und Grund der Quartiergeber zu. Die zahlenmäßige Unterlegenheit der Westgoten legte zunächst äußerste Zurückhaltung und eine weitgehende Anpassung an die einheimische Bevölkerung nahe. Die Großgrundbesitzer mußten zwar ein Drittel ihrer Ländereien

und Gutshöfe abtreten, aber die Kolonen und Kleinbauern durften auf ihrer angestammten Scholle bleiben. Ihnen konnte es auch gleichgültig sein, ob sie von einem römischen Großgrundbesitzer oder von einem gotischen Edeling ausgebeutet wurden. Wahrscheinlich waren die Westgoten sogar umgänglicher, gerechter und sozialer gesinnt als ihre früheren Herren. Im Lauf der Jahre freilich wußten auch die Westgoten ihre Ellbogen tüchtig zu gebrauchen. Aus dem zugesprochenen Drittel wurden zwei Drittel und die römischen Grundherren mußten sehen, wo sie blieben. Alles in allem aber waren die Westgoten so klug, an den bestehenden gesellschaftlichen, wirtschaftlichen und kulturellen Verhältnissen so wenig wie möglich zu ändern. Das römische Recht war auch unter den Westgoten die Richtschnur aller Verwaltungstätigkeit.
König Wallia hat die Durchführung der Ansiedelungsverträge nicht mehr erlebt. Sein Nachfolger Theoderich I. — nicht zu verwechseln mit dem gleichnamigen König der Ostgoten, von dem später noch zu berichten sein wird — baute die westgotischen Positionen teils mit Waffengewalt, teils mit diplomatischem Geschick so weit aus, daß aus der engen Bindung zum römischen Reich eine weitgehend autonome Goten-Herrschaft entstand. Insbesondere die Unruhen, die nach dem Tod von Honorius im ganzen Westreich ausbrachen, wußten die Goten dazu zu nutzen, um bei Arles bis an die Küste des Mittelmeeres vorzudringen. Gelegentlich hat sich Theoderich I. auch für römische Belange geschlagen. Die meisten seiner Feldzüge aber führt er gegen Kaiser und Reich. Im Gegensatz zu anderen Völkern, denen man bei solcher Gelegenheit Bruch des Fahneneids und Rebellion vorgehalten hat, wurden Kriege zwischen Westgoten und Römern als legitime Auseinandersetzungen gleichsam selbständiger Staatsgebiete qualifiziert. Selbst in Ravenna war man sich offenbar klar darüber, daß mit dem Jahr 418 die Gründung des Westgotenreiches datiert.
Erst als der Hunneneinfall das ganze weströmische Reich, insbesondere aber Gallien, in höchste Not bringt, bequemt sich der Westgoten-König wieder dazu, den Römern und ihrem Feldherrn

Aetius Gefolgschaft zu leisten. Aber auch hier werden keine Befehle von oben nach unten erteilt, sondern echte Verhandlungen geführt, die klar erkennen lassen, daß Rom die Souveränität des Westgotenreiches anerkennt.

Franken und Alemannen

Der dritte Hauptverbündete Roms in der Schlacht um Gallien gegen die Hunnen sind neben Burgundern und Westgoten die Franken. Um die Mitte des 5. Jahrhunderts sitzen die Franken im Gebiet des heutigen Belgien und von der Rheinmündung hinunter bis an die Mosel. Die Franken tauchen in der zeitgenössischen Literatur relativ spät auf, sind offenbar ein Sammelname für viele vordem als selbständig bekannte Stämme: Amsivarier und Attuarier, Brukterer, Chamaven, Chasuarier, Chattuarier, Salier, Sigambrer, Tubanten und Usipier sind einige dieser Stämme, aus denen das Volk der Franken hervorgegangen ist. Wir wissen von einem Franken namens Silvanus, der 355, getragen von den Soldaten der Rheinarmee, ein kurzes und erfolgloses Gastspiel als römischer Gegenkaiser gegeben hat. Wir kennen die Namen — Arbogast, Bauto, Merobaudes und Richomer — von vier Franken, die im letzten Viertel des 4. Jahrhunderts in hohen Offiziersrängen eine zuweilen recht zwielichtige Rolle in der römischen Regierung gespielt haben. Für unser eigentliches Thema, die Völkerwanderung, sind die Franken aber unergiebig. Einzelne fränkische Scharen sind, dem Trend der Zeit folgend, sogar bis Afrika vorgedrungen. Aber der ganz überwiegende Teil des Gesamtvolkes erwies sich, seit wir Kenntnis von ihm haben, als ausgesprochen seßhaft. Die Franken haben ihr Einfluß- und Siedlungsgebiet mit allem Bedacht und Schritt für Schritt vergrößert. Wo andere Stämme, über weite Strecken marschierend, Eroberungskriege führten, begnügten sie sich mit Infiltration, mit der langsamen Durchdringung des jeweils angrenzenden Gebiets: Eine Unterwanderung im ursprünglichen Sinn des Wortes! Von den östlichen Gebieten des Niederrheins ausgehend, arrondierten die Franken ihr Herrschaftsgebiet — teils im Einverständnis mit Rom, teils (und das heißt: meistens) im Bündnis mit anderen Stämmen gegen das Reich.

Kein Volk dieser Epoche begriff Politik als Kunst des Möglichen so gut wie die Franken. Sie wußten sich jeder neuen Lage schnell anzupassen und jede Chance zu wahren, um mit geringstmöglichem Aufwand größtmögliche Ziele zu erreichen. Bei den Römern, die selbst nicht anders vorgingen, aber von den Germanen solch kaltes Kalkül nicht gewohnt waren, brachte dieses Vorgehen den Franken den Ruf besonderer Treulosigkeit ein. Dabei betrieben die Franken nichts anderes als nationale Interessenpolitik. Ihrem ureigensten Interesse diente auch das Bündnis, das sie mit Aetius gegen die Hunnen eingingen. Hätte sich Attila gegen Italien gewandt, hätte außer ein paar abenteuerlustigen Söldnern kein Franke einen Finger für Rom gerührt. Da aber Attila offen drohte, ganz Gallien als seine Mitgift für die geplante Hochzeit mit Prinzessin Honoria zu beanspruchen, lag der Fall anders. Gute Politik verlangt zuweilen, sich mit Beelzebub gegen den Teufel zu verbünden.

Bleiben als wichtige Macht auf gallischem Boden die Alemannen, auf die wir im Vorausgegangenen schon öfter gestoßen sind. Die Alemannen („Alle Männer") sind als Volk identisch oder doch sehr nahe verwandt mit den Sueben („Schwaben") und bewohnen zur Zeit des Hunneneinfalls nach Westeuropa die Gebiete am Oberrhein zu beiden Seiten des Flusses; also das Elsaß auf gallischer, Baden und Teile von Württemberg auf der rechten Rheinseite. Auch die ersten Vorstöße in die heutige Nordschweiz dürften um 450 schon erfolgt sein. Nach Norden zu ist die Grenze zu den Franken noch nicht festgelegt. Die Einflußgebiete beider Völker haben sich wohl auf dem Boden des ehemaligen Burgunderreiches, irgendwo in der Gegend um Worms und Mainz, berührt.

Auch die Alemannen haben ein vitales Interesse daran, ihren Besitzstand gegenüber Attila zu wahren und Gallien zu verteidigen.

Kleinere Truppenkontingente haben sich deshalb der Entsatzarmee des Aetius angeschlossen. Im übrigen aber beschränken sich die Alemannen auf wohlwollende Neutralität gegenüber den Römern, was zur Folge hat, daß die hunnischen Eindringlinge gezwungen werden, einen großen Bogen um die alemannischen Lande zu schlagen. So unterschiedlich die Ziele des Kaiserhauses in Ravenna und seines Generalbevollmächtigten Aetius einerseits, sowie der jungen germanischen Reiche auf römischem Boden andererseits sind: in der Not ziehen sie alle an einem Strang. Die Aussicht, von den Hunnen ausgeplündert und ausgebeutet zu werden, läßt die Bewohner Galliens für den Augenblick wenigstens alle anderen Differenzen vergessen. Nüchternheit und Realitätssinn zeichnen die Schwaben in politischen Dingen heute noch aus.

Burgunder und Westgoten, Franken und Alemannen ergeben zusammen mit den Römern eine Phallanx, mit der Attila sicher nicht gerechnet hatte. Der Nomadenfürst ging davon aus, daß Gallien innerlich zerrissen, politisch und militärisch ohnmächtig war: ein Zankapfel widerstreitender Interessen, ein Land, in dem jeder für sich und alle gegen alle arbeiteten. So hatten es ihm seine hunnischen Spione berichtet, und in dieser Meinung wurde er auch von Eudoxius, dem Räuberhauptmann der Bagauden, bestärkt. Attila unterliegt einem Trugschluß wie manch anderer Diktator oder Gewaltherrscher der Geschichte. So wie Hitler es nicht für möglich gehalten hätte, daß die westlichen Demokratien, die er für schwach und handlungsunfähig erachtete, dem Druck der nationalsozialistischen Expansion einmal standhalten würden, so mag auch Attila nicht auf den Gedanken gekommen sein, die Bewohner Galliens könnten sich in der Stunde der Bedrängnis zusammenfinden zu einem Bündnis gegen den Eroberer. Ein anderer Eindringling hätte vielleicht darauf bauen dürfen, die verschiedenen Völker auf gallischem Boden gegeneinander ausspielen zu können. Doch der Ruf, der Attila vorausging, und die Rechnungen, die vor allem Westgoten und Burgunder mit den Hunnen noch offen hatten, machten solche Hoffnungen illusorisch.

Gegenspieler Aetius

Der Mann, der die Abwehr gegen die Hunnen organisierte und koordinierte, war der römische Generalissimus Flavius Aetius. Er wurde etwa um das Jahr 390 geboren, war also genauso alt wie sein Gegenspieler Attila, vielleicht um einige Jahre älter. Seine Familie ist barbarischer Herkunft. Aber sein Vater Gaudentius hatte in römischen Diensten bereits eine überdurchschnittliche Karriere gemacht. Unter vielen hohen Offiziers- und Beamtenstellen, die Gaudentius bekleidete, war die des Militärbefehlshabers von Afrika wahrscheinlich die bedeutendste. Aus dieser Zeit, um die Wende zum 5. Jahrhundert, ist uns auch sein Name als unerbittlicher Gegner des Heidentums überliefert. Gaudentius setzte offenbar seinen Ehrgeiz darein, möglichst viele Tempel der alten Religion niederreißen zu lassen. Als er um das Jahr 420 bei einer Militärrevolte in Gallien den Tod fand, war sein Sohn Flavius Aetius bereits auf dem Weg zu einer mindestens genauso erfolgreichen Laufbahn.

Die Mutter des Aetius war eine ebenso reiche wie vornehme Römerin, die alles tat, um ihrem Sohn das nötige geistige und militärische Rüstzeug für seine Karriere mitzugeben. So wurde das Manko, daß Aetius nicht in Rom, sondern in einer Kleinstadt an der Nordgrenze des heutigen Bulgarien geboren wurde, mehr als wett gemacht. Der Knabe Aetius, so wird uns überliefert, fiel schon sehr früh durch sein außerordentliches Geschick im Umgang mit Waffen und Pferden auf. Offenbar war er auch ein guter Schüler, der seine lateinischen und griechischen Klassiker kannte. Aetius startete, wie sein Gönner Stilicho, seinen beruflichen Aufstieg als kaiserlicher Sekretär im Offiziersrang und bekleidete bald die Stellung eines Kommandeurs der Palastwache. Stilicho war wohl der Ansicht, daß dem jungen Mann zur Vervollkommnung seiner Fähigkeiten ein bißchen Weltläufigkeit gut tun müßte, und so wurde Flavius Aetius mit einigen jungen Kameraden dazu ausersehen, im Jahre 407 dem Gotenkönig Alarich als Geisel zu dienen.

Wir haben an anderer Stelle schon darauf hingewiesen, daß ein Leben als Geisel eher eine Auszeichnung und große Chance, als eine wirkliche Gefahr war. Auch dem Aetius wurde von Alarich kein Haar gekrümmt, obwohl sich in den Jahren seines Geisel-Daseins Römer und Westgoten oft genug bekriegten. Wobei Verträge, die man miteinander geschlossen hatte, von beiden Seiten gebrochen wurden. Spätestens mit Alarichs Tod und mit dem Abzug der Westgoten aus Italien wird die Geisel-Funktion des Aetius beendet gewesen sein. Und mit ziemlicher Sicherheit hat Aetius aus dieser Zeit großen persönlichen Gewinn gezogen, hat Kontakte geknüpft und wertvolle Erfahrungen gesammelt. Wäre es anders gewesen, so hätten es seine einflußreichen Eltern ganz bestimmt zu verhindern gewußt, daß der junge Offizier ein zweites Mal als Geisel abgestellt wurde, diesmal bei den Hunnen.

Es spricht einiges dafür, daß bereits aus dieser Zeit eine persönliche Bekanntschaft zwischen Aetius und Attila datiert, der damals als Prinz noch einer von mehreren Thronprätendenten war. Aetius lernte bei den Hunnen nicht nur deren Mentalität, ihre Sitten, ihre Kampftechnik, ihre politischen Vorstellungen und ihre Sprache kennen, sondern schloß darüber hinaus bestimmt auch die eine oder andere engere Freundschaft, die er nie mehr ganz abreißen ließ.

Als Honorius 425 stirbt, ist Flavius Aetius ein Mittdreißiger. Des Kaisers Nachfolger Johannes, der sich selbst den Purpur angezogen hatte, ernennt den vielgewandten Karrieristen zu seinem Haushofmeister und zum Anführer seiner Leibwache. Weil Ost-Rom nicht gesonnen ist, den Usurpator anzuerkennen, sondern vielmehr Schritte unternimmt, die Ansprüche der Galla Placidia für ihren kleinen Sohn Valentinian durchzusetzen, kommt Johannes ziemlich schnell in Schwierigkeiten. Er schickt Aetius mit sehr viel Gold zu den Hunnen aus, um diese als Söldner für seine Sache anzuwerben. Aetius gelingt diese heikle Mission auch. Auf Grund seiner Sprachkenntnisse und Verbindungen trommelt er eine Armee von einigen Zehntausend Hunnen und anderen Barbaren zu-

sammen und führt sie von Ungarn aus bis nach Ravenna. Allerdings kommt er um einige Tage zu spät. Denn inzwischen hatte Kaiser Johannes, der ihn ausgesandt hatte, erstens die entscheidende Schlacht und zweitens seinen Kopf verloren.
Im Grunde ist das eine schreckliche Situation für Aetius, weil er ganz eindeutig aufs falsche Pferd gesetzt hat. Er steht nun mit einer riesigen Schar von Barbaren vor den Toren Ravennas und weiß nicht recht, was er mit ihnen anfangen soll und wie er sich aus dieser verzwickten Lage wieder herausmanövrieren kann. Aber gerade in der Not zeigt sich der Meister — und das überdurchschnittliche politische Talent des Aetius. Er bietet seine Dienste der Kaiserinmutter Galla Placidia an und verlangt dafür nicht weniger als den militärischen Oberbefehl in Gallien. Noch genialer aber ist sein Plan mit den Hunnen, der Galla Placidia und ihren Beratern sofort einleuchtet. Aetius verschafft den Hunnen für ihren Einsatz die Provinz Savia, also das Land zwischen Save und Donau, die Gegend um das heutige Belgrad. Savia ist die östlichste Provinz des Westreiches; und damit weist Ravenna den Hunnen die Richtung künftiger Expansion. Durch ein loses Bündnis mit West-Rom im Rücken gedeckt, sollen die Hunnen ihre Eroberungsgelüste gegen Konstantinopel austoben.
Aetius erhält in den ersten Jahren der Regierung der Galla Placidia manches hohe militärische Kommando. Er kämpft im südlichen Gallien gegen Westgoten, am Rhein gegen Alanen und Franken, in der Bretagne gegen aufständische Gallier. Und immer führt er hunnische Söldner mit sich als seine private Fremdenlegion. Um seine Kooperation mit den Hunnen noch mehr zu festigen, schickt Aetius ihnen seinen Sohn Carpilio als Geisel.
Der unaufhaltsame Aufstieg des Aetius findet selbstverständlich Neider. Sein gefährlichster Konkurrent ist Bonifatius, der militärische Oberbefehlshaber in Afrika. Auch Bonifatius fühlt sich zu noch höheren Aufgaben berufen, und zwischen beiden setzt ein munteres Intrigenspiel ein. Aetius ist zunächst im Vorteil, weil er näher an Ravenna sitzt und seine Verleumdungen gezielter und

schneller einsetzen kann. Als Bonifatius um seine Stellung und sein Leben fürchten muß, gleiten ihm in seinem eigenen Bereich die Fäden aus der Hand. Zwar ist es nicht erwiesen, daß er selbst die Vandalen zu Hilfe gerufen hat, um mit ihnen vereint von Afrika aus Front gegen die Zentrale zu machen, aber wahrscheinlich hat er mit dem vandalischen Feuer gespielt, hat es jedenfalls zu lange wegen anderer Sorgen schwelen lassen. Als er sich 429 gegen die Eindringlinge wendet, ist es zu spät. König Geiserich hat sich bereits auf dem Schwarzen Kontinent festgesetzt und schlägt die Truppen des Bonifatius zurück.
Gerät so der Streit zwischen den beiden Konkurrenten dem Reich zum Nachteil, so zieht Aetius persönlich großen Gewinn aus der Affäre. Er wird zum Heermeister ernannt und erringt damit die höchste militärische Position, die es im weströmischen Reich gibt. Während in Ost-Rom je ein General über Infanterie und Kavallerie befiehlt, ist Aetius in seinem Bereich Oberbefehlshaber beider Waffengattungen, eine Art Reichsmarschall. Ein Jahr später, 430, mischt er auch im zivilen Sektor mit. Er zettelt einen Aufstand an und nützt die Verwirrung dazu, einen widerspenstigen Konsul töten zu lassen, den er durch eine ihm hörige Kreatur ersetzt. Zwei Jahre später läßt er sich selbst zum Konsul wählen.
Spätestens jetzt begreift Galla Placidia, daß Aetius auf dem besten Wege ist, so etwas wie ein Überkaiser zu werden. Bevor es endgültig zu spät ist, versucht sie die Notbremse zu ziehen. Den rasend schnellen Aufstieg des Aetius soll niemand anderer stoppen als jener General Bonifatius, der trotz seiner Schlappe in Afrika wieder in Gnaden bei Hofe aufgenommen wurde. Galla Placidia enthebt Aetius aller seiner Ämter und setzt Bonifatius als Heermeister ein. Doch Aetius ist längst zu mächtig, um sich mit einem Federstrich abservieren zu lassen. Er sammelt seine Anhänger um sich, wirbt wieder hunnische Söldner an. Zuerst schlagen sich die Heere, zuletzt treten der alte und der neue Heermeister gegeneinander in einem ritterlichen Zweikampf an. Der Wurfspieß des Aetius verwundet den General Bonifatius dabei tödlich. Die Szene,

die folgt, mutet geradezu kitschig an, und der große Historiker Mommsen meint dazu, „ein Ritterbuch zu lesen." Sterbend ruft Bonifatius seine Frau zu sich und beschwört sie, im Fall einer Wiederverheiratung nur Aetius zum Gemahl zu nehmen.
Galla Placidia freilich sieht die Sache anders und frei von jeder Rührseligkeit. Sie ernennt den Schwiegersohn des toten Bonifatius zu ihrem Heermeister. Aetius sucht Zuflucht und Hilfe bei den Hunnen, die ihm bereitwillig Truppen zur Verfügung stellen. Erst jetzt bleibt auch der Kaiserinmutter nichts anderes übrig, als sich dem Zwang der Tatsachen zu fügen. Der Schwiegersohn und Nachfolger des Bonifatius wird gestürzt und flieht nach Konstantinopel. Aetius aber kehrt stärker denn je nach Ravenna zurück. In den Jahren 433 bis 450 ist er die dominierende Persönlichkeit im weströmischen Reich, ist Heermeister und Konsul und bekleidet den Rang eines Patrizius, worunter wir einen Reichsverweser verstehen müssen. Ihm fällt kraft Amtes, aber auch durch seine militärische und politische Erfahrung sowie durch die unzweifelhafte Autorität, die er sich in sechzig Lebensjahren erworben hat, die Führungsrolle im Entscheidungskampf gegen die Hunnen zu.

Aufbruch nach Gallien

Wir haben König Attila im anbrechenden Frühling des Jahres 451 verlassen, als er mit seinen Verbündeten zum Schlag gegen Gallien ausholte. Der große Treck nach Westen ist keine Völkerwanderung, sondern ein Feldzug. Das heißt: Attila ließ Kinder, Weiber und Greise zurück und zog nur mit den waffenfähigen Hunnen los. Natürlich wird er im Troß auch eine Menge Frauen mitgeführt haben, zur eigenen und zu seiner Truppen „Entspannung". Im übrigen aber dürfte er seinen Kriegern versprochen haben, daß er in Gallien für ausreichende Abwechslung sorgen werde. Wenn Nomadenvölker auf dem Kriegspfad sind, mag es viele Probleme geben: Sexuelle Frustrationen gehören jedenfalls nicht dazu.

Mit den hunnischen Verbänden brechen Kontingente aller unterworfenen Völker auf: Ostgoten vor allem und Alanen, aber auch alle jene Beutegermanen, deren Gebiete auf dem Weg nach Gallien liegen: Versprengte Vandalen, Gepiden, Skiren, Rugier, Heruler, Quaden, Thüringer, rechtsrheinische (ripuarische) Franken und Alemannen sind darunter. Es muß eine für damalige Zeiten jedenfalls unvorstellbar große Streitmacht gewesen sein, die sich gegen Westen wälzte. Attila war deshalb gezwungen, seine Armee allein aus logistischen Gründen in mehreren Heeresgruppen marschieren zu lassen. Anders wäre die Versorgung der im wesentlichen berittenen Truppen nicht zu bewerkstelligen gewesen. Der militärische Lehrsatz, der getrenntes Marschieren und vereintes Schlagen verlangt, wird von Attila nicht nur aus strategischen Gründen angewendet. Er hätte es wahrscheinlich vorgezogen, alle Verbündeten um sich zu haben, schon um sie stets unter Kontrolle zu halten.
Für die Aufteilung der Invasionsarmee sprechen auch noch andere, ganz praktische Gründe. Die Hilfsvölker, von Attila zur Heeresfolge gerufen, suchen sich alle den schnellsten, den direkten Weg zum Rhein. Und aus diesem Grunde dringt die Streitmacht des Hunnenkönigs an vielen Stellen in Gallien ein: Im Süden, unter Umgehung der alemannischen Gebiete in der Gegend von Basel, bis hinauf in den Norden, wo am unteren Rhein Thüringer und Franken nach Gallien durchbrechen. Freilich hat dieses aus der Not geborene Vorgehen auch einen militärischen Effekt. Die römischen Verteidiger haben so keine Chance, den Feind bereits an den Grenzen abzufangen, weil sie nicht wissen, wo überall er einfallen wird.
Man hat Aetius vorgehalten, daß er Gallien den Hunnen praktisch kampflos ausgeliefert und viel zu spät mit seiner Armee eingegriffen hat. Dieser Vorwurf ist sicher ungerechtfertigt. Aetius wußte, was auf dem Spiel stand, und konnte deshalb die Schlacht erst wagen, als er sich seines Erfolges einigermaßen sicher sein durfte. Außerdem dauerte es eine schier endlose Zeit, bis er alle seine Verbündeten unter einen Hut gebracht hatte. Die germanischen Völker auf gallischem Boden konnte er erst in dem Augenblick zum

Mitmachen bewegen, in dem deren eigene Gebiete unmittelbar bedroht waren. Für römische Interessen allein wollte sich kein Germanenfürst so ohne weiteres schlagen.
Den genauen Vormarschweg Attilas durch Gallien nachzuzeichnen, ist weder unser Ehrgeiz noch das Thema dieses Buches. Am 7. April, dem Ostersamstag des Jahres 451, erobern die Hunnen die Stadt Metz. Sie sind jetzt wieder zu den Untugenden ihrer Väter zurückgekehrt: Sie rauben und plündern, vergewaltigen und morden und am Schluß brennen sie den Platz nieder, machen ihn dem Erdboden gleich. So ziehen sie von Stadt zu Stadt, von Region zu Region. An verschiedenen Plätzen treten ihnen mutige Bischöfe entgegen, als Sprecher einer Bevölkerung, deren staatliche Organe längst das Weite gesucht haben. Manchem dieser Kirchenfürsten ist solche Tapferkeit übel bekommen. Außer einem schönen Ehrenplatz in der Liste der Märtyrer erreichten sie nichts. Andere Priester, wie der Bischof Alpin von Chalons sur Marne, hatten dagegen Erfolg. Mag sein, daß den Hunnenkönig die ehrfurchtsgebietende Gestalt dieses katholischen Bischofs in vollem Ornat beeindruckt hat, daß er, abergläubisch wie er war, in Alpin einen Zauberer mit geheimen Kräften vermutete, mit dem man sich lieber nicht anlegte.
Wahrscheinlicher freilich ist, daß ihn Bischof Alpin mit schlichten Vernunftsgründen überzeugt hat. Alpin argumentierte, die Taktik der verbrannten Erde könne den Eroberern nichts nutzen. Wichtiger als rauchende Trümmerhaufen wären feste Stützpunkte mit einer funktionierenden Hunnenbesatzung. Vielleicht hat der Bischof den Hunnenkönig hinausgeleitet in die weiten Ebenen der Champagne und ihm vor Augen geführt, daß hier das geeignete Schlachtfeld für seine Reitervölker läge. Gut denkbar, daß Attila bei dieser Gelegenheit auch die Stelle inspiziert hat, die heute noch als Camp d'Attila in ihren Überresten deutlich zu sehen ist. Wir wissen nicht, ob dieses befestigte Lager schon vorher errichtet worden war (möglicherweise stammt es sogar aus vorrömischer Zeit), oder ob es Attila als Zwischenbasis von Gefangenen schanzen ließ. Wie

auch immer, der Hunnenkönig wird sich diese Stelle genau gemerkt haben und zu gegebener Zeit darauf zurückkommen.
Die hunnische Hauptarmee zieht weiter mit Mann und Roß und Wagen, mit Belagerungsgerät und Verpflegungskolonnen. Viel System liegt nicht in diesem Vormarsch. Manche befestigte Städte berennen sie mit aller Verbissenheit, an anderen ziehen sie fast achtlos vorüber, wenn der erste Sturmangriff nicht zum Erfolg führt. Im Frühsommer stehen Attila und seine Scharen vor Orleans, das wiederum unter der Führung eines Bischofs namens Anianus heldenhaft verteidigt wird. Ein Wettlauf mit der Zeit beginnt. Die Eingeschlossenen in Orleans wissen, daß vom Süden her die große Entsatzarmee naht, die unter Führung des Aetius und des Westgotenkönigs Theoderich steht. Mitte Juni, wenn wir uns der Zeitrechnung des Jordanes anschließen, taucht dieses Heer am Horizont auf. Attila fühlt sogleich, daß ihm die Felle davonschwimmen. Wenn schon die große Schlacht um Gallien, um das Abendland geschlagen werden muß, dann will er die Initiative nicht dem Feind überlassen, sondern selbst Ort und Zeit des Treffens bestimmen.
Das Schlachtfeld seiner Wahl kann nur die Champagne sein. In diesem flachen Gelände, das man nach allen Seiten viele Kilometer weit überblicken kann, sind die Hunnen auf ihren schnellen Pferden im Vorteil. Hier kann sich eine Reiterarmee entfalten, kann sie den Feind mit blitzschnellen Vorstößen verwirren und auseinanderdividieren. Hier muß die hunnische Taktik des Bewegungskrieges Triumphe feiern über die strengen Schlachtordnungen der Römer und ihrer germanischen Verbündeten. Aetius weiß das natürlich auch und versucht deshalb, den Gegner schon vor den Toren von Orleans zu stellen. Und als Attila zum Rückzug bläst, stoßen schnelle Verbände des Aetius möglichst rasch nach.
Über Ort, Zeitpunkt und Verlauf der Völkerschlacht auf den Katalaunischen Feldern liegen uns einige Berichte vor, die sich allerdings in wichtigen Fakten widersprechen. Jordanes nennt den 20. Juni als Tag, an dem die Kämpfe begannen, andere Quellen ver-

legen die Schlacht auf Anfang September. Wir wollen uns hier nicht am Gelehrtenstreit über das richtige Datum beteiligen, schon weil es für unser Thema ziemlich unerheblich ist, wann genau die Schlacht geschlagen wurde. Nur soviel sei angemerkt: Das Argument, die Hunnen hätten den Weg von Metz nach Orleans und zurück in die Champagne in nur 75 Tagen kaum zurücklegen können, überzeugt uns nicht. Gerade ein Heerhaufen, der zum überwiegenden Teil aus Berittenen bestand, ist beweglich genug, um das zu schaffen. Wir wissen ja auch von den Westgoten, daß sie ähnliche Entfernungen in noch kürzerer Zeit und zwar mit ihrem gesamten Volk bewältigt haben.
Auch die Berichte über Vorspiel und Verlauf der Schlacht gehen auseinander. So wissen wir nicht, ob auf dem Weg von Orleans nach Chalons nur kleine Scharmützel zwischen der Hunnen-Nachhut und den sie verfolgenden Spitzen des Aetius stattgefunden haben, oder ob es schon eine Reihe verlustreicher Treffen gegeben hat, bevor die Hauptschlacht zwischen Troyes und Chalons in Gang kam. Am weitesten aber divergieren die Angaben über die Zahl der Toten auf den Katalaunischen Feldern. Die einen sprechen von rund 15 000 Toten auf jeder Seite, andere versteigen sich in eine Höhe von mehr als 300 000 Gefallenen, was nun wirklich gewaltig übertrieben sein muß. Wahrscheinlich sind auf beiden Seiten nicht viel mehr als 100 000 Mann zur Schlacht angetreten; und aus unseren Quellen ergibt sich, daß zwar die Germanen im Kampf gegeneinander ungewöhnlich hohe Verluste hatten, die hunnischen und römischen Kontingente jedoch ihren Hauptbestand erhalten konnten.
Aber die Historiker der Antike — und die der Völkerwanderungszeit zumal — sind keine kritischen Wissenschaftler oder Militärexperten, sondern zuallererst einmal Anekdotenerzähler. Wir können sie ein bißchen mit den Sensationsjournalisten unserer Tage vergleichen. Wenn mehrere Angaben über die Zahl der Opfer vorliegen, dann wählt auch der Historiker der Antike die höchste, von irgendeiner Seite angegebene Ziffer, um seine Lesergemeinde ent-

sprechend zu beeindrucken. Und er schmückt dieses Blutbad auch noch gehörig aus. Unser Informant Jordanes zum Beispiel, der genau hundert Jahre danach den Verlauf der Schlacht schilderte, hat selbst einige Bedenken: „Wenn wir den Erzählungen der Älteren Glauben schenken dürfen", so schränkt er ein, „dann war der kleine Fluß, der die Ebene durchfließt, von dem Blut der Gefallenen gefärbt." Aber er gibt auch eine noch tollere Geschichte zum besten: „Das Flüßchen", so Jordanes, „war durch das Blut zu einem reißenden Strom angeschwollen." Damit keine Mißverständnisse aufkommen, erklärt Jordanes, daß es keine Regengüsse gegeben hat. Und er weiß zu berichten, daß die vom Kampf erschöpften Krieger ihren brennenden Durst in einer geröteten Mischung aus Blut und Wasser stillen mußten.

Einer naturwissenschaftlichen Untersuchung halten solche Angaben beim besten Willen nicht stand. Selbst wenn wir von der allerhöchsten Zahl von Gefallenen ausgehen — 165 000 Mann auf jeder Seite — und wenn wir sie uns alle so gräßlich verstümmelt vorstellen, daß jeder vier bis fünf Liter Blut verströmt hat, dann sickerten in die Ebene der Champagne eineinhalb Millionen Liter Blut. Wären alle Toten auf einem einzigen Quadratkilometer, also auf einer Million Quadratmetern gelegen, ergäbe sich pro Quadratmeter eine Blutmenge von 1,5 Litern. Eine Regenmenge von fünf Litern pro Tag und Quadratmeter ist in mitteleuropäischen Breiten keine Seltenheit, ein spürbares Anschwellen von Flüssen und Bächen setzt erst bei zehn bis zwanzig Litern pro Quadratmeter ein. Wer sich einmal vorrechnen hat lassen, wieviel Kubikmeter Wasser auch ein kleines Flüßchen in der Stunde transportiert, wird nicht einmal an eine erkennbare Rötung des Wassers durch das Blut der edlen Recken glauben.

Aber solche Geschichten klingen eben gut und werden von den Lesern geradezu verschlungen. Genauso erfordert es die Spannung, daß sich die Heeresmassen nicht anonym gegenseitig abschlachten, sondern daß die Führerfiguren auf beiden Seiten sich zum Zweikampf finden. So stellt Jordanes neben die glaubwürdige Version, der Westgotenkönig Theoderich sei im Getümmel vom Pferd geschleudert und von seinen eigenen Mannen zertrampelt worden, die aufregendere Variante, wonach es der Ostgote Andagis, ein Mann aus dem fürstlichen Geschlecht der Amaler gewesen sei, der den königlichen Stammesbruder mit seinem Wurfspeer erledigt habe. Zur Abrundung des Dramas verrät uns Jordanes noch von Theoderich, daß so „sein Leben im hohen Greisenalter geendet" habe. Der „Greis Theoderich" war — nach allem was wir wissen — ein Mann in den besten Jahren und sicherlich nicht älter als Aetius und Attila.

Festhalten wollen wir, daß es vor allem die germanischen Hilfsvölker auf beiden Seiten waren, die auf den Katalaunischen Feldern den höchsten Blutzoll zu entrichten hatten. Die Burgunder, die sich mit begreiflicher Wut in den Kampf stürzten, trafen zuerst nicht auf die Hunnen, sondern auf Gepiden. Sie rieben sich gegenseitig fast auf. Ostgoten lieferten sich vor allem mit den Westgoten verlustreiche Gefechte, rechtsrheinische Franken wurden auf ihre linksrheinischen Stammesbrüder losgehetzt. Dabei ist wahrscheinlich Gundebaud, der Führer der ripuarischen Franken, gefallen, wodurch der Weg frei wurde für den salischen König Merowech, der als Ahnherr des Geschlechts der Merowinger gilt.

Die germanischen Stämme haben sich offenbar in der Champagne so ineinander verbissen, daß alle taktischen Überlegungen, die Attila vor der Schlacht angestellt haben mag, nicht mehr zum Tragen kamen. Die Hunnen, die sich mit ihrer Hauptstreitmacht im Zentrum befanden, sahen sich eingekeilt und ihrer Bewegungsfreiheit beraubt. Kavallerie braucht Platz, um Wirkung zu erzielen. Diesen Platz aber hatten die Hunnen nicht. Deshalb müssen sie froh sein, daß sie sich nicht gegenseitig niederreiten, sondern am Abend der Schlacht noch einigermaßen geordnet den Rückzug antreten können. Attila war ja — wir haben schon darauf hingewiesen — nicht der große Stratege und Schlachtenlenker, sondern beschränkte sich im wesentlichen darauf, den Seinen Mut zuzusprechen: „Laßt Euch von Begeisterung entflammen", soll der Hun-

nenkönig nach dem Bericht des Jordanes gerufen haben. „Laßt heiß in Euch die Kampfeswut auflodern! Beweist Eure Klugheit! Zeigt, was Eure Waffen vermögen!“ Ein Feldherr, der in der Schlacht an die Klugheit seiner Unterführer appelliert, statt mit klaren Befehlen selbst den Verlauf der Dinge bestimmen zu wollen, ist jedenfalls eine ungewöhnliche Erscheinung.
Unter den vielen Schlachtbeschreibungen, die uns vom Campus Mauriacus (so der lateinische Name vom Ort der Handlung) vorliegen, berichtet eine, König Attila habe den Beginn des Schlagabtausches ganz bewußt hinausgezögert und sich erst am Nachmittag dem Kampf gestellt. Dabei soll er insgeheim schon mit der Möglichkeit gerechnet haben, das Feld als Besiegter räumen zu müssen. Um sicherzustellen, daß der Rückzug im Schutze der Nacht stattfinden könne, habe der Hunnen-Herrscher — wie man im Sport-Jargon sagen würde — „Zeit geschunden“.
Wenn es wirklich so war, dann hat Attila hellseherische Fähigkeiten bewiesen. Denn in der Tat, und daran besteht kein Zweifel, haben die Hunnen die Hauptrunde dieser Schlacht verloren. Sie mußten froh sein, daß sie gerade noch glimpflich davonkamen und einen halbwegs geordneten Rückzug in das befestigte Lager zustande brachten. Dieses Camp d'Attila, durch Erdwälle geschützt, ist ein weiches Fünfeck, ein etwas aus der Façon geratener Kreis mit Hang zur Ellipse von rund zwei Kilometern Umfang mit einer Fläche von gut zwanzig Hektar. Platz genug also, um die Reste von Attilas Streitmacht aufzunehmen. Zwanzig Hektar sind 200 000 Quadratmeter, auf denen sich — wenigstens für eine kurze Zeit — an die 80 000 Krieger samt Pferden einrichten konnten, zumal durch das Lager ein Flüßchen rauschte, das den Durst von Mensch und Vieh löschen konnte. In den Gefangenenlagern des Zweiten Weltkriegs ging es jedenfalls manchmal weit enger her. Und ein Nomadenvolk wie die Hunnen war an Hunger und Entbehrungen gewöhnt. Ein weichgerittenes Stück Fleisch werden sie wohl mitgeführt haben und das Schaftmesser, um es zu schneiden. Mehr brauchten diese abgehärteten Krieger nicht.

Die Stimmung im Hunnenlager muß ziemlich verzweifelt gewesen sein. Attila wollte sich nicht mit dem Gedanken befreunden, dem Aetius oder seinen Verbündeten lebendig in die Hände zu fallen. Er ließ deshalb inmitten des Lagers aus Pferdesätteln und anderem brennbarem Material für alle Fälle einen Scheiterhaufen errichten. Wenn er schon aus dieser Welt gehen mußte, dann wollte er auch optisch noch ein grausiges Fanal setzen. Der Selbstmord freilich wird nur die ultima ratio gewesen sein. Gerade die hervorragende Treffsicherheit der hunnischen Pfeilschützen machte nämlich das Lager praktisch uneinnehmbar. Aetius hätte eigentlich nur eine Chance gehabt, den Hunnen den Rest zu geben: Er hätte mit all seinen Soldaten einen großen Ring um das Camp d'Attila ziehen und versuchen müssen, die Belagerten auszuhungern. Wobei er nie sicher vor Ausfallversuchen sein konnte. Wenn die Hunnen an irgendeiner Stelle mit geballter Kraft herausgestürmt wären, hätten die Linien des Aetius — er hatte ja im äußeren Kreis eine ungleich längere Front zu besetzen — schwerlich standgehalten. Der römische Feldherr hätte dann seine Truppen sammeln und umgruppieren müssen, um auf freiem Feld die Hunnen erneut zur Schlacht zu stellen.

Dies könnten die militärischen Erwägungen des Aetius gewesen sein, die ihn davon absehen ließen, aus einem halben Sieg einen ganzen zu machen. Aber es gab wahrscheinlich auch politische Gründe, die dafür sprachen, Attila und die Hunnen ziemlich unbehindert abziehen zu lassen. Im Spiel der Kräfte, in der römischen Kalkulation des Gleichgewichts, hatten auch die Hunnen ihren festen Platz. Nur solange die hunnische Gefahr drohte, hielt die römische Allianz mit den Germanen auf gallischem Boden. Hätte Aetius die Hunnen total niedergemacht, wäre die nächste Auseinandersetzung schon programmiert gewesen. Die Westgoten und Franken, die Alemannen und Burgunder hätten den Lohn für ihre Kriegsdienste eingeklagt. Neben diesen — wenn wir so sagen dürfen — innenpolitischen Motiven stehen sicher auch außenpolitische Überlegungen. Der Dämpfer, den die Hunnen erhalten hatten, mußte sie eigentlich wieder auf den Weg zurückführen, den man in Ravenna für den einzig rechten hielt: Attila sollte auf längere Sicht sich wieder den lieben Verwandten in Konstantinopel zuwenden, schon damit diese nicht auf die Idee kommen könnten, sich in weströmische Belange einzumischen. So gesehen hätte sich Aetius an eine Devise gehalten, die schon einem seiner Vorgänger im Amt des Heermeisters, Stilicho, in seinen Dauerkriegen mit Alarich als Richtschnur gedient hatte: Man soll einen Gegner, den man vielleicht noch einmal brauchen kann, nie aus Übermut und nie ohne zwingende Gründe vernichten.

Aetius hatte es übrigens nicht leicht, diese Linie bei den Verbündeten durchzusetzen. Besonders die Westgoten schrien nach Vergeltung, wollten den Tod ihres Königs Theoderich in einem neuen Waffengang rächen. Aetius mußte alle Überredungskunst aufbieten, um Theoderichs Sohn Thorismund zurückzuhalten. Jordanes berichtet darüber: „Als alles vorbei war, fragte Thorismund, vom Schmerz über den Tod des Vaters, aber auch von seinem eigenen Ehrgefühl dazu getrieben, den Reichsverweser Aetius, wie es jetzt weitergehen solle und wie man den Tod des Königs rächen könne. Aetius aber, dem Thorismund überlegen an Alter und Erfahrung, riet dem jungen Goten, so schnell wie möglich mit den noch kampffähigen Mannschaften in die Siedlungsgebiete der Westgoten zurückzueilen, um sich dadurch die Nachfolge des toten Vaters zu sichern. Denn andernfalls könnten seine Brüder das Erbe an sich reißen und ihn dazu zwingen, für dieses Erbe einen bitteren Krieg unter seinen Landsleuten zu entfachen." Wahrscheinlich hatte Aetius mit dieser Warnung gar nicht einmal so Unrecht; aber dem Thronprätendenten Thorismund die Nachfolge zu sichern, war bestimmt nicht das Hauptanliegen des römischen Feldherrn.

Politik ist eine zu komplizierte Sache, als daß sie der Mann auf der Straße gleich verstehen würde. Politisch' Lied, so hat man später gesagt, ist ein garstig' Lied; Politik gilt seit jeher als ein

schmutziges Geschäft. Wir wissen bis heute nicht, wie klug oder wie edel die Beweggründe des Aetius gewesen sind, die Sache mit Attila und den Hunnen nicht zum Äußersten zu treiben. Wir wissen nur, daß er sich verrechnet hat. Und weil Politik und ihre Qualität, auch die moralische, immer nur nach dem sichtbaren Erfolg gemessen wird, drängte sich den Römern der Verdacht geradezu auf, daß Aetius mit seinen alten Bekannten und früheren Verbündeten, mit den Hunnen, einfach geklüngelt hat. Bis zuletzt hatte er ja versucht, diesen Krieg zu verhindern, hatte sogar seinen Sohn Carpilio ein zweites Mal als seinen diplomatischen Sonderbeauftragten zu Attila geschickt. War da nicht doch ein geheimes Zusammenspiel, so wie man es einst zwischen Stilicho und Alarich vermutete? Mag man Aetius auch öffentlich als Retter des Vaterlandes, als Bewahrer der abendländischen Kultur gefeiert haben, im Untergrund schwelt der böse Verdacht, der sich nie wieder beschwichtigen lassen wird. Der Fall Aetius ist ein politisches Lehrstück sondergleichen. Wie ein Protestant — siehe Albrecht von Wallenstein — stets ein Ketzer, und ein Kommunist — siehe Herbert Wehner — in Volkesmeinung ewig ein Kommunist bleibt, so ist auch Aetius schon damals als Hunnenfreund abgestempelt. An diesem Image wird er ein Leben lang tragen. Vielleicht kann es Kaiser Valentinian nur deshalb einmal wagen, seinen Regierungschef eigenhändig zu ermorden. Aber damit eilen wir dem Ablauf unserer Geschichte um einiges voraus.
Mit dem Abzug der Westgoten war jedenfalls der Versuch illusorisch geworden, den Hunnen den Rückzug abzuschneiden. Attila muß das sofort gespürt haben; denn gestern zu Tode betrübt, ist er heute himmelhoch jauchzend, jedenfalls ganz offensichtlich unbesorgt. Was eben noch nach einer vernichtenden Niederlage ausgesehen hat, verwandelt sich durch Schicksals Fügung in ein Unentschieden. Um es noch einmal in der Sport-Sprache zu sagen: Ein Unentschieden auf fremdem Platz ist ein echter Punktgewinn. Darauf läßt sich aufbauen. Nun kann man mit Zuversicht auf das nächste Spiel, auf den Rückkampf sozusagen, warten. Wir wissen

nicht einmal, ob Attila selbst und alle seine Hunnen vor dem nächsten Treffen noch einmal zurück ins heimatliche Trainingslager nach Pannonien marschiert sind, oder ob sie sich gleich direkt, nach einer kleinen Verschnaufpause irgendwo in Südgermanien, auf die nächste Auseinandersetzung eingelassen haben.
Der Weg, auf dem sie im Frühjahr nach der Schlacht auf den Katalaunischen Feldern, angeführt von ihrem König Attila, in Oberitalien einfallen, läßt allerdings darauf schließen, daß die hunnische Hauptstreitmacht den Winter in der ungarischen Ebene verbracht hat, daß Attila dort neue Truppen ausgehoben, seine Mannschaft mit jungem Blut aufgefrischt hat. Es sind die gallischen Erfahrungen, die Attila dazu bestimmen, sich diesmal gegen die römischen Stammlande selbst zu wenden. Den Hunnen kann es nicht entgangen sein, daß es vor allem die germanischen Bewohner Galliens waren, die Attilas Eroberungsdrang den entscheidenden Widerstand entgegengesetzt haben. Dort, wo die Römer auf sich selbst angewiesen waren, mußte die Sache anders laufen. Attila geht da von der richtigen Annahme aus, daß es den Westgoten oder Franken nicht im Traume einfallen wird, sich für Ravennas Interessen auf fremdem, auf italienischem Boden zu schlagen. Und umgekehrt würde Aetius es sich wohl verkneifen müssen, die ungeliebten Freunde ins eigene Haus zu bitten.
Die Hunnen umgingen die Julischen Alpen im Süden, überquerten den Isonzo und stießen im beginnenden Frühjahr 452 nach Aquileia vor. Heute ist Aquileia ein unbedeutendes Städtchen von nicht einmal 4 000 Einwohnern, einige Kilometer entfernt von der Nordadriaküste, von den Badeorten Grado oder Lignano aus gut zu erreichen. Wer Sinn für antike Ausgrabungen hat, sollte den kleinen Umweg nicht scheuen, um die stummen Zeugen einer imposanten Vergangenheit zu besichtigen. Aquileia war 181 vor Christus römische Kolonie geworden und hatte sich zur Hauptstadt und zum Mittelpunkt Venetiens entwickelt. Um die Mitte des 5. Jahrhunderts, auf der Höhe seiner Stadtgeschichte, zählte Aquileia rund 100 000 Bewohner, für die damalige Zeit also eine

Weltstadt erster Ordnung. Augsburg, das mittelalterliche Welthandelszentrum, hatte im 15. und 16. Jahrhundert, in der Zeit seiner größten Blüte, nicht einmal ganze 50 000 Menschen in seinen Mauern. Damals, vor eineinhalb Jahrtausenden, hatte Aquileia auch noch einen unmittelbaren Zugang zum Meer und war wie alle Hafenstädte von solidem Reichtum.

Verständlich, daß Attila an Aquileia nicht vorbei wollte und konnte. Einmal weil ihn die Plünderung eines so großen und reichen Gemeinwesens reizen mußte. Zum anderen, weil er eine so gut befestigte und von einer starken Garnison gehaltene Stadt nicht in seinem Rücken haben wollte. Aber im Erstürmen einer Festung waren die Hunnen keine ausgesprochenen Meister. Gegen Mauern läßt sich mit Pferden schlecht anrennen. Die Verteidiger waren vor den Pfeilschwärmen der Hunnen bestens geschützt. Nachschubprobleme gab es auch nicht, weil die Hunnen Aquileia zwar von der Landseite einschließen, nicht aber vom Meer her blockieren konnten. Mit der Seefahrt hatten es die Nomaden nun einmal nicht.

Der König ließ seine Truppen ein ums andere Mal zum Sturm gegen die Tore antreten, aber mehr als blutige Köpfe waren nicht zu holen. Im Heer, so berichtet uns Jordanes, begann es bereits zu gären. Unmutsäußerungen häuften sich, Deserteure verschwanden aus dem hunnischen Lager, Attilas Unterführer rieten immer energischer dazu, die Operation abzublasen. Auch der König begann langsam einzusehen, daß jeder neue Angriff immer mehr zu einer Selbstmordunternehmung wurde. Bei einem Inspektionsritt entlang der Mauern „überlegte Attila unschlüssig", so Jordanes wörtlich, „ob er die Belagerung abbrechen oder doch noch länger ausharren solle. Da sah er plötzlich zwei weiße Vögel, zwei Störche, wie sie auf den Dächern nisten, ganz gegen ihre Gewohnheit ihre Jungen aus der Stadt abschleppen und aufs Land hinaustragen." Attila, der ein scharfer Beobachter war, wies seine Begleiter sofort auf das Verhalten der Tiere hin. „Seht doch", so überliefert uns Jordanes seine Worte, „wie diese Vögel die Zukunft vorausahnen. Sie verlassen Aquileia und geben, sobald Gefahr droht, die befestigten Zinnen der dem Untergang geweihten Stadt preis. Das kann kein sinnloser Zufall sein, sondern nur eins bedeuten: die Furcht vor einem unabwendbaren Unglück." So also motivierte Attila seine Streitmacht zu neuen Taten. Er ließ riesige Belagerungsmaschinen bauen, mit denen es schließlich gelang, die Mauern und Tore der Festung zu knacken.

Raub, Plünderung und Verwüstung folgten — wir kennen derlei schon. Aquileia hat sich davon niemals wieder erholt. Den Bewohnern der Stadt aber gelang es zum größten Teil, aus dem Inferno zu entkommen. Auf ihren Booten retteten sie sich mit einem Teil ihrer beweglichen Habe hinaus auf die Lagunen und aufs offene Meer, wohin ihnen die Hunnen nicht folgen konnten. Wenn sie es wirklich versucht hätten, wären sie in dem hoffnungslosen Gewirr von Kanälen, Sümpfen, Sandbänken und Inselchen unweigerlich steckengeblieben. Dem Fall Aquileias verdanken manche Städte an der Nordadria ihre Gründung. Viele Flüchtlinge siedelten sich in Grado an, andere wichen aus bis nach Aquae Caprulae, heute Caorle genannt. Einige dürften sogar bis nach Venedig gelangt sein.

Als Attila die Küste entlang nach Westen zog, flohen die Landbewohner überall hinaus aufs Meer. In einer Stadtchronik aus dem 17. Jahrhundert wird sogar der Name Venezia mit der Flucht vor Attilas Scharen erklärt. „Veni etiam" heißt im Lateinischen soviel wie „ich kam durch". Und so sollen die Fischer die Flüchtlinge dann verballhornend genannt haben: die veni-etiam-Menschen, die Venezianer. Natürlich ist das reines Jägerlatein, oder auch Fischerlatein. Denn die Veneter waren längst schon als Volk bekannt, bevor die Hunnen durch Italien zogen. Und auch die ersten Ansiedlungen auf dem schwankenden Boden Venedigs dürften vor Attila erfolgt sein. Allerdings steht fest, daß der Flüchtlingsstrom zum Wachstum der Stadt entscheidend beigetragen hat.

Attilas weiterer Vormarsch bringt keine neuen Gesichtspunkte. Die Hunnen zogen durch die reichen und fruchtbaren Ebenen Oberita-

liens immer weiter nach Westen, berannten Städte, hinter deren Mauern sie wertvolle Beute vermuteten, plünderten, mordeten, brandschatzten. Das alte Lied von der wilden Soldateska — wir haben es schon bis zum Überdruß gehört. Schrecklich für die Betroffenen, aber fast langweilig für den Fernstehenden, den auch berechtigtes Lamentieren mit der Zeit abstumpft. Es war nun einmal eine Epoche der Gewalt. Schlimm aufgeführt haben sich alle: Zwischen zivilisierten Römern, christianisierten Germanen und heidnischen Hunnen war da nur ein gradueller Unterschied — brutal und habgierig waren sie alle.
Die Hunnen dringen bis nach Mailand vor, in eine der führenden Städte des römischen Imperiums. Mailand hatte, durch seine strategisch günstige Lage und durch seine guten Verkehrsverbindungen nach allen wichtigen Punkten des Weltreichs, der alten Hauptstadt Rom den Rang abgelaufen. Erst als in der Völkerwanderungszeit sich der Vorteil der zentralen, offenen Lage ins Gegenteil verkehrte, war das Kaiserhaus nach Ravenna umgezogen, um von geschützter Stelle aus das Reich so gut es noch ging zu regieren. Auch in Mailand war Attilas Beute eher bescheiden, weil die Bewohner der Stadt — wie schon in Aquileia — rechtzeitig samt ihren Wertsachen das Weite gesucht hatten. Und in der Verfolgung erwiesen sich die mit Beutegut aller Art überfrachteten Hunnen von Tag zu Tag als unbeweglicher.

Rückzug aus Mitteleuropa

Von Mailand aus schwenkt Attila zurück nach Ost-Süd-Ost, in die Gegend von Mantua, auf den Po zu. Sein nächstes Ziel scheint Rom zu sein. Wer soll ihn auf diesem Weg aufhalten? Der Reichsfeldherr Aetius ist jedenfalls dazu nicht in der Lage. Er schickt eine Delegation zu Verhandlungen mit Attila aus, die freilich nicht viel mehr tun kann, als untertänig um Milde zu bitten. Echte Druck- und Drohmittel hat Aetius gegen die Hunnen nicht in der

Hand. Nach dem Zeugnis des Prosper Tiro war es der „hochselige Papst Leo“ selbst, der dem Hunnenkönig, um Gnade flehend, entgegenzog. „Der setzte sein Vertrauen auf Gott, der die Seinen in der Not nicht im Stich läßt. Der Papst erreichte auch, was ihm sein Glaube verheißen: Die Gesandtschaft wurde würdig empfangen, und König Attila freute sich so sehr über die Anwesenheit des höchsten Kirchenfürsten, daß er von der Weiterführung des Krieges Abstand nahm, ein Friedensversprechen abgab und sich in sein Land an der Donau zurückzog.“

Die Legende hat diese Begegnung noch ausgeschmückt. Über dem Haupt des Papstes sollen, während er mit Attila verhandelte, die Heiligen Apostel Petrus und Paulus mit gezückten Schwertern erschienen sein, so wie es heute noch in den berühmten Wandgemälden des Raffael im Vatikan zu sehen ist. Dabei wissen wir nicht einmal genau, ob der Papst wirklich mit Attila gesprochen hat. Wie immer, Attila hatte auch so eine Reihe von Gründen zu bedenken, die ihm einen Marsch nach Rom nicht geraten erscheinen ließen. Von Seuchen, die in Italien grassierten, haben wir schon vor Attilas Aufbruch nach dem Westen im Jahre 450 berichtet. Die wilden Hunnenzüge hatten die hygienische Situation nicht verbessert. Im Gegenteil: Die Städte waren fast ausgestorben, die landwirtschaftlichen Güter draußen samt den Feldern kahlgefressen und verbrannt. Das Vieh war davongelaufen und konnte nur mühsam eingefangen werden. Es war kaum weniger unterernährt als die Menschen. Hunger plagte nicht nur die Bewohner, sondern auch die Eroberer. Brunnen waren von verendeten Tieren vergiftet, nicht einmal die Flüsse führten noch gutes Wasser. Zuerst stellten sich die typischen Mangelerscheinungen ein, dann kam die Darmgrippe dazu und schließlich wüteten echte Seuchen wie Ruhr, Cholera und Typhus. Die Hunnen, von denen wir wissen, daß sie's mit dem Waschen nicht so genau nahmen und ihre Kleidung so lange trugen, bis sie ihnen an der Haut verfaulte, wurden von diesen Epidemien hart getroffen und geschwächt.

Der andere Grund, der Attila dazu bewogen haben mag, von einer Eroberung Roms abzusehen, ist rein militärischer Art. Der streitbare Kaiser Markian in Konstantinopel, der die Hunnen schon einigemale aufs Haupt geschlagen hatte, rüstete zu einem Entlastungsfeldzug. Als den Hunnenkönig Meldungen erreichten, daß oströmische Vorausabteilungen bereits im Rücken seiner Truppen zu operieren begannen, war für Attila der Zeitpunkt gekommen, sein Säckel zu schnüren. Überreich mit Beute beladen, ganze Scharen von Sklaven (vor allem Sklavinnen) mit sich schleppend, die mangels Platz auf den Wagen zu Fuß nebenher laufen mußten, suchten die Hunnen den schnellsten Weg zurück in die heimischen Gefilde Pannoniens. Wobei ein nicht geringer Teil des Hunnen-Heeres einen anderen Weg nahm, als den man gekommen war: Über den Brenner eilte man schnurstracks nach Donauwörth und von dort aus den Strom entlang nach Hause. So entging man am sichersten der Hauptmacht des Markian, die sich drohend der Save und dem Isonzo näherte.

Bleibt noch ein drittes Motiv, das in der Legende von der Apostelerscheinung bereits angesprochen ist. Attila war ein abergläubischer Mensch. „Vestigia terrent", heißt ein Spruch des Horaz. Er bezieht sich auf die Tierfabel des Aesop von der Höhle des Löwen, in die viele Spuren hinein-, aber keine herausführen. Die Spuren, die Attila abgeschreckt haben mögen, sind die des Westgotenkönigs Alarich. Der hatte die erste Eroberung Roms nur um einige Wochen überlebt. Attila, als junger Mann Zeuge dieser Ereignisse, mochte wohl selbst befürchten, daß von der alten Hauptstadt, vom Mittelpunkt der Christenheit, ein geheimer Fluch ausging, der den Feinden Roms sicheres Verderben bringen mußte.

Mit dem Abzug Attilas aus Italien ist auch unsere Hunnen-Geschichte abgeschlossen. Der Einfall in Italien im Jahre 452 war das letzte hunnische Gastspiel auf mitteleuropäischem Boden. Wenn wir das Ende Attilas, obwohl es nicht direkt zu unserem Thema gehört, dennoch kurz skizzieren, dann aus zwei Gründen. Einmal ist der Tod dieses Gewaltherrschers sehr typisch für sein Leben. Zum anderen finden wir in diesem Tod eines der Motive, das der

Dichter des Nibelungenliedes zu seinem „Roman" verarbeitet hat. Attila hatte sich wieder einmal auf Freiersfüße begeben und seinem Harem ein neues Hauptweib zugeführt. Es war eine blonde Germanin namens Ildico oder Hildiko — in der Dichtung Kriemhild. Der sechzigjährige König beging die Hochzeit mit einem üppigen Festschmaus und mit einem ebenso gewaltigen Festrausch. Am Morgen nach der Hochzeitsnacht fand man den König tot auf seinem Lager, inmitten einer roten Lache. Ein Blutsturz, ausgelöst von den sexuellen Anstrengungen der Premiere, denen der alte Herr nicht mehr gewachsen war? Oder erstickte der König an erbrochenem Rotwein und erlitt somit ein familientypisches Schicksal? Schließlich war ja auch König Ottkar (Oktar oder Uptar) einst an Völlerei gestorben.

Übrigens ist uns nicht bekannt, daß die Hunnen die junge Witwe für den Tod Attilas verantwortlich gemacht hätten. Wahrscheinlich war ihnen klar, daß der König einmal so enden mußte. Und es gab ja auch kaum einen schöneren Tod als den auf dem Feld der Liebe oder der Trunksucht. Kaiser Markian soll in der Nacht von Attilas Tod — um schöne Schauergeschichten war man ja nie verlegen — einen bedeutsamen Traum gehabt haben: Ihm erschien ein Gott und zeigte ihm einen zerbrochenen Bogen, jene Waffe also, mit der die Hunnen Europa fast achtzig Jahre lang in Atem gehalten hatten. Wenn sie nicht wahr ist, so ist die Geschichte jedenfalls gut erfunden.

Der Bogen, die Kraft der Hunnen, war tatsächlich zerbrochen. Attilas Söhne — „wegen der zügellosen Sinnlichkeit des Vaters waren ihrer so viele" (so neidvoll Jordanes) — teilten die Herrschaft und das Volk in viele Teile, bekriegten sich gegenseitig und ließen sich vor allem gegeneinander ausspielen. Ihre germanischen Verbündeten — allen voran die Ostgoten — nutzten die Zwietracht von Attilas Erben, schüttelten die Oberhoheit der Hunnen ab und brachten ihnen eine vernichtende Niederlage bei. Neben einigen zehntausend Hunnen blieb auch Attilas ältester und Lieblingssohn Ellak auf dem Feld der Ehre. Wenigstens ein Hunnenkönig, den der Heldentod dahingerafft hat. Die Hunnen, soweit sie die Rache der Germanen und Oströmer überlebten, kehrten dorthin zurück, woher sie gekommen waren. Wir hören noch einmal von Hunnen, die um 500 in Nordindien einfallen; von einer Schlacht, die der oströmische Heerführer Belisar 559 vor Konstantinopel gegen hunnische Scharen gewinnt; von einem Hunnenreich, das an der Wende vom 6. zum 7. Jahrhundert zwischen unterer Wolga und Don existierte. Sonst verliert sich in den Ebenen Südrußlands ihre Spur. Den Platz der Hunnen in Pannonien, rund um die Ufer des Plattensees und entlang der Donau, nahmen zunächst einmal die Ostgoten ein.

Rom war noch einmal davongekommen, das Reich hatte mit Hilfe seiner Verbündeten ein letztesmal gesiegt. Die Herrschaft der Hunnen über weite Teile Europas war ein Intermezzo geblieben, hatte kaum 75 Jahre gedauert. Der Schrecken der Christenheit war ebenso plötzlich verschwunden wie er einst aufgetaucht war. Nach der gemeinsamen Prüfung, die Germanen und Römer durch die Gottesgeißel der Hunnen zu erdulden hatten, schien nun die Zeit reif für einen Neubeginn, für Aussöhnung und Ausgleich, für Zusammenarbeit zwischen der alten Kulturnation der Römer und den jungen Völkern der Germanen, für den „historischen Kompromiß“ zum Bau einer besseren Welt. Doch daraus wurde nichts. Das Schicksal des Aetius zeigt uns beispielhaft, daß man in Ravenna aus Fehlern zu lernen nicht bereit war.

Die Geschichte, versichert die Zunft der Historiker, wiederholt sich nicht. Die Vorgänge nach Attilas Tod sind ein Lehrbeispiel für das Gegenteil. Wir haben im ersten Kapitel unter dem Stichwort vom „Dank des Vaterlandes“ über das Ende des Heermeisters Stilicho gehört, der seinem intriganten kaiserlichen Herrn zu mächtig und dadurch unheimlich geworden war. In Stilichos Schüler Aetius haben wir nun, schon eine Generation später, eine geradezu ins Auge springende Parallele. Stilicho, barbarischer Abstammung wie Aetius, stand bei Honorius im Verdacht, mit dem Westgotenkönig Alarich gemeinsame Sache gemacht zu haben, um die Macht für sich und seine Familie zu erobern. Aetius wird zum Vorwurf gemacht, er habe seine Kontakte mit den Hunnen höher gestellt als die Interessen des Reiches; er habe Attila nach dessen Niederlage auf den Katalaunischen Feldern den Rückzug und das Überleben ermöglicht, um daraus persönlichen Gewinn zu ziehen. So wie Rom darunter leiden mußte, daß Stilicho den Alarich gewähren ließ, so sei Aetius verantwortlich für den Vorstoß Attilas nach Oberitalien.

Wahr daran ist, daß Stilicho wie Aetius nicht immer glücklich taktiert haben, daß manche ihrer Rechnungen sich als Fehlspekulationen herausstellten. Wahr bleibt auch, daß sie in Staatskunst und Kriegshandwerk immer noch erfolgreicher waren als ihre kaiserlichen Herren Honorius und Valentinian, die beide ausgemachte Schwächlinge waren. Honorius — und da liegt der Unterschied — ließ Stilicho den Prozeß machen, dessen Urteil vorher schon feststand, und ihn hinrichten. Vatentinian machte selbst kurzen Prozeß und erschlug seinen Reichsverweser eigenhändig im Streit.

Von beiden Kaisern läßt sich sagen, daß sie sich selbst ihre rechte Hand abhackten, als sie die Feldherren Stilicho und Aetius ermordeten. Zwei Jahre nach Stilichos gewaltsamem Ende eroberte Alarich Rom. Nach dem Tod des Aetius dauerte es nicht ganz so lange. Schon im Jahr darauf fiel der Kaiser Valentinian III. selbst einem Attentat zum Opfer, verübt von einem Anhänger des Aetius, der seinen toten Herrn rächen wollte. Und im gleichen Jahr 455 fällt Rom ein zweitesmal. Diesmal ist es der Vandalen-König Geiserich, der die hart geprüfte Stadt plündert. Davon im nächsten Kapitel mehr.

Mit Valentinian erlosch die Dynastie des Theodosius, die, wenn man so sagen darf, nach ihrem großen Gründer nur noch einen Mann von Format hervorbrachte, nämlich eine Frau: Galla Placidia. Mit Reich und Kaisertum ging es nach dem Tod des Aetius weiter bergab — in einer schwindelerregend schnellen Talfahrt. Nur noch zwei Jahrzehnte trennen uns jetzt von jenem letzten jugendlichen Kaiser Romulus Augustulus, den der Germane Odoaker ganz einfach als Frührentner aufs unpolitische Altenteil schickt; ruhmloses Ende einer Epoche, an deren Anfang römische Kaiser über ein Weltreich geboten. Auch auf diese letzten Zuckungen West-Roms werden wir noch zurückkommen.

Über Aetius aber urteilt der britische Historiker Ernest Baker: „Daß er die einzige Stütze und der einzige Halt des Westreiches während seines Lebens war, das ist das uneingeschränkte Urteil seiner Zeitgenossen. Ob er aber ein wirklich großer General und Staatsmann war, können wir nicht sagen ... Nicht er, sondern die Goten und ihr König waren es, die wirklich auf dem Campus Mauriacus siegten. Andererseits eroberte er Gallien in einer Reihe von Schlachten zurück und hielt die Westgoten in Schach. Wenn er weniger Römer war als sein Vorgänger Constantius, so war er doch weit mehr Römer als sein Nachfolger Rikimer. Und wenn er auch gelegentlich die Waffen der Hunnen für seine eigenen Zwecke benutzte, so gebrauchte er sie aber auch, um das Reich zu erhalten."

6. Kapitel

Die Staatengründer

Woran Vandalen und Ostgoten scheiterten

Helden ohne Zukunft

Noch vor der Mitte des vergangenen Jahrhunderts hat der englische Geschichtsphilosoph Thomas Carlyle ein Buch veröffentlicht mit dem etwas umständlichen Titel: „Über Helden, Heldenverehrung und das Heldenhafte in der Geschichte". An so unterschiedlichen Figuren wie Mohammed oder Dante, Luther oder Napoleon suchte Carlyle nachzuweisen, daß aller geistiger und gesellschaftlicher Fortschritt das Werk weniger auserwählter Führerpersönlichkeiten ist. Nicht aus der erstarrten und abgelebten Feudalwelt und nicht durch zügellose Revolution entstehen neue wertvolle Ordnungen; sondern nur Heroen, denen nachzueifern und zu gehorchen sittliche Pflicht der Massen ist, schaffen die bessere Zukunft. „Die Weltgeschichte ist nichts als die Biographie großer Männer", ist die Quintessenz seiner Lehre.

In Deutschland, wo der Bedarf an heldischen Vorbildern und starken Figuren immer besonders groß war, fiel solche Geschichtsbetrachtung auf ausgesprochen fruchtbaren Boden. Das Elitäre und Aristokratische eines Carlyle war eingängiger als die wenige Jahre später veröffentlichten Theorien eines Karl Marx, der in der Kraft der Massen das bewegende Element der Weltgeschichte sah. In Deutschland gilt auch nicht der Herrscher oder Staatsmann, der die Grundlagen für eine lange Periode wachsenden Wohlstands und stillen Glücks legt, als wirklich groß. Gefeiert werden vielmehr Männer, die kühne Visionen mit Tatkraft in die Wirklichkeit umsetzen, die sich Reiche erobern, geschweißt aus Blut, Eisen und Tränen.

Erstaunlich dabei ist, daß in der Beurteilung der Heroen kaum eine Rolle spielt, ob ihr Werk von Dauer war. Napoleon ist in Volkesmeinung ein politischer und militärischer Übermensch, obwohl er selber noch gescheitert, sein Werk zu seinen Lebzeiten zerstört wurde. Alexander ist groß, auch wenn seine Erben mit der Aufgabe, das Reich zu erhalten, völlig überfordert waren. Bismarck ist uns Deutschen eine Heldenfigur, ein Lehrmeister nationaler Politik, obwohl ihn seine Schöpfung, das Zweite Reich, nur um ganze zwei Jahrzehnte überlebte. Dem staatsmännischen Genie pflegt man die Schwäche und Beschränktheit der Nachfolger gegenüber zu stellen. Dabei wäre es sicher sinnvoller, die Qualität eines politischen Gebildes daran zu messen, ob es auch unter mittelmäßiger Leitung Bestand hat. Konrad Adenauers historisches Verdienst — wenn man das heute schon sagen darf — ist weniger der Aufbau der Bundesrepublik Deutschland als solcher, sondern daß er sie auf so grundsolide Fundamente gestellt hat, daß seine Schöpfung nach ihm und auch ohne überragende Staatslenker ungefährdet besteht. Immerhin ist die Bundesrepublik schon älter als die Weimarer Republik und das Dritte Reich zusammengenommen.

Wenn wir mit ähnlichen Kriterien an die Völkerwanderungszeit herangehen, werden wir sehen, daß die uns geläufigen Helden dieser Epoche nicht minder problematisch sind. König Alarich gehört zu diesen heroisierten Figuren, obwohl er im Zerstören weit mehr zuwege gebracht hat als im Aufbau. Der Hunnenherrscher Attila ist als König Etzel in die Sage eingegangen als großer Gebieter über ein Weltreich. Dabei wissen wir nicht einmal, ob er nicht als Räuberhauptmann bedeutender war denn als Politiker. Wollte er durch seine Feldzüge nach Gallien und Italien eine umfassende Herrschaft begründen? Oder zog Attila nur los, um seiner unstillbaren Habgier zu frönen oder um seine beleidigte Barbaren-Ehre zu retten? Vielleicht spielte die Tatsache, daß man ihm des Kaisers Schwester Honoria verweigerte, eine größere Rolle als unser Vernunftdenken vermutet.

Mit den zwei Hauptfiguren dieses Kapitels verhält es sich ähnlich. Der Vandalenkönig Geiserich wagte es als erster, auf römischem Boden ein souveränes Germanenreich zu gründen. Mit einer Energieleistung ohne Beispiel, mit einer verblüffenden Zielstrebigkeit, mit hoher Intelligenz und brutaler Gewalt setzte er seine Pläne durch. Seine „Los-von-Rom-Bewegung" hatte Erfolg, aber nicht Bestand. Die Konstruktion eines germanischen Herrenstaates, einer Militär-Diktatur auf afrikanischem Boden, erwies sich als brüchig und hatte nur ein Jahrhundert lang Bestand. Natürlich ist das Vandalen-Reich auch an der Unfähigkeit, an der Inkonsequenz und Schaukelpolitik von Geiserichs Nachfolgern zugrunde gegangen. Aber wie ein gutes Auto Fahrfehler verzeihen oder wenigstens mildern sollte, so darf ein Staat nicht so labil sein, daß politische Fehler seiner Führung gleich seine Existenz in Frage stellen. Ganz anders sind die Voraussetzungen der zweiten Staatengründung, von der im folgenden ebenfalls berichtet wird. König Theoderich und seine Ostgoten kommen nach dem Ende des weströmischen Reiches mit Billigung von Konstantinopel nach Italien, um dort die Herrschaft des Odoaker durch ein den Römern genehmeres Regime zu ersetzen. Theoderich geht dabei zunächst mit der gleichen Grausamkeit wie die Vandalen Geiserichs vor, mit Heimtücke sowohl wie mit diplomatischer Klugheit. Theoderich setzt stets auf die grundsätzliche Übereinstimmung mit Ost-Rom, greift zu staatsrechtlichen Hilfskonstruktionen („Zwei Staaten — ein Reich"), um seine Herrschaft abzusichern. Im Innern regiert er liberal, um den Italienern keinen Grund zu Unzufriedenheit und Rebellion zu geben. Seine germanischen Nachbarn sucht er sich durch eine umfassende Heiratspolitik zu verpflichten. Der Ostgotenkönig beschert seinen Untertanen in ganz Italien eine Epoche der Blüte, des Wohlstands, des äußeren und inneren Friedens. Aber auch sein Staatsgebäude überdauert kein Jahrhundert. Die ersten Auflösungserscheinungen, die Vorboten künftigen Unheils, sind noch zu Lebzeiten des großen Königs, der als Dietrich von Bern in die Heldensage eingegangen ist, zu erkennen. Als sich

Ost-Rom stark genug fühlt, das erste Germanen-Reich auf italienischem Boden zu liquidieren, wehren sich die Ostgoten zwar heldenhaft, aber vergeblich gegen ihren Untergang. Aber Heldenmut reicht nun einmal nicht aus, gegen eine Übermacht zu bestehen. Die Ostgoten haben sich in Italien ihr Grab selbst geschaufelt, haben keinen krisenfesten Staat zu gründen vermocht, der sich auch einmal den Luxus einer Niederlage hätte leisten können. Persönliche Machtkämpfe und Intrigen taten ein übriges.

Vandalen und Ostgoten, so unterschiedlich ihre Konzeption war, haben ihre Staaten auf schwankendem Boden gegründet und stehen bald auf verlorenem Posten. Beide Könige, Geiserich und Theoderich, pfropften ihre Krieger-Kaste den Bewohnern ihrer Reiche auf. Vandalen wie Ostgoten waren in einer hoffnungslosen Minderheit gegenüber der alteingesessenen Bevölkerung in Afrika und Italien. Beiden gelang es nicht, einen Prozeß der Integration und Verschmelzung in Gang zu bringen. Im Gegenteil: Durch teils gewollte, teils durch die Umstände erzwungene Apartheid blieben sie immer ein Fremdkörper in ihrem Herrschaftsgebiet, wobei religiöse Gründe eine besonders entscheidende Rolle spielten.

An der Geschichte der Vandalen, der Ostgoten und — mit Einschränkungen — auch der Langobarden und Westgoten läßt sich die Problematik von Herrschafts-Systemen ablesen, die einem größeren Ansturm deshalb nicht standhalten können, weil sie nicht im Boden ihres Staatsgebietes verwurzelt sind. Sie alle, die ostgermanischen Stämme, waren durch den Angriff der Hunnen aus ihren angestammten Siedlungsräumen vertrieben worden, waren heimatlos geblieben, wo immer sie auch Platz fanden. Sie haben sich, durch ihre geringe Zahl bedingt, immer darauf beschränken müssen, Land zu erobern statt zu kolonisieren. Staatengründungen auf Dauer glückten nur solchen germanischen Völkern, die den Kontakt zu ihrer ursprünglichen Heimat nicht verloren hatten, sondern ihre Hoheitsgebiete Schritt um Schritt vergrößerten und arrondierten. Wenn wir im letzten Kapitel die Bilanz der Völkerwanderung ziehen, wird das noch im einzelnen darzulegen sein.

Geiserichs Marsch nach Afrika

Die Vandalen sind zum Inbegriff für Wildheit und Zerstörungswut geworden. Allerdings taucht der Ausdruck Vandalismus erst am Ende des 18. Jahrhunderts auf; und wir werden auch noch sehen, daß die Vandalen ihren schlechten Ruf nicht verdient haben. Vielleicht waren sie nicht besser, sicher aber hausten sie nicht schlimmer als andere Barbarenvölker. Wenn wir eine hervorstechende Eigenschaft der Vandalen nennen sollten, so ist es — salopp formuliert — ein gewisser Hang zur Geselligkeit: Wo etwas los ist, sind auch die Vandalen. Sie drängen sich gerade in solche Siedlungsräume, in denen sie mit anderen Völkern konkurrieren müssen. „Viel Feind, viel Ehr" ist ihre Devise.

Die ursprüngliche Heimat der Vandalen liegt in Nordjütland, also im heutigen Dänemark. Wenn wir den Ergebnissen der Ortsnamen-Forschung folgen, dann lassen sich vandalische Siedlungen auch in Mittelschweden und Norwegen nachweisen. Etwa um die Wende zum 1. Jahrhundert vor Christus, vielleicht auch einige Zeit davor, brechen die Vandalen von Nordjütland aus zu ihrer ersten Wanderung auf. Wir wissen von keinem Zusammenhang mit dem Zug der Kimbern und Teutonen, dürfen aber annehmen, daß es dieselben verheerenden Sturmfluten waren, die auch die Vandalen aus ihren Siedlungsgebieten vertrieben haben.

Auf dem europäischen Festland finden wir die Vandalen zunächst im Mündungsgebiet zwischen Oder und Weichsel und später südwärts im heutigen Schlesien, das seinen Namen von einem der vandalischen Hauptstämme, den Silingen, erhalten hat. Die Vandalen waren damals schon ein besonders kriegerisches Volk, das sich mit Langobarden und Rugiern, mit Goten und Burgundern, aber auch mit Kelten und später mit Hunnen herumgeschlagen hat. Wir wissen auch von mehreren anderen Auseinandersetzungen mit den Römern. Zur Zeit des Hunnen-Einfalls dürften Vandalen an der Theiss, in der ungarischen Tiefebene, als unmittelbare Nachbarn der Westgoten gesiedelt haben.

Wie das Gebiet zwischen Oder und Weichsel gehörte auch Pannonien zu den bevorzugten Wanderzielen und damit zu den umstrittensten Plätzen der ersten nachchristlichen Jahrhunderte. Als sich der germanische Siedlungsdrang nach Westen entwickelt, als eine Reihe von barbarischen Stämmen Anfang des 5. Jahrhunderts den Rhein überschreitet und nach Gallien einfällt, sind auch die Vandalen wieder mitten dabei. Plündernd und raubend durchqueren sie die reichen Provinzen Galliens, marschieren dann weiter über die Pyrenäen und setzen sich in Spanien fest. Mit ihnen sind Alanen unterwegs; westlich von den Vandalen ziehen die Sueben an der Atlantikküste entlang, um sich im heutigen Portugal festzusetzen. Die Römer, zunächst machtlos gegen die Eindringlinge, bedienen sich, wie wir bereits gesehen haben, der Westgoten, um die Iberische Halbinsel wieder zu säubern. In einem ungewöhnlich blutigen Feldzug wurden dabei die Silingen und die Alanen so entscheidend geschlagen, daß ihre Volksreste beim zweiten Hauptstamm der Vandalen, bei den Asdingen, Zuflucht suchen mußten und in ihnen aufgingen. Der Name der spanischen Landschaft Andalusien (= Vandalusien?) hält heute noch die Erinnerung an die vandalische Herrschaft auf der Iberischen Halbinsel wach.
Die Situation der Vandalen in Spanien ist ernst. Die germanischen Einwanderer, alle zusammengenommen, mögen mit Frauen und Kindern eine Viertelmillion gezählt haben. Sie standen einer einheimischen Überzahl gegenüber, die wir eher auf zehn als auf fünf Millionen Bewohner beziffern können. Mit den Sueben hatte man sich nach verlustreichen Schlachten zwar arrangiert. Die Siedlungsgebiete beider Völker waren voneinander abgegrenzt; Interessenskonflikte somit nach menschlichem Ermessen weitgehend ausgeschlossen. (Was die Sueben freilich nicht hinderte, die Vandalen, wenige Tage vor ihrer Überfahrt nach Afrika, mit Raubzügen zu überfallen. Nur der energischen Gegenwehr der vandalischen Nachhut war es zu verdanken, daß die Invasion nicht durch suebische Attacken im Rücken empfindlich gestört wurde.) Aber — schlimmer als alle Sueben-Gefahr — schwebte wie ein Damokles-

schwert die römische und westgotische Bedrohung über ihnen. Wann immer es den Römern einfallen würde, mußte mit neuen Vernichtungsfeldzügen gerechnet werden. In der Kunst, Barbarenvölker aufeinander loszuhetzen, waren die Römer auch Anfang des 5. Jahrhunderts noch unübertroffen.

In dieser unsicheren Lage wird Geiserich, auch Genserich genannt, im Jahre 428 König der Vandalen. Geiserich gehört zu den großen und bestimmenden Herrscherfiguren der Völkerwanderungszeit. Diese Rolle freilich war ihm nicht in die Wiege gelegt; oder jedenfalls nur zur Hälfte. Geiserich ist der Sohn eines vandalischen Königs, dessen Name uns mit Godegisel überliefert ist. Godegisel — im Sinn von Gottesgeißel — nannten die Goten den Hunnenfürsten Attila. Geiserich ist unehelich geboren, ein Bankert, gezeugt mit einer Sklavin, die jedenfalls nicht germanischen Blutes war. Sicherlich war diese Abstammung ein Makel, wenn auch kein so entscheidender wie in den Dynastien späterer Jahrhunderte, wo die Söhne aus illegitimen oder auch nur unebenbürtigen Verbindungen von der Thronfolge ausgeschlossen blieben.

Dem Geiserich sah man seine Abstammung sein ganzes Leben lang an. Er war alles andere als ein Mustergermane, nicht das Urbild des blonden, großen, blauäugigen Recken. Ihn freilich als ein dunkelhäutiges kleines Männchen, als bösen und widerlichen Giftzwerg hinzustellen, ist sicherlich auch übertrieben. Den Römern mag er im Vergleich zu anderen Germanen als klein erschienen sein, aber römisches Durchschnittsmaß wird er allemal erreicht haben. Vielleicht hat der Umstand, daß Geiserich nach einem Reitunfall in jüngeren Jahren zeitlebens schwer hinkte, noch dazu beigetragen, das Zerrbild vom verkrüppelten Wicht entstehen zu lassen.

Geiserich wurde wie Attila und Aetius etwa um das Jahr 390 geboren, dürfte aber der Älteste von den dreien gewesen sein. Als sein Vater Godegisel 406 quer durch Süddeutschland an den Rhein zog, war Geiserich ein junger Mann und durfte nach den Maßstäben seiner Zeit schon als erwachsen gelten. Godegisel starb im Dezember des Jahres 406, offenbar wenige Tage bevor die Vandalen unter ihrem neuen König, seinem Sohn Gundarich, über den zugefrorenen Rhein gingen. Gundarich herrschte 22 Jahre über die Asdingen, die er hinunter nach Andalusien, an die heutige Costa del Sol, geführt hatte. Anfang des Jahres 428 starb Gundarich in Sevilla eines plötzlichen Todes, als er gerade dabei war, eine Kirche zu plündern.

Daß bei der Nachfolge die Wahl auf Geiserich fiel, ist einesteils verwunderlich, weil Gundarich legitim gezeugte Söhne als Erben hinterließ. Andererseits lag es nahe, daß die Vandalen (und die Alanen) einen König vorzogen, der die letzten 30 Jahre der großen Wanderung bewußt miterlebt hatte und über einen längeren Zeitraum hin an wichtiger Stelle auch politische und militärische Verantwortung mitgetragen hatte. In vielen Schlachten mit Römern, Westgoten und Sueben hatte sich Geiserich offenbar profiliert. Vor allem scheint es ihm in den letzten Jahren vor dem Tod seines Halbbruders gelungen zu sein, aus erbeuteten römischen Schiffen den Grundstock einer vandalischen Kriegs- und Transportflotte zu schaffen und damit ein militärisches und politisches Instrument, über das vor Geiserich kein germanischer Fürst der Völkerwanderungszeit verfügte. Bereits vor der Machtübernahme durch Geiserich datieren die ersten Piratenfahrten der Vandalen nach Nordafrika und zu den Balearen.

Über Geiserichs Fähigkeiten und seinen Charakter liegen uns eine Reihe von Zeugnissen vor. Er wird uns als jähzornig und gewalttätig, als ganz besonders habgierig geschildert, aber auch als persönlich anspruchslos, ja geradezu asketisch. (Vielleicht ist er deshalb fast 90 Jahre alt geworden.) Obwohl eher wortkarg, muß er die Gabe der Überzeugungskraft in ungewöhnlichem Maße besessen haben. Hervorgehoben wird seine geradezu explosive Vitalität, seine Entschlußkraft und sein Durchsetzungsvermögen. Seine organisatorische Begabung wird ergänzt durch außergewöhnliche militärische Fähigkeiten, vor allem aber durch einen klaren analytischen Verstand, der ihn in politischen Dingen schnell und richtig urteilen läßt. Dazu kommt ein religiöser Fanatismus, von dem wir freilich eher annehmen dürfen, daß er nicht aus tiefem gläubigen Herzen kommt, sondern eher als Mittel zum Zweck eingesetzt wird, um die arianischen Vandalen zu einer Art Kreuzzug gegen das römisch-katholische Nordafrika zu motivieren.

Der Plan, mit den Vandalen nach Nordafrika überzusetzen, lag wohl schon länger in der Luft. Wir wissen von verschiedenen vergeblichen Anläufen der Westgoten, sich der Kornkammer des Reiches zu bemächtigen. Wahrscheinlich hatte auch König Gundarich den Sprung auf den Schwarzen Kontinent schon sehr konkret ins Auge gefaßt. Geiserich bereitete die Invasion Afrikas vom ersten Tage seiner Herrschaft an vor. Er vergrößerte seine Flotte, rüstete die Krieger und das Volk psychologisch und organisatorisch für das große Abenteuer auf.

Das Unternehmen Nordafrika ist in der Tat ein einmaliges Wagnis. Ein Volk von 80 000 Menschen über das Meer, und sei es auch nur die Meerenge von Gibraltar, zu bringen, ist ein für damalige Zeiten unerhörter Vorgang. Aber Geiserich hat sich noch Gefährlicheres vorgenommen. Er legt es von Anfang an auf eine totale Konfrontation mit Rom an. Er will das erste wirklich unabhängige germanische Königreich gründen und sucht sich als Schauplatz eine Stelle aus, die Rom am Nerv seiner Existenz trifft. Wer über die nordafrikanische Küste gebietet, beherrscht das Mittelmeer, kontrolliert vor allem die lebenswichtigen Versorgungswege des Römischen Reiches. Geiserich wagt es zudem, mit seinem Volk, darunter höchstens 20 000 Kriegern, in ein Gebiet einzudringen, das von wenigstens sieben Millionen römischen Bürgern oder halbwegs romanisierten Barbaren bewohnt wird. Und er begibt sich in eine nun wirklich total fremde Welt mit anderer Wirtschaftsstruktur, anderer Religion und anderer Kultur. Die Vandalen waren auch durch ihren Aufenthalt in Spanien noch nicht an das heiße Klima südlicher Zonen gewöhnt, hatten die Sprachbarriere zu den römischen Bürgern noch nicht überwunden, standen als Arianer von vornherein in einem Gegensatz zu den katholischen Afrikanern.

Eine Dolchstoßlegende

Warum das Wagnis überhaupt glücken konnte, darüber gibt es heute noch verschiedene Spekulationen. Die gängigste Theorie behauptet, der römische Militärbefehlshaber in Nordafrika, Bonifatius, habe die Vandalen selbst zu Hilfe gerufen, um seine Position in den Auseinandersetzungen mit der römischen Zentrale in Ravenna und mit seinem Gegenspieler Aetius zu stärken. Auf den ersten Blick hat diese Version viel für sich. Aber der sehr angesehene Forscher Ludwig Schmidt macht mit Recht darauf aufmerksam, daß die Berichte über einen Verrat des Bonifatius nicht bei den unmittelbaren Zeitgenossen auftauchen, sondern erst von späteren Historikern der Antike kolportiert werden. Demnach hätten wir es möglicherweise mit einer Art Dolchstoßlegende zu tun, mit dem Versuch der Römer, eigene Schwäche und militärisches Unvermögen zu kaschieren und die Schuld an dem Desaster einem Sündenbock anzuhängen. Nach der Methode: Im Felde unbesiegt, durch schmählichen Verrat betrogen.

Richtig wird sein, daß Geiserich den inneren Zwist ausgenutzt hat, daß er als lachender Dritter genau zu dem Zeitpunkt losschlug, da Bonifatius sich mit Aetius in den Haaren lag und den Expansionsdrang der Vandalen vorübergehend aus den Augen verlor. Wichtiger als das militärische Handikap waren freilich die sozialen Zustände in Nordafrika, die nach Wandel und Änderung geradezu schrien. König Geiserich wird auch das in seine Kalkulation mit einbezogen haben. Die Rechnung der Vandalen ging nicht zuletzt deshalb auf, weil die Masse der Bewohner Nordafrikas in Geiserich nicht den Eroberer, sondern eher den Befreier und Beschützer sah.

Der westliche Teil des römischen Afrika war wie das gesamte Reich geprägt von den krassen Unterschieden zwischen arm und reich. Nur daß sich in diesen entlegenen Provinzen die Gegensätze noch stärker als irgend sonstwo herausgebildet hatten. Das Agrarland Afrika war geprägt von einem Großgrundbesitz, der selbst für römische Verhältnisse extrem zu nennen war. Die Reichsten der Reichen und vor allem das Kaiserhaus selbst verfügten hier über Güter, die den Landbesitz ostpreußischer Junker oder amerikanischer Großfarmer noch bei weitem übertrafen. Dabei bewirtschafteten sie ihren Grund nicht selbst (viele haben ihr Land nie gesehen!), ließen ihn auch nicht durch Beauftragte auf eigene Rechnung verwalten. Für Nordafrika waren Großpächter typisch, die an die Besitzer gewaltige Summen abzuführen hatten, die sie mit jeder denkbaren Brutalität aus ihren Sklaven und Kolonen herausquetschten. Diese Blutsauger hatten praktisch völlig freie Hand in der Behandlung der armen Landbevölkerung und standen unter dem besonderen Schutz des römischen Militärs.

Unsagbar trostlose Wohnverhältnisse, ein mörderisches Klima und grausige Antreiberei ergaben Zustände, die sich immer wieder in Aufständen der Landarbeiter entluden. Die Circumcellionen — so der Name der Rebellierenden — waren die afrikanische Variante der Bagauden Galliens. Die Bauernkriege, die überall und in ziemlich regelmäßigen Abständen aufflammten, waren die auffallendsten Zeichen unhaltbar gewordener Zustände.

Zur inneren Unruhe in Nordafrika trugen aber auch die wilden und halbwilden Berber-Stämme bei — Berber kommt vom römischen barbari und ist als Sammelname der räuberischen Bergvölker zu verstehen. Eine echte militärische Bedrohung stellten die Berber zu keinem Zeitpunkt dar; einmal, weil sie sich im wesentlichen auf Raubüberfälle beschränkten und sich nie auf offene Feldschlachten einließen, zum anderen, weil es die Römer auch in Afrika gut verstanden, die rivalisierenden Stämme gegeneinander auszuspielen. Zuweilen tauchen Berber-Völker sogar als Verbündete und Hilfstruppen der römischen Besatzungsmacht auf. Die formelle Oberhoheit des Kaisers erkannten sie ohnehin an, was ihnen nicht schwer fiel, da solche de-jure-Erklärungen de facto nichts änderten an ihrem unabhängigen Status.

Auch die Berber drangsalierten vor allem die Armen, die unteren Bevölkerungsschichten. Die obere Klasse, die Bedrücker, lebten un-

ter dem Schutze ihrer Leibwachen und beschirmt von den staatlichen Organen der Polizei und Miliz unangefochten und auch von den Berbern ungeschoren in Saus und Braus. Sie bewohnten die herrlich angelegten Villen inmitten blühender Gärten auf den großen Gütern, hatten ihre Lustschlösser am Meer und prächtige Landhäuser in den Bergen. Ganze Scharen von Sklaven lasen ihnen jeden Wunsch von den Augen ab. Die Arbeit dieser Ausbeuter bestand darin, Geld zu zählen und das Heer ihrer Aufseher zu stets neuen Quälereien anzustacheln. Diese Aufseher waren von der allerschlimmsten Sorte, von dem Schlag, aus dem KZ-Schergen gemacht sind. Sie hatten die Dreckarbeit der Menschenschinderei zu erledigen, mußten (und wahrscheinlich taten sie es gern) Sklaven prügelnd an die Arbeit hetzen; sorgten dafür, daß die Kolonen auf der Scholle blieben (nirgendwo wurde der Berufszwang härter durchgeführt als in Afrika); trieben die Abgaben der Unterpächter gnadenlos ein, und wenn die Familien der Unglückseligen dabei verhungerten.
Über diesem System, das an Menschenverachtung und brutaler Gewinnmaximierung in der Geschichte seinesgleichen sucht, schwebte eine bestechliche Obrigkeit, die stets zu den oberen Zehntausend hielt. Korrupt waren die Beamten, parteiisch die Richter, typische Vertreter einer Klassenjustiz. Die Massen jedenfalls hatten wenig oder nichts zu verlieren, als die Vandalen in Afrika auf dem Vormarsch waren. Sie gingen zwar nicht mit fliegenden Fahnen zu den Eroberern über, hinderten aber ihren Vormarsch nicht. Und zumindest in der ersten Zeit der vandalischen Herrschaft wußte König Geiserich diese günstige Volksstimmung für seine eigenen Zwecke zu nutzen, sie quasi in seinem Sinn zu kanalisieren. Später freilich machten die Vandalen die gleichen Fehler wie sie auch andere „Befreier" begingen — die Nazis zum Beispiel in den besetzten Gebieten Sowjetrußlands. Mit den gleichen verhängnisvollen Folgen, weil Menschen ein fremdes Zwangssystem auf Dauer noch weniger zu ertragen geneigt sind als das gewohnte, das sich in der Erinnerung dann fast automatisch zu verklären beginnt.

Kehren wir zurück in den Mai des Jahres 429, in dem König Geiserich die letzten Vorbereitungen für die Überfahrt nach Afrika mit generalstabsmäßiger Präzision trifft. Zunächst ordnet er eine Volkszählung an, um den benötigten Transportraum auszurechnen. Insgesamt ergibt diese Registrierung 80 Tausendschaften, die er jeweils dem Befehl eines Unterführers anvertraut. In jeder Tausendschaft sind, familienweise gemischt, Kinder, Frauen und Greise zusammengefaßt, militärisch bedeckt von einer Schar Krieger in Kompaniestärke. Eine Vorausabteilung besetzt gegenüber von Gibraltar in Tanger Landeköpfe, bevor der Pendelverkehr der Transportschiffe in Gang kommt. Eine andere Spezialtruppe sichert den Rücken und begibt sich als letzte auf den Exodus. Um die organisatorische Leistung würdigen zu können, muß man in Rechnung stellen, daß mit dem Volk der Vandalen die Pferde der Krieger, die Wagen und Zugtiere, das Milch- und Fleischvieh, der gesamte Hausrat, Waffen und Werkzeuge, Belagerungsmaschinen, Wasser- und Lebensmittelvorräte, Brenn- und Bauholz transportiert werden mußten. Man darf die bewegliche Habe eines Volkes von 80 000 Menschen, das auf einer weit weniger primitiven Entwicklungsstufe stand, als wir uns das gemeinhin vorstellen, nicht gering einschätzen. Wenn wir bedenken, wie kompliziert die Verlegung einiger Divisionen trotz Eisenbahn und Lastkraftwagen noch in den beiden Weltkriegen war, müssen wir Geiserichs Organisationstalent ganz besondere Hochachtung zollen.
Nicht minder schwierig gestaltete sich der Marsch an der Küste entlang in Richtung Osten, den Zentren der römischen Afrika-Provinz entgegen. Zunächst waren die Schiffe zu entladen, die Einwanderer zu versammeln, die Marschbefehle so zu erteilen, daß sich die Massen, zu denen immer neue Gruppen stießen, gegenseitig nicht behinderten und miteinander um die geplünderten Versorgungsgüter nicht raufen mußten. Andererseits mußten die Haufen soweit zusammengehalten werden, daß es den römischen Verteidigern nicht gelingen konnte, sie auseinander zu sprengen und einzeln zu bekämpfen. Insbesondere mußten die vandalischen Elite-

Truppen so geführt werden, daß sie binnen kürzester Zeit an den gefährdeten Brennpunkten des Vormarsches zur Stelle waren. Flankenschutz gewährten vandalische Flotteneinheiten, die an der Küste entlang kreuzten und mit angelandeten Kommandotruppen im Rücken des Feindes operierten.

Wir wissen, daß die Vandalen auf ihrem Vormarsch nicht zimperlich vorgegangen sind. Über das Normalmaß der Plünderungen hinaus, das wir von anderen Völkern auf Wanderschaft kennen, legten sie ganze Städte in Asche, mordeten vor allem die Vertreter der herrschenden Klasse in Afrika, soweit sie sich nicht durch rechtzeitige Flucht in Sicherheit bringen konnten oder führten sie samt ihren Familien in die Sklaverei. Wenn wir von den Greueltaten der Vandalen aber besonders viele Berichte haben, dann auch deshalb, weil es vor allem Priester und Beamte, Großpächter und Steuereinnehmer waren, die sie verjagten: Alles Menschen, die sich auszudrücken wußten, die zumindest des Schreibens kundig waren, und deshalb der Nachwelt das ganze Ungemach überliefern konnten, das über sie gekommen war. Wenn die Vandalen heute noch eine so „schlechte Presse" haben, so liegt das daran, daß ihre Opfer vor allem Angehörige der gebildeten Stände waren.

Die breite Masse, die — „wo gehobelt wird, fallen Späne" — wohl auch in blutige Mitleidenschaft gezogen wurde, sah zunächst in den Vandalen überwiegend die segensreiche Macht, die das längst verdiente Strafgericht über die Bedrücker verhängte. So ist es zu erklären, daß die meisten Städte im römischen Afrika den Eroberern die Tore öffneten. Abgesehen davon waren viele Städte gar nicht in der Lage, Widerstand zu leisten. Es fehlte an geeigneten Verteidigungsanlagen, an Festungstruppen, an Versorgungseinrichtungen, die eine längere Belagerungszeit zuließen. Die Seestädte sahen sich durch die vandalische Kriegsflotte in aussichtslose Lage gebracht, im Landesinneren machten Hungersnöte und Seuchen die Mauern, soweit vorhanden, schnell sturmreif. So fiel, teils durch Not gezwungen, teils durch Verrat und Sabotage, eine Siedlung nach der anderen den Vandalen kampflos in den Schoß.

Der Einnahme einer Stadt schlossen sich im allgemeinen gewaltige Plünderungen an, bei denen ganz natürlicherweise die Häuser der „possessores“, der besitzenden Klasse, besonders betroffen waren, schon deshalb, weil die Armen und Geknechteten dabei kräftig mitmischten. Im heillosen Durcheinander, in der ratlosen Flucht der Mächtigen und ihrer dienstbeflissenen staatlichen und privaten Helfershelfer, fiel auch für die räuberischen Berber-Stämme einiges ab, die deshalb keine Veranlassung sahen, auf seiten der Römer in die Auseinandersetzungen einzugreifen. Im Gegenteil: Sie versprachen sich von den neuen Herren, deren Ambitionen und deren Verwaltungspotential sie allerdings um einiges unterschätzten, noch mehr Freiheit und Unabhängigkeit, als sie unter römischer Oberhoheit ohnehin hatten.
Soweit es zu offenen Feldschlachten zwischen Römern und Vandalen kam — im wesentlichen handelte es sich wohl nur um Gefechte kleineren Umfangs — gingen die Krieger König Geiserichs stets als eindeutige Sieger hervor. Eine Schlappe mußten die Vandalen nur vor der Hauptstadt Karthago beziehen, die allen Sturmangriffen und Einschließungsversuchen standhielt. Große Probleme ergaben sich auch bei der Belagerung von Hippo Regius, das auch nach vierzehn Monaten Belagerung von den Vandalen nicht geknackt werden konnte. Hippo Regius war die Bischofsstadt des Heiligen Augustinus, der im August 430, im dritten Monat der Einschließung, einem Fieber zum Opfer fiel.
Im belagerten Hippo Regius hielten sich neben Augustinus eine Reihe anderer geflohener Bischöfe auf, unter ihnen Possidius, der Freund und Biograph des großen Kirchenlehrers: „Es geschah durch den Willen Gottes“, so berichtet Possidius, „daß eine gewaltige Schar der furchtbaren Feinde, der Vandalen und Alanen, mit verschiedenen Waffen ausgerüstet und im Kriegshandwerk geübt, zu Schiff in Afrika eindrang. Sie wütete mit jeder Art von Grausamkeit und Rohheit, verheerte alles, was sie konnte, durch Plün-

derung, Mord, verschiedenste Arten von Folterung, Brandschatzung und zahllose andere unnennbare Leiden. Sie verschonte kein Alter und kein Geschlecht, nicht einmal die Priester und Diener Gottes oder die Gerätschaften der Kirchen."

In der Tat haben die Kirchen und Klöster besonders unter den Vandalen gelitten. Nicht zuletzt waren es ja religiöse Gründe gewesen, mit denen Geiserich seine arianischen Vandalen gegen die römisch-afrikanischen Katholiken aufhetzte. Grausamkeiten, die man im Namen Gottes zu begehen glaubt, sind ja in der ganzen uns bekannten Geschichte mit besonderem Eifer begangen worden. Im Namen Gottes wüteten die Kreuzritter des Mittelalters, die Soldateska des Dreißigjährigen Krieges, die Inquisitoren in Spanien, die Türken bis vor die Tore Wiens, und heute noch Protestanten und Katholiken in Irland. Auch die Vandalen mochten sich als echte Glaubensritter gefühlt haben und mit entsprechender Begeisterung gingen sie auch an die Sache. Es spricht für die politische Klugheit von König Geiserich und für seine unumschränkte Macht, daß es ihm bald gelang, die schlimmsten Auswüchse dieses religiösen Fanatismus in den Griff zu bekommen.

Dies scheint ihm zum Beispiel der Katholik Salvian von Massilia hoch angerechnet zu haben, der in den Vandalen nicht nur das gerechte Gottesgericht über die sittenlosen und entarteten Römer sieht, sondern das Verhalten der Eroberer geradezu rühmt. Die Vandalen werden dafür gelobt, daß sie die unhaltbaren sozialen Zustände beseitigt, den Graben zwischen Elend und Schwelgerei zugeschüttet haben. Während „das römische Volk stirbt und lacht zugleich", triumphiert germanische Tugend und Reinheit. Einem Mann wie Salvian muß zum Beispiel ungeheuer imponiert haben, daß Geiserich die Prostitution abschaffte, und die widernatürliche Unzucht, die ja besonders in den besseren Kreisen Roms grassierte, unter strenge Strafe stellte. Einem Herrscher, der Zucht und Ordnung verspricht, werden noch heute von braven Katholiken manche Auswüchse nachgesehen.

Zwar war Geiserich der Bischofssitz Hippo Regius, den er so lange und unter großen Opfern bestürmt hatte, nach Abbruch der Belagerung doch noch in die Hände gefallen, weil die Bewohner der geplagten Stadt, als sich die Falle geöffnet hatte, zum größten Teil aufs Land geflohen waren; aber vor Karthago und an der Festung Cirta bissen sich die Vandalen die Zähne aus. Kriegsmüdigkeit machte sich auf beiden Seiten breit, Erschöpfung der Menschen und des Materials. Geiserich brauchte vor allem Zeit, um seine Eroberung zu konsolidieren. Und Rom war in jenen Jahren ohnehin stets zu einem Frieden bereit, und wenn er noch so faul gewesen ist. Am Hofe des Kaisers hoffte man, mit diplomatischen Mitteln das zu erreichen, was die militärischen nicht mehr einbringen konnten. Wobei sich Kaiser Valentinian III. der trügerischen Hoffnung hingab, den Vandalen-König mit politischen Tricks an die Wand spielen zu können.

Zu Beginn des Jahres 435 führten die Verhandlungen zu einem Ergebnis. Geiserich bekam den größten Teil von römisch Nordafrika als Herrschaftsgebiet zugesprochen, mit Hippo Regius als Hauptstadt. Nominell nahm er den Status der foederati für seine Vandalen an, gestand Ravenna auch zu, für seine Ländereien die Grundsteuer abzukassieren, eine Verpflichtung, der Geiserich wohl durch Naturallieferungen nachkam. Wir wissen, daß Nordafrika die Kornkammer des Reiches war, mit Getreide-Erträgen, die weit über denen aller anderen Provinzen lagen. Dazu kam der Weinbau, der pro Hektar doppelt soviel Maische erbrachte wie in europäischen Landschaften, kamen üppige Obstplantagen und reiche Gemüsefelder.

Geiserich hat als Foederierter, als Verbündeter des Reiches, sich nie an die Regeln gehalten, die nach dem Einquartierungsgesetz für andere Germanenvölker galten. Er beanspruchte nicht nur ein oder zwei Drittel des immobilen Besitzes, sondern erklärte sich selbst und seinen Staat zum alleinigen Eigentümer und Nutznießer allen Bodens. Zumindest aus der ersten afrikanischen Zeit sind uns noch Zeugnisse erhalten, die darauf schließen lassen, daß der Boden Allgemeineigentum der Vandalen war, also voll „vergesellschaftet" war, wie man es wohl heute sagen würde. Die Vandalen zogen je nach Rang und Namen in die großen, alten Gutshöfe oder bauten sich kleine Behausungen aus Lehm in Fachwerkweise, mit einem oder zwei Räumen. Die Arbeit in der Landwirtschaft wurde weiter von Sklaven und Kolonen erledigt, beaufsichtigt von den Vandalen, die sich dabei bestimmt um einiges anständiger aufgeführt haben als einst die römischen Großpächter und ihre Einpeitscher.

Zum Vertrag des Jahres 435 gehörte auch das feierliche Versprechen Geiserichs, die afrikanische Hauptstadt Karthago zu respektieren und nie anzugreifen. Karthago, die mächtigste Konkurrenzstadt Roms seit alters her, nach langen und blutigen Kriegen von Scipio Africanus besiegt und eineinhalb Jahrhunderte vor Christus vernichtet, war unter Caesar neu gegründet und unter Augustus wieder aufgebaut worden und in der Kaiserzeit zu größter Blüte gediehen. In Karthago lebten zur Zeit des Vandalen-Einfalls knapp eine Million Menschen. Verständlich, daß Rom wenigstens diese Bastion von Geiserich freihalten wollte.

Der Vandalen-König hat sich übrigens nie sonderliche Mühe gegeben, als verläßlicher Vertragspartner zu erscheinen. Von Anfang an herrschte er in Afrika ganz nach eigenen Regeln, ohne sich um römische Gesetze und Gepflogenheiten zu kümmern. Für die römische Beschwichtigungspolitik hatte er offensichtlich nur Verachtung übrig. Was man ihm zugestand, das nahm er sich. Was man ihm vorenthielt, wollte er sich bei nächster Gelegenheit mit Gewalt holen. Wer mit Diktatoren Verträge schließt, mußte in der Geschichte oft ähnliche Erfahrungen machen. Wie Hitler bald nach dem Münchner Abkommen sich auch die Rest-Tschechei einverleibte, so überfiel Geiserich 439 ohne Vorwarnung Karthago und nahm es im Handstreich.

Die Eroberung Karthagos war ein Schock für die ganze römische Welt. Aus heiterem Himmel war Geiserich vor den Mauern der Stadt aufgetaucht, die sich durch Verträge auf ewig sicher wähnte vor vandalischer Eroberung. Karthago war eine lebenslustige

Stadt, voll pulsierender Daseinsfreude. Die reiche Stadt wurde, wie es der Brauch der Zeit war, gründlich geplündert. Die römischen Handelsherren und Geldsäcke, die Adeligen und hohen Beamten, wurden erschlagen oder in die Sklaverei verschleppt, nachdem man ihnen vorher alles bewegliche und unbewegliche Eigentum abgeknöpft hatte. Etwas glimpflicher ging man mit den Vertretern der Kirche um. Zwar plünderte man die Schätze der Klöster und Kirchen; aber die Bischöfe und Priester wurden wenigstens nicht ermordet oder zu Landarbeitern und Küchenpersonal umfunktioniert. Man sammelte sie und schickte sie weg ins Exil mit einem der Schiffe, die man im Hafen vorgefunden hatte. Ob es stimmt, daß sich die Vandalen dazu den ältesten Pott, einen richtigen Seelenverkäufer, ausgesucht haben, um die geistliche Fracht möglicherweise den Fischen zum Fraß vorzusetzen, sei dahingestellt. Zuzutrauen wäre es dem zynischen Geiserich ohne weiteres.
Der Kaiserhof in Ravenna stand vor vollendeten Tatsachen, vor allem aber vor der jetzt nicht mehr überraschenden Erklärung Geiserichs, daß er sich nun als von Rom völlig unabhängiger Herrscher betrachte. Die erste absolut selbständige und souveräne germanische Staatengründung auf ehedem römischem Boden war perfekt. Das vandalische Experiment machte zumindest in Süd- und Westeuropa Furore. Ganze Sippen, aber auch kleinere Stämme zogen ins afrikanische Land der germanischen Verheißung und schlossen sich den Vandalen an. Aus den 80 000, die einst den Exodus gewagt hatten, wurden innerhalb eines Menschenalters an die 200 000 Menschen, die sich den Großmachtplänen des kleinen energischen Königs bedingungslos zur Verfügung stellten.
Geiserich tat alles, um diesen Kern seines Reiches geschlossen zu erhalten. Er griff dabei zu einem Mittel, das auch heute noch in Staaten praktiziert wird, in denen eine Minderheit über eine Mehrheit regiert. Geiserich verordnete seinem Volk eine unbedingte und strenge Apartheid, verbot Eheschließungen zwischen seinen Volksangehörigen und den ehemals römischen Bürgern. Dies hatte be-

stimmt keine rassischen Gründe, schon deshalb nicht, weil unter den Einwanderern auch viele Familien nicht germanischer Abstammung waren, zum Beispiel die beträchtlichen Reste der Alanen, die zu den iranischen Nomadenvölkern gezählt werden. Eher dürften religiöse Gründe eine Rolle gespielt haben. Im arianischen Bekenntnis sah Geiserich eine Klammer, die sein Volk zusammenhielt. Daß Apartheid auf lange Sicht entscheidend mehr Nachteile als Vorteile bringt, zeigt die Geschichte der Völkerwanderung im allgemeinen und das Schicksal der Vandalen im besonderen.

Die berufliche Entwicklung war den Vandalen vorgezeichnet. Die Kriegerkaste kümmerte sich im wesentlichen auch um die Aufsicht im landwirtschaftlichen Bereich und lebte im übrigen das feine Leben eines Herrenvolkes, übte sich mit Spielen und auf der Jagd im Gebrauch der Waffen und im Reiten, züchtete Pferde, trieb Sport und Familien- beziehungsweise Bevölkerungspolitik: Für den zahlreichen Nachwuchs gab es ja genug Raum. Der Rest des Volkes war auf das Handwerk fixiert, das bei den Vandalen in hoher Blüte stand. Hier zahlten sich die langen Wanderjahre quer durch ganz Europa aus. Von den vielen Völkern, mit denen man in Krieg und Frieden in Kontakt gekommen war, eignete man sich Fertigkeiten aller Art an. Die Vandalen waren Meister im Häuserbau, im Brunnenbohren, in der Waffenherstellung und in der Metallbearbeitung ganz allgemein. Sie hatten wertvolle Erfahrungen in der Viehzucht gesammelt, erwiesen sich als geschicktes Handelsvolk und zeigten besondere Fähigkeiten in der Seefahrt und im Schiffsbau; was wohl seit dem Auszug aus Nordjütland an die ostdeutsche Küste im Blut lag.

Bei der Einnahme Karthagos waren den Vandalen mit dem hervorragend ausgebauten Hafen auch ein großer Teil der römischen Handelsflotte und einige Kriegsschiffe in die Hand gefallen. Zielbewußt und mit aller Energie baute Geiserich auf dieser Basis eine Seemacht auf, die bald zum Schrecken des gesamten Mittelmeerraumes wurde. Vandalen beherrschten Sardinien und Korsika, tauchten an der Adria und in Spanien auf, machten die Balearen und die griechische Inselwelt unsicher, brachen zu regelmäßigen Plünderfahrten nach Sizilien und an die Küsten Süditaliens auf. Der Kaiser in Ravenna, der längst über keine schlagkräftige Marine mehr verfügte, mußte diesem Treiben ohnmächtig zusehen.

Dem Expansionsdrang nach außen entsprach eine totale Gleichschaltung im Innern, eine Reorganisation, die allein auf die Stärkung der absoluten Königsmacht ausgerichtet war. Geiserich gelang es, den Geburtsadel in seiner Macht zurückzudrängen und ihn durch einen ihm ergebenen, tüchtigen Beamten- und Militäradel zu ersetzen, der sich aus den Freien seines Volkes rekrutierte und selbst nach oben arbeiten mußte. Für seine Person zimmerte Geiserich aus römischem und germanischem Recht eine Position zusammen, die seinem Königtum unumschränkte Vollmachten sicherte. Auch die Erbfolge regelte er in seinem Sinne. Um zu verhindern, daß in schweren Zeiten ein junger, unerfahrener Herrscher an der Spitze des Volkes stünde, bestimmte Geiserich den jeweils Ältesten aus der königlichen Sippe zum Nachfolger. Und wer der Älteste war, legte der Tyrann auf seine eigene Weise fest: Damit sein Sohn und Favorit Hunerich zum Zuge kam, ließ Geiserich alle älteren Thronprätendenten ermorden, unter anderen die Söhne seines Halbbruders Gundarich. In der Wahl seiner Mittel war der König schon immer bedenkenlos gewesen.

Natürlich stießen solche „Reformen" und die Auswüchse, die sie begleiteten, auf den erbitterten Widerstand der Betroffenen und ihres Anhangs. Doch ein Putschversuch schlug fehl und machte Geiserich nur noch mächtiger. Die gescheiterte Rebellion kam Geiserich offenbar sehr gelegen. Sie war ihm Anlaß zu einer Säuberungswelle, die nach zeitgenössischen Berichten mehr Blut kostete als ein regulärer Krieg. Geiserich entledigte sich der innervandalischen Opposition und aller alten Kampfgefährten, die ihm im Laufe der Zeit unbequem geworden waren. Nach demselben Muster, das Adolf Hitler beim sogenannten Röhm-Putsch (der kein Putsch war) anwandte, oder das Josef Stalin in vielen Säuberungsprozessen bis zum Exzeß praktizierte. Im Ergebnis jedenfalls wurde Geiserich ein Staatschef, wie ihn seine Zeit in dieser Machtfülle nicht ein zweitesmal kannte. Der Hunnenkönig Attila gebot wohl über mehr Menschen und größere Regionen, hatte aber nicht diese totale Kontrolle über seine Untertanen.

Neben der Ausschaltung des alten Adels zog Geiserich auch in seiner Religionspolitik die Zügel fester an. In vandalischen Wohngebieten durften Gottesdienste ohnehin nur von arianischen Priestern abgehalten werden. Nun machte er den Katholiken auch zunehmend außerhalb dieser Siedlungen Schwierigkeiten. Begräbnisse oder Familienfeiern, soweit sie mit katholischen Riten begangen wurden, hatten in aller Stille zu erfolgen. Den Predigern war bei Strafe verboten, Themen über Unterdrücker aus der biblischen Geschichte zu wählen, damit Geiserich sich auch nicht durch die Blume angesprochen fühlen mußte. Es gab nichts, um das sich der gestrenge Diktator und seine Militärjunta nicht gekümmert hätten: der perfekte Polizeistaat!

Dabei ist nicht zu verkennen, daß der Vandalenstaat nicht nur seiner herrschenden Klasse, sondern allen Volksschichten wachsenden Wohlstand bescherte. Im Inneren war für absolute Ruhe und Ordnung gesorgt, für Stabilität in jeder Hinsicht. Die äußere Politik erschloß dem Handel beste Chancen. Und was man nicht kaufen konnte, das wurde geraubt. Die militärischen Investitionen, vor allem im Marine-Bereich, schufen nicht nur Arbeitsplätze, sondern rentierten sich auch dadurch, daß stetes Beutegold in die Wirtschaft floß. Um seinen Besitzstand zu wahren und „den Aufschwung zu sichern" — wenn wir diese Wahlparole hier zitieren dürfen — suchte Geiserich Verbündete, Anschluß an andere Mächte.

Mit und gegen Rom

Zuerst ging Geiserich daran, das Kriegsbeil mit den Westgoten zu begraben. Die Erinnerung an die verlustreichen Kämpfe mit diesen auf der Iberischen Halbinsel, bei denen ein beträchtlicher Teil der vandalischen Volkssubstanz vernichtet wurde, ließen es Geiserich geraten erscheinen, mit dem Westgotenkönig Theoderich zu einer Übereinkunft zu kommen. Die Westgoten wären am ehesten in der Lage gewesen, von ihren Wohnsitzen aus durch Spanien nach Afrika überzusetzen und die vandalische Herrschaft zu gefährden. Umgekehrt war Theoderich, in ständige Geplänkel mit Rom verwickelt, daran interessiert, den Rücken frei zu haben gegen den schwachen Kaiser Valentinian, dessen lebenstüchtige Mutter Galla Placidia und den politischen Kopf des Reiches, Aetius. Auf die Zusicherungen, die Ravenna den Westgoten gemacht hatte, war kein Verlaß. Aus der friedlichen Koexistenz von heute konnte schon morgen eine existenzbedrohende Konfrontation werden.

Geiserich und Theoderich besiegelten ihre neue Freundschaft nicht nur mit der üblichen gegenseitigen Stellung von Geiseln. Vielmehr griffen sie zum Mittel der Heiratspolitik, das zumindest bei den Germanen noch nicht zum diplomatischen Repertoire gehörte. Geiserich warb für seinen Sohn Hunerich um die Hand der Tochter des Gotenkönigs. Dies wiederum rief Aetius auf den Plan. Der Reichsverweser und oberste Feldherr des Reiches muß die verwandtschaftlichen Bande, die da zwischen den Kindern der beiden mächtigsten Germanen-Herrscher geknüpft wurden, mit besonderem Mißtrauen betrachtet haben. Denn aus solchen zarten Banden konnte nur allzu leicht eine Schlinge gezogen werden, in der das Reich Gefahr lief, eines Tages gefangen und erdrosselt zu werden.

Wahrscheinlich war es Ravenna, war es Aetius, von dem die Initiative ausging zum Ausgleich zwischen Rom und Karthago. Die weströmischen Diplomaten ließen offenbar durchblicken, daß man den status quo in Afrika anerkennen könnte, wenn Geiserich dafür seine Raubzüge einstellen und sein Bündnis mit den Westgoten lösen würde. Vor allem aber beeindruckte Geiserich die Möglichkeit einer Verbindung mit dem theodosianischen Kaiserhaus. Man führte Geiserich vor Augen, daß Kronprinz Hunerich eine weit bessere Partie machen könnte: Statt der Ehe mit dem gotischen

Königskind bot man die Verlobung mit einer kaiserlichen Prinzessin an, mit Valentinians Tochter Eudocia.
Das war nun freilich ein Wechsel auf die Zukunft. Geiserich hätte sich damit schon deshalb Zeit lassen können, weil die kleine Prinzessin immerhin erst sechs Jahre alt war. Aber der Vandalenkönig packte die Gelegenheit beim Schopfe und sorgte gleich für klare Verhältnisse. Hunerichs junger gotischer Frau wurde unterstellt, sie habe den gestrengen Herrn Schwiegerpapa vergiften wollen. Also schritt man zur Scheidung auf vandalische Art: Wenn wir unserem Gewährsmann Jordanes glauben dürfen, dann wurde Hunerichs Frau nicht nur verstoßen und ausgewiesen, sondern auch noch an Nase und Ohren verstümmelt, bevor man sie heim ins Reich zu ihrem Vater Theoderich schickte. Mag sein, daß diese Erzählung ein wenig übertrieben ist. Fest steht, daß Geiserich etwa um das Jahr 445 auf die römische Karte setzte und die Allianz mit den Westgoten, mit seinen germanischen Bluts- und arianischen Glaubensbrüdern, platzen ließ.
Die Zeit der Völkerwanderung ist durch schnelle Umwälzungen gekennzeichnet. Freundschaften, die gestern geschlossen wurden, verkehren sich morgen schon ins Gegenteil. Die Fronten werden oft häufiger gewechselt als die Hemden. Das war bei Alarich und Honorius so und ist zu Geiserichs Zeit nicht anders. Aetius etwa war mit den Hunnen verbündet und mit den Westgoten in dauerndem Krieg und mußte dann praktisch über Nacht die Hilfe Theoderichs gegen Attila suchen. Aetius — um den Gedanken an einem anderen Beispiel zu erklären — wurde als der Retter des Vaterlandes gefeiert und galt als der starke Mann im weströmischen Reich, um von einem Tag auf den anderen bei seinem Kaiser in Ungnade zu fallen und ermordet zu werden.
In solchen Zeiten kann auch Geiserich nicht auf langfristige Bündnisse setzen. Da muß man die Feste feiern wie sie fallen, muß Schaukelpolitik treiben, geschickt auf den Zug springen, der auf schnellstem Weg zum nächsten Ziel führen könnte. Erst ein Zusammenspiel mit den Westgoten, dann wieder am gleichen Strang

mit den Römern ziehen und dazwischen ein kleiner Flirt mit Attilas Hunnen: Sicherlich ist das keine moralische Politik, aber eine recht erfolgreiche. Gefährlich ist sie zwar auch, aber Geiserich ist ein Meister in der Kunst des Jonglierens. Als seine Nachfolger ähnliches wagen, wird es ihnen schlecht bekommen. Im Kampf aller gegen alle überleben nur die Stärksten und die Glücklichsten. Geiserich zum Beispiel hat das Glück, daß in der großen Hunnenschlacht auf den Katalaunischen Feldern sein Todfeind Theoderich fällt, der seit der schmählichen Behandlung seiner Tochter ständig auf Rache bedacht sein mußte.

Das Bündnis mit Rom, das aus Geiserichs Sicht im Endeffekt auf die Beherrschung des Mittelmeerraumes ausgerichtet war, verlangte von den Vandalen auch einige Opfer. Daß Geiserichs Piraten bei ihren Raubzügen zu Schiff jetzt die Küsten Italiens aussparen mußten, versteht sich von selbst. Darüber hinaus mußte der König, um die Gefühle der frommen Galla Placidia zu schonen, seine Katholiken-Verfolger energisch zurückpfeifen. Ihm selbst, der ein emotionsloser und realitätsbezogener Machtpolitiker war, dürfte das nicht schwergefallen sein. Weit schwieriger war es, seinem Volk, das er ja zu einer Art Religionskrieg aufgerufen hatte, begreiflich zu machen, daß in Karthago jetzt plötzlich wieder ein römisch-katholischer Bischof saß, nachdem man erst ein paar Jahre zuvor die geistlichen Häupter dieser nach arianischer Ansicht schlimmen Ketzer aus dem Land vertrieben hatte. Doch der Primat der Politik, der Vorrang politischer Überlegungen vor religiösem Fanatismus oder militärischen Eroberungswünschen, war für Geiserich nie eine Frage. Und was noch wichtiger ist: Er konnte diesen Primat auch voll durchsetzen.

Der Frieden, oder vielleicht sagen wir besser: der Waffenstillstand, zwischen Römern und Vandalen währte nicht länger als ein Jahrzehnt. Zuerst war Galla Placidia gestorben, dann hatte Kaiser Valentinian III. Aetius ermordet und schließlich war im März des Jahres 455 der Kaiser selbst der Rache von Anhängern des Aetius zum Opfer gefallen. Zum neuen Herrscher wurde ein Mann namens Petronius Maximus ausgerufen, den wir uns nicht deshalb merken müssen, weil er in seiner kurzen Regierungszeit etwa Gelegenheit gehabt hätte, sich mit großen Taten zu profilieren. Was wir von Petronius Maximus wissen, weist ihn nicht als besonderen Ehrenmann aus, ist aber für den Fortgang unserer Geschichte von einigem Belang. Der neue Kaiser hatte Bedarf an Legitimität und befriedigte ihn dadurch, daß er selbst die Witwe des getöteten Valentinian, Eudocia (die Ältere), zur Frau nimmt, während er die Kaisertochter, Eudocia (die Jüngere), mit seinem Sohn und Mitregenten Palladius verheiratet.

Von beiden Damen darf angenommen werden, daß sie ihre Gattenwahl nicht freiwillig getroffen haben. Von der Kaiserinwitwe, von Eudocia der Älteren, wird sogar behauptet, daß sie auf die Zwangsheirat mit einem veritablen Landesverrat reagiert habe. Angeblich war es Mutter Eudocia selbst, die König Geiserich in der Bedrängnis ihres Herzens zu Hilfe gerufen hat. Wieder haben wir es hier mit einer Geschichte zu tun, die das Unentschuldbare entschuldigen, das Unbegreifliche begreiflich machen soll. Was nicht sein darf, kann auch nicht sein: Nicht Rom und Ravenna, nicht falsche Politik, innere Schwäche, militärische Feigheit sind verantwortlich für den zweiten Fall Roms, für die neuerliche Plünderung der Ewigen Stadt, sondern allein die höhere Gewalt eines Verrats. Die Kaiserinwitwe ist der Sündenbock, dem man später alle Schuld aufbürdet. Dabei spricht wenig dafür, daß die vergewaltigte Witwe wirklich laut um den Beistand der Vandalen gebeten hat, so verständlich eine solche Handlungsweise auch gewesen wäre.

Geiserich jedenfalls tut so, als habe er zumindest die geheimsten Wünsche der Eudocia erraten. Was für Attila die Honoria war, sind für den Vandalenkönig die beiden zwangsverkuppelten Frauen: Der erwünschte Anlaß zum Krieg. Das Reich war in Geiserichs Augen vertragsbrüchig geworden, weil das Verlöbnis zwischen Hunerich und der Prinzessin Eudocia durch Palladius gesprengt wurde. Zum vordergründigen Anlaß aber treten die ei-

gentlichen Gründe hinzu, die es den Vandalen geraten erscheinen lassen, Rom nicht weiter zu schonen. Denn jetzt rechneten sie sich alle Chancen aus: Mit dem Tod des Aetius und dem Erlöschen der männlichen Linie der Dynastie des Theodosius war das Reich sturmreif geworden. Was man von der Charakterstärke, vom militärischen Können und politischen Geschick der neuen Herren hörte, war nicht danach, die Vandalen ernstlich abzuschrecken.
Genau zehn Wochen nach dem Tod Valentinians steht König Geiserich mit einer großen Streitmacht vor den Toren Roms. Daß seine Flotte so schnell anrücken konnte, läßt eigentlich nur den Schluß zu, daß die Vandalen — wenn man es so anachronistisch sagen darf — bereits Gewehr bei Fuß gestanden hatten. Als ihre Schiffe im römischen Hafen Porto einlaufen, überstürzen sich die Ereignisse. Es gibt keine Küstenwache und keine Armee, die den Truppen des Vandalenherrschers, unter denen sich auch starke maurische Kontingente befinden, entgegentreten könnten. Um so größer ist die Verzweiflung in der gefährdeten Stadt. Vor allem die höheren Stände verlassen Hals über Kopf ihre Stadthäuser, um sich irgendwo auf ihren ländlichen Besitzungen in Sicherheit zu bringen. Als ein besonderer Held erweist sich auch der neue Kaiser Petronius Maximus, der seine Aufgabe nicht darin sieht, die Verteidigung Roms zu organisieren, sondern seine Leute hauptsächlich dazu abkommandiert, möglichst viel von seinem neu erworbenen Reichtum mit auf die Flucht zu nehmen.
Ein Soldat der kaiserlichen Leibwache namens Ursus (der Bär), angeblich von burgundischer Abstammung, soll dem unwürdigen Spiel ein Ende gesetzt und seinen feigen Herrn mit einem Stein erschlagen haben, worauf Roms Plebejer in grenzenlosem Zorn die Leiche des Kaisers durch den Straßenstaub gezogen und den Rest des Kadavers, in Stücke gehauen, den Fischen im Tiber zum Fraße vorgeworfen haben sollen. König Geiserich und seine Truppen marschierten drei Tage später, Anfang Juni des Jahres 455, vor die Stadttore. Es ist dies die Stunde des Papstes Leo I., der — wie historisch belegt ist — den Eroberern an der Porta Portuensis

mutig entgegentrat. Es ist derselbe Leo I., von dem es auch heißt, er habe drei Jahre zuvor den Hunnenkönig Attila davon abgehalten, die Heilige Stadt zu plündern.
Leo I., in der Geschichte der Päpste mit dem Beinamen der Große belegt, regierte die Kirche seit dem Jahre 440. Er war ein hochgebildeter Kirchenlehrer und dennoch ein Praktiker der Seelsorge, ein weitblickender Politiker und ein geschickter Organisator. Leo hat dem päpstlichen Primat nicht nur eine biblische Begründung gegeben, sondern die Vorrangstellung des römischen Bischofs in geistlichen Dingen auch ganz klar gegenüber dem Kaiser durchgesetzt.

Gehaust wie die Vandalen?

Papst Leo — so überliefert es uns Prosper Tiro — ist es nicht gelungen, König Geiserich von der Eroberung und Plünderung Roms abzuhalten. Im Ernst wird das auch niemand erwartet haben. Aber immerhin konnte er von den Vandalen die Zusicherung bekommen, daß bei der Eroberung weder vergewaltigt noch gemordet wurde. Vor allem aber versprach Geiserich, jede Brandstiftung mit aller Strenge zu unterbinden. Im wesentlichen scheinen Vandalen und Mauren sich auch an diese Befehle gehalten zu haben. Natürlich haben sie alles zusammengerafft, was auch nur entfernt als wertvoll gelten konnte. Selbstverständlich schleppten sie auch eine Menge vornehmer Römer als ihre Gefangenen mit sich, um von ihren Verwandten stattliche Lösegeldsummen zu erpressen. Besonders scharf aber war man — und das dürfte ein Einfall des Königs selbst gewesen sein — auf junge Spezialisten: auf Wasserleitungsexperten und Schiffbauer, auf Handwerker aller Art. Für solche Leute hatten die Vandalen, die selbst über große handwerkliche Fähigkeiten verfügten, immer Verwendung.
Unter den Römern, die von den Vandalen abgeschleppt wurden, war auch die mittlerweile zweifache Kaiserinwitwe, für die Geiserich freilich keine rechte Verwendung hatte. Er ließ sie deshalb

laufen, allerdings nicht, ohne sie vorher um einen Teil ihres ererbten Vermögens zu erleichtern. Auch das spricht nicht dafür, daß Eudocia es gewesen ist, die Geiserich zur Eroberung Roms aufgerufen hat. Eudocia die Jüngere nahm ihr rechtmäßig Verlobter Hunerich in seine starken Arme, ihre Schwester Placidia wurde einem Senator namens Olybrius als Gattin belassen, der als Kaiser von Geiserichs Gnaden im Jahr 472 ein kurzes Gastspiel auf dem Thron geben durfte. So hätte sich der vandalische Kronprinz Hunerich ein halbes Jahr lang rühmen können, der Schwager eines leibhaftigen Kaisers zu sein, wenn ihn nicht just um diese Zeit sein erlauchtes Weib Eudocia verlassen hätte, um in aller Heimlichkeit nach Jerusalem zu flüchten; angeblich, weil ihr das arianische Sektierertum des Ehemanns auf die Nerven gegangen ist. Wie wir noch näher auszuführen haben, war Hunerich ja auch ein besonders großer Eiferer. Mit dem Tod des Olybrius ist jedenfalls der Traum von der feinen Verwandtschaft gleich auf zweifache Weise ausgeträumt.
Die Vandalen haben, wie es damals allgemeiner Kriegsbrauch war, in den vierzehn Tagen ihrer Plünderung all das mitgenommen, was sich seit 45 Jahren, seit Alarich, wieder an Reichtümern in der Ewigen Stadt angesammelt hatte. Und weil sie elf Tage länger zu Werke gingen, waren sie auch um einiges gründlicher als ihre westgotischen Vorgänger. Die Kirchen haben sie dank der Fürsprache des Paptes einigermaßen geschont. Um so radikaler raubten sie den Kaiserpalast aus und den Tempel des Jupiter auf dem Capitol, dessen vergoldetes Dach sie sogar abdeckten. Anders als die Westgoten hatten sie auch durchaus Sinn für den Wert von Kunstgegenständen. Vom Capitol entfernten sie eine Reihe von Statuen, um sie in ihrer eigenen Hauptstadt Karthago aufzustellen. Ein Schiff mit solchen wertvollen Plastiken ist beim Transport über das Mittelmeer mit Mann und Maus unwiederbringlich gesunken. Dennoch ist — wir müssen es hier noch einmal ausdrücklich betonen — der Begriff Vandalismus, den freilich erst ein Bischof im Zusammenhang mit den Ausschreitungen der Französischen Revo-

lution geprägt hat, der aber auf der Plünderung Roms beruht, historisch ungerechtfertigt. Viele Eroberer haben noch schlimmer gehaust als die Vandalen. Auch den Westgoten tut man unrecht, wenn man sie zu den Hauptverantwortlichen für die Zerstörung der Baudenkmäler der griechischen Antike stempelt. Für Westgoten und Vandalen, für Griechenland und Italien gilt, daß die Hauptgründe für den Verfall der klassischen Bauwerke nicht in Raub und Krieg zu sehen sind, sondern in der Gedankenlosigkeit und der Gewinnsucht späterer Generationen, denen die Erhaltung historischer Bausubstanz überhaupt kein Anliegen war. Man ließ Tempel und Gebäude, soweit sie keinen praktischen Zweck erfüllten, verkommen, schlug für eigene Bauvorhaben Ziegel- und Steinbrocken aus den Ruinen, riß alte Kulturstätten ab, um Platz für neue Zweckbauten und Straßen zu schaffen. Wenn einige Städteplaner in Europa heute, wenn auch etwas überspitzt, behaupten, die Tätigkeit von Baulöwen und Bodenspekulanten, von engstirnigen Behörden und fortschrittsgläubigen Architekten habe in den Zeiten der Hochkonjunktur der Nachkriegsjahre mehr wertvolle alte Bausubstanz vernichtet als der Zweite Weltkrieg, dann darf man das auch von der Zerstörung antiker Gebäude sagen.

Die erwartete Rache der beiden Kaiser in Ravenna und Konstantinopel, die Geiserich durch seine spektakuläre Plünderung Roms herausgefordert hatte, blieb zunächst schwach und insgesamt wirkungslos. Der Nachfolger des Petronius Maximus, ein gelernter Militär namens Avitus, ließ sich bei seiner Amtseinführung zwar mit allem Pomp als den Mann feiern, der das römische Afrika zurückerobern würde, aber leider fehlten ihm dazu so ziemlich alle Voraussetzungen. Insbesonders verfügte das weströmische Reich über keine Kriegsflotte mehr, die sich mit der überlegenen vandalischen Marine hätte messen können. Auch Kaiser Markian von Ost-Rom, den Kollege Avitus um Militärhilfe gebeten hatte, beließ es bei einigen förmlichen Protesten und starken Worten, mit denen er König Geiserich aufforderte, in Zukunft auf Einfälle in römisches Reichsgebiet zu verzichten.

König Geiserich merkte sehr schnell, daß er keine Vergeltungsaktion zu befürchten hatte. So wie man es 439, bei seinem Überfall mitten im Frieden auf die Stadt Karthago, bei einer bloßen Demonstration militärischer Macht hatte bewenden lassen, so erfolgte auch jetzt keine ernsthafte Reaktion. Vielmehr ergriffen die Vandalen ihrerseits die Initiative, indem sie alle Getreidelieferungen nach Italien stoppten. Besonders in der Großstadt Rom, aber auch in einigen ländlichen Regionen Italiens brach eine schwere Hungersnot aus, die den Sturz des Kaisers Avitus zur Folge hatte. Seine unangefochtene Position als „König der Länder und der Meere" nutzte Geiserich dazu aus, zuerst Malta, dann Korsika und Sardinien, die er vorher schon des öfteren heimgesucht hatte, seinem Reich einzuverleiben. Wohl siegten römische Truppen in einzelnen, kleineren Gefechten gegen vandalische Räuber — so der in römischen Diensten stehende Suebe Rikimer in Unteritalien und bei einem Invasionsversuch vandalischer Seefahrer an der gallischen Küste — aber die große Wende zeigte sich nicht an.
Das Jahr 457 bringt Kaiser Leo I., wie der gleichnamige Papst ebenfalls als „der Große" in die Geschichte eingegangen, in Konstantinopel auf den Thron und in Ravenna einen Kaiser namens Maiorianus. Beide Herrscher versuchen, das vandalische Problem energischer anzugehen, scheitern aber zunächst daran, daß im Rükken von Maiorianus Westgoten und Burgunder den Aufstand proben und sich wieder einmal von römischer Oberhoheit lossagen. Zwei Jahre vergehen damit, die Lage in Gallien halbwegs zu bereinigen. Erst dann kann man sich ganz dem Plan zuwenden, die Vandalen in ihre Schranken zu weisen.
Kaiser Maiorianus bringt schließlich eine stattliche Streitmacht auf die Beine und kratzt auch noch 300 Schiffe zusammen; er will gegen Geiserich auf demselben Wege vorgehen, den die Vandalen bei der Eroberung Afrikas gewählt hatten. An der Meerenge von Gibraltar versammelt sich im Sommer 460 eine zahlenmäßig so starke Armee, daß die Vandalen zu außergewöhnlichen Maßnahmen greifen. Sie verwüsten ganze Landstriche in Mauretanien, schaffen

alle Nahrungsmittelvorräte und alles Vieh weg, vergiften selbst die Brunnen, um dem römischen Heer die Versorgungsbasis zu entziehen. Härter freilich und noch bevor sich auf dem afrikanischen Schauplatz Entscheidendes tut, trifft die Römer ein gelungener vandalischer Schlag gegen ihre Invasionsflotte, die bei Alicante liegend, durch Sabotage und Verrat teilweise vernichtet wird.
Nun muß Kaiser Maiorianus die Verhandlungen, die er zuerst dem Geiserich abgeschlagen hatte, von sich aus suchen. Wiederum kommt es zu einem faulen Frieden, in dem sich Geiserich — zum wievielten Male eigentlich? — verpflichtet, die Küsten Italiens zu verschonen, während umgekehrt das römische Kaiserhaus die territoriale Integrität des Vandalenstaates offiziell anerkennen muß. Der vom Pech verfolgte Kaiser Maiorianus, der sich so viel vorgenommen hatte und dann doch scheiterte, muß für diesen Kompromiß schwer bezahlen: Zuerst verliert er den Thron und einige Tage später, Anfang August des Jahres 461, auch noch sein Leben. Der große Drahtzieher, der den Kaiser fallen läßt und den nächsten als seine ergebene Kreatur auf den Thron hievt, ist der zum Reichsverweser aufgestiegene suebische Söldnerführer Rikimer.
Geiserich nimmt den Thronwechsel im weströmischen Reich zum Anlaß, das eben erst geschlossene Abkommen für null und nichtig zu erklären. Wieder einmal dringen seine Scharen an allen Ecken und Enden des Reiches plündernd vor, wieder einmal versucht der Vandalenherrscher mit Erpressung seine Vorstellungen durchzusetzen. An Stelle von Libius Severus, den Rikimer als Kaiser posieren läßt, wollen die Vandalen den Olybrius zu Purpurehren erheben. Aber der Schwager des vandalischen Thronfolgers Hunerich muß sich, wie wir schon wissen, noch einige Jahre gedulden. Es sind schwere Zeiten für das weströmische Reich. Rikimer, der sich der Erpressung der Vandalen nicht beugen will, muß sich dem oströmischen Kaiser Leo fügen und den Griechen Anthemius auf dem Thron in Ravenna dulden. Dafür bekommt der starke Mann Rikimer — bei Stilicho war das ähnlich — eine Tochter des neuen Kaisers zur Frau.

Aus dem Übereinkommen zwischen Ravenna und Konstantinopel resultierte ein weiterer Versuch, gegen die Vandalen vorzugehen. Kaiser Leo ist dazu umso eher bereit, als Geiserichs Piraten längst dazu übergegangen waren, die blühenden Küstenstädte des Ostreiches zu überfallen, aus denen mehr herauszuholen war als im verarmten Italien. Leo rüstet im Bunde mit Rikimer eine Armee von annähernd 100 000 Mann aus, beschlagnahmt in allen Häfen des Reiches mehr als 1 000 Schiffe und arbeitet einen Plan aus, der einen konzertierten Angriff von drei Seiten gegen das Vandalenreich vorsieht. Der Hauptstoß sollte sich vom Meer aus direkt gegen Karthago richten, ein Landheer von Ägypten her die Vandalen im Rücken bedrohen, spezielle Flotteneinheiten sollten im Handstreich zur gleichen Zeit die vandalischen Stützpunkte im Mittelmeer angreifen. Die Operationen machten zunächst gute Fortschritte. Wäre es Geiserich nicht gelungen, durch einen nächtlichen Überfall einen Teil der oströmischen Invasions-Flotte vor Karthago in Brand zu setzen und den Rest in die Flucht zu schlagen, wären nicht auch wieder alte Rivalitäten zwischen ost- und weströmischen Truppenführern ausgebrochen, so hätte das Jahr 468 leicht das Ende der vandalischen Herrschaft markieren können.

Die Reihe der weiteren Anläufe aufzuzählen, die von römischer Seite gegen die Vandalen unternommen wurden, lohnt nicht, weil sie zum Teil kläglich scheiterten, zum Teil schon im Planungsstadium steckenblieben. Als 472 der starke Mann West-Roms, der Reichsverweser Rikimer, stirbt, gibt es niemand mehr, der Geiserich gefährlich werden könnte. Außerdem ist jetzt endlich Olybrius am Zuge, dem allerdings nur ein halbes Jahr, vom April bis zum November 472, vergönnt ist. Nach dem Tod des Olybrius beschäftigt sich Rom wieder einmal mit sich selbst, indem es sich den Luxus von zwei konkurrierenden Kaisern leistet, von denen der eine, Julius Nepos, den anderen, Glycerius, verjagt, um von einem dritten, dem Patricius Orestes, seinerseits abgesetzt zu werden, der seinen jungen Sohn, mit Rückendeckung Geiserichs, zum Kaiser

macht. Der Name dieses Jünglings ist Romulus, sein Beiname wird Augustulus sein: Er ist der letzte Kaiser in der Geschichte des weströmischen Reiches.
Auch Geiserichs Gegenspieler in Konstantinopel, der große Kaiser Leo, stirbt noch drei Jahre vor dem Vandalenkönig. Der greise Herrscher in Karthago hat alle seine Gegner und Verbündeten, alle seine mehr oder weniger bedeutenden Zeitgenossen überlebt. In den letzten Jahren seiner Regentschaft hat der alte Herr keine großen Pläne mehr, ist nur mehr darauf bedacht, sein Reich, seine Schöpfung, zu erhalten und zu sichern. Der Mann, der die römische Welt aus den Angeln hob, ist ein Konservativer geworden, der starr und unnachgiebig an allem festhält, was er einmal für gut befunden hat. Er wird sich der Gefahren bewußt gewesen sein, die in der Zukunft seinen Staat bedrohen würden. Aber er hatte kein neues Mittel mehr, ihnen zu begegnen. Die Sorge, ob seine Nachfolger die Politik der Stärke nach außen, der Apartheid und Strenge nach innen durchhalten würden, mag seine letzten Jahre verdüstert haben.

Der Verfall der Vandalen-Herrschaft

Wenige Monate nach dem Sturz von Romulus Augustulus und der Auflösung des weströmischen Reiches stirbt im Januar 477, nahezu 90 Jahre alt, König Geiserich und hinterläßt sein Reich seinem Sohn Hunerich. Wie mancher Thronfolger in der Geschichte, der über Jahrzehnte hinweg und in den besten Mannesjahren auf die Nachfolge hat warten müssen, ist auch Hunerich ein verbitterter Mensch, ein Mann voller Aggressionen, die sich in einem langen Leben neben dem allgewaltigen Vater angestaut haben. Hunerich ist nicht minder gewalttätig als sein Vorgänger, aber geistig längst nicht so beweglich, ohne den politischen Weitblick, ohne den Instinkt, der Geiserich in schwierigsten Lagen immer das Richtige tun ließ. Hunerich steht im Schatten der übermächtigen Vaterfigur

und versucht, sich auf seine Weise aus diesem Schatten zu lösen, eigenes Profil zu gewinnen. Hatte Geiserich mit kluger Dosierung, aber sehr planmäßig die Schwächung der katholischen Kirche betrieben, so kommt es unter Hunerich zu einem regelrechten Religionskrieg. Der neue König versucht, das arianische Bekenntnis zur alleinigen und ausschließlichen Staatsreligion zu erheben. Hunerich setzt den Katholiken mit harten Verordnungen und brutaler Verfolgung zu und sorgt dadurch für eine noch größere Entfremdung zwischen der herrschenden vandalischen Minderheit und der alteingesessenen römisch-afrikanischen Mehrheitsbevölkerung.
Der schwere Religionskampf war vor allem dafür verantwortlich, daß die alten Gegensätze zwischen Römern und Germanen erneut aufbrachen und die zarten Wurzeln, die die Herrschaft der Vandalen bei der einheimischen Bevölkerung geschlagen hatte, wieder vernichtet wurden. Bischof Victor von Vita, der die Geschichte dieser Verfolgung aufgeschrieben hat, um vor allem die Katholiken im ganzen Mittelmeerraum aufzurütteln und ihre Solidarität zu gewinnen, warnt nach den Erfahrungen mit Hunerich davor, die Vandalen als leuchtendes Beispiel hinzustellen: „Kann man sie anders nennen als Barbaren, da dieses Wort doch Wildheit, Grausamkeit und Terror bedeutet?" Die Mahnung des Bischofs fällt auf fruchtbaren Boden, weil jetzt auch andere Redner und Schriftsteller, die Meinungsbildner der römischen Welt, die bisher die Vandalen wegen ihrer sittlichen Reinheit als Vorbilder hingestellt haben, mehr und mehr dazu übergehen, sie als entartete Scheusale anzuprangern.
König Hunerich hat sicher die falsche Politik betrieben, sie aber wenigstens konsequent und mit Tatkraft durchgeführt. Er hielt auf Manneszucht, suchte die Schlagkraft seiner bewaffneten Macht zu erhalten. Auch das Feindbild war klar: Die Vandalen hatten sich mit Ost-Rom nach außen und mit den afrikanischen Katholiken im Inneren auseinanderzusetzen. In den fast acht Jahren seiner Herrschaft — Hunerich starb Ende des Jahres 484 — hatten sich zwar die Probleme des Vandalenstaates verschärft, aber die Däm-

me, die Geiserich zu seinem Schutz aufgebaut hatte, hielten den aufkommenden Stürmen noch stand. Wohl zeigten sich Risse, wurden Spuren der inneren Zerrüttung sichtbar, aber noch wankten die Mauern des Staatsgebäudes nicht.

Nach Hunerich kam die Generation der Enkel, kamen die Söhne von Hunerichs jüngerem Bruder Gento, zum Zuge. Der Vollständigkeit halber seien sie namentlich vermerkt: Gunthamund regierte bis 496, sein Bruder Thrasamund herrschte sogar 28 Jahre lang bis in den Frühsommer des Jahres 523. In der Außenpolitik zehrten sie immer noch von dem Erbe, das der Stammvater ihres Geschlechtes, Geiserich, hinterlassen hatte: von der unangreifbaren Seemachtstellung, von der militärischen Stärke, die freilich von den Gegnern jetzt eher überschätzt wurde, von der wirtschaftlichen Kraft Nordafrikas. Dazu kamen die politischen Schachzüge des Königs Thrasamund, der mit dem in Italien regierenden Ostgoten-König Theoderich dem Großen ein Bündnis einging und dessen Schwester Amalfrida zur Frau nahm. Im Inneren zogen sich Hunerichs Nachfolger wieder auf die Position Geiserichs zurück und suchten langsam den Ausgleich mit den Katholiken. Aber das Porzellan, das in den Jahren der Verfolgung zerschlagen wurde, ließ sich nie mehr ganz kitten.

Mag solch nachsichtige Haltung der Könige Gunthamund und Thrasamund die Gegensätze zwischen der vandalischen Führungsschicht und der afrikanischen Bevölkerungsmehrheit vorübergehend gemildert haben, so wirkte sich der liberale Regierungsstil bei den eigenen Volksangehörigen auf die Dauer verheerend aus. Die vandalische Kriegerkaste lernte in zunehmendem Maße das süße Leben einer Herrenschicht zu schätzen. Man widmete sich der Liebe, dem guten Essen und dem Trunk, protegierte Schauspielgruppen, ließ sich von Sklaven in den Bädern verwöhnen, betrachtete das Kriegshandwerk nur noch als Ausgleichssport und überantwortete die militärische Dreckarbeit untergeordneten Organen. Der Geschichtsschreiber Prokop übertreibt wahrscheinlich nicht, wenn er die Vandalen der Spätzeit als das verweichlichste von allen Barbarenvölkern bezeichnet: ein abgeschlaffter, ausgeflippter Haufen, ohne Vitalität, ohne Ideale und Ziele, ohne geistige und körperliche Zucht, einem Schlaraffenland-Leben unter der sengenden Sonne Afrikas hingegeben.

Im Getriebe des vandalischen Staates hatte sich viel afrikanischer Sand angesammelt. Oder wenn wir das Bild variieren: Der Staat erwies sich zusehends als auf Sand gebaut, seine Festungen waren nicht viel mehr wert als Sandburgen. Es bedurfte jetzt nur noch eines einzigen kapitalen politischen Fehlers, um das Gebäude zum Einsturz zu bringen. Der Mann, der ihn begehen sollte, ist König Hilderich, Sohn des Hunerich aus seiner Verbindung mit der römischen Kaisertochter Eudocia, Nachfolger des langjährigen Regenten Thrasamund. Hilderich macht sich einer politischen Todsünde schuldig, nicht weil er den Ausgleich und das Bündnis mit Ost-Rom sucht — das hat Geiserich vorübergehend, wenn es ihm notwendig erschien, auch getan — sondern weil er sich mit Haut und Haaren dem Kaiser in Konstantinopel verschreibt, alles auf die römische Karte setzt.

Die Katholiken erhalten volle Glaubensfreiheit zurück und damit auch politisches Oberwasser. Die Königswitwe Amalfrida wird auf Hilderichs Geheiß ermordet, weil sie sich mit ihren gotischen Beratern gegen den totalen Kurswechsel der vandalischen Politik ausgesprochen hatte. Viele Goten und andere Anhänger des Bündnisses mit Theoderich werden erschlagen, einem Teil gelingt die Flucht zu maurischen Freischärlern, die aus der inneren Schwäche des Vandalen-Staates längst die Konsequenzen gezogen haben und nun wieder wie in alten Zeiten zurück in die Sicherheit ihrer Berge gegangen waren, um nur zu einzelnen Raubzügen hervorzubrechen. Zwar gelingt es Hilderich, den offenen Aufstand der Flüchtlinge und Unzufriedenen niederzuschlagen, aber das Mißvergnügen an seiner Herrschaft und an seinem politischen Kurs wächst mit jedem Tag.

Der Mann, der das Steuer noch einmal herumreißen soll, die Hoffnung derjenigen Vandalen, die nach wie vor von einem unabhängigen, souveränen Germanenstaat träumen, ist Gelimer, ein Urenkel des Geiserich und ein Neffe der verstorbenen Könige Gunthamund und Thrasamund. Ein verlorenes Gefecht gegen einen maurischen Stamm wird zum Anlaß genommen, König Hilderich zu entmachten und ihn samt seiner Familie ins Gefängnis zu werfen. Sicherlich hat Gelimer gegen den König intrigiert; aber er konnte nur deshalb Boden im vandalischen Volk gewinnen, weil Hilderich sich als militärischer Versager und als politischer Phantast erwiesen hatte. Zudem hatte er sich gerade unter den Edelsten der Vandalen viele Feinde dadurch gemacht, daß er in allen leitenden Stellen bei Hofe und in der Verwaltung römische Berater den eigenen Volksgenossen vorzog.

Der Umschwung im Mai des Jahres 530 kommt zu spät. Überdies ist Gelimer nicht in der Lage, die großen Hoffnungen, die in ihn gesetzt wurden, zu erfüllen. An List und Grausamkeit fehlt es ihm so wenig wie seinen Ahnen. Aber an militärischer Führungskraft, an Organisationstalent, an der Kunst des Improvisierens, und schließlich auch an persönlicher Tapferkeit mangelt es ihm ganz entschieden. In Konstantinopel regiert Kaiser Justinian, der seit Hilderichs Thronbesteigung nur darauf wartet, das Vandalen-Reich wieder unter seine Oberhoheit zu bringen. Da die heftige Umarmung noch nicht zum Ziel geführt hat, ist er wahrscheinlich dankbar, daß ihm der Staatsstreich des Gelimer den Anlaß zum militärischen Eingreifen liefert.

Die oströmische Streitmacht, eine buntgemischte Söldnerschar aus fast aller Herren Länder, taucht überraschend an der Küste Nordafrikas auf. Dem tüchtigen Feldherrn Belisar gelingt es, das schwach verteidigte Karthago zu überrennen, nachdem er zuvor eine eilends zusammengerufene Reiterarmee der Vandalen vor den Hügeln der Stadt auseinander getrieben hatte. Jetzt rächten sich die Sünden der Vergangenheit: Man hatte die Befestigungswerke der Hauptstadt verrotten lassen, die Bewaffnung der Krieger vernachlässigt, auf die Bildung von Reserven vergessen. Erst ganz langsam vermag sich Gelimer von dem ersten Schlag zu erholen.

Aus allen Teilen der Mittelmeerwelt, wo Vandalen als Besatzer fungierten, oder ohne Koordination durch den König plündernd herumzogen, werden Verstärkungen herbeigeholt. Noch einmal stellt sich Gelimer zur Schlacht; diesmal werden die Vandalen entscheidend besiegt. Schon der erste Sturmangriff, vorgetragen von griechischen Eliteeinheiten, bringt den Feind ins vandalische Lager, wo unermeßlicher Reichtum, die Beute von einhundert Jahren Raub und Krieg, den Truppen Belisars in die Hand fällt.

König Gelimer verdankte diesen Schätzen wahrscheinlich sein Überleben. Die Soldaten machten sich über den Goldsegen her und ermöglichten so einer vandalischen Schar und ihrem König das Entkommen. Während sich Gelimer mit seinen letzten Getreuen zurückzieht in die schwer zugänglichen Berge und in einem maurischen Felsennest Zuflucht findet, besetzt Belisar Schritt für Schritt das ganze Land, stellt es unter die Oberhoheit und das Steuerrecht seines Kaisers und leitet eine Periode der Restauration ein, die auf die Wiederherstellung der alten Zustände abzielt, als wäre das vandalische Jahrhundert nur ein kurzer böser Spuk gewesen. Des Beifalls der romanisierten Bevölkerung darf er sich einigermaßen gewiß sein, während die wilden Stämme Nordafrikas sich für mehr als tausend Jahre aus der Geschichte davonstehlen und sich in das Dunkel des schwarzen, des „vergessenen Kontinents“ zurückziehen. Nach den Erfahrungen, die sie mit den Römern und Germanen machen mußten, kann man ihnen diese Flucht aus der Kultur gewiß nicht übelnehmen. So blieb ihnen wenigstens die Erfahrung erspart, wie Konstantinopel die einstmals blühende Provinz, die Kornkammer des Reiches, den Gemüsegarten und Weinberg der antiken Welt, schamlos ausbeutete und schließlich zu einem trostlosen Armenhaus herunterwirtschaftete. Die Überreste der vandalischen Bevölkerung, die über hundert Jahre in der Herrenrolle gelebt hatte, mußten sich nun mit einem sklavenähnlichen Los abfinden, bis sie im Proletariat der verwahrlosten Provinzen aufgingen.

Bleibt noch das weitere Schicksal des Gelimer nachzutragen, das sich wie ein schlechter Roman liest. In seinem Bergnest wurde Gelimer solange belagert, bis ihn der Hunger zu Verhandlungen vor die Mauern trieb. Weinerlich soll der König seinen Gegner, einen herulischen Söldnerführer, um drei Dinge gebeten haben: um ein Stück Brot, weil er seit seiner Flucht keines mehr gegessen; um einen Schwamm, damit er sein von Tränen und Eiter geschwollenes Auge kühlen könnte; um eine Leier, mit der er ein Lied begleiten wollte, das er auf den Untergang seines Volkes gedichtet habe. Man brachte Gelimer nach Karthago, wo er in ein wahnsinniges Gelächter ausbrach, als er seinem Bezwinger Belisar gegenüber stand.

Beim Triumphzug des siegreichen Feldherrn im Jahre 534 durch Konstantinopel wurde Gelimer in voller Montur mitgeführt. Vor Kaiser Justinian und seiner Gattin Theodora, einer ehemaligen Hure, mußte sich Gelimer in den Staub werfen, nachdem man ihm vorher das königliche Purpurkleid über den Kopf gezogen hatte. „Eitelkeit der Eitelkeiten, alles ist eitel", soll Gelimer unaufhörlich vor sich hin gemurmelt haben. Vielleicht aus Rücksicht darauf, daß er einen offensichtlich Geistesgestörten vor sich hatte, verfuhr Kaiser Justinian ausgesprochen milde mit dem letzten Vandalenkönig. Er ließ ihn weder ermorden, noch in den Kerker werfen, sondern wies ihm ein Landgut als Ruhesitz an. Zu fürchten hatte der Kaiser von diesem Schwächling ohnehin nichts. Auch Gelimers getreue Ritter wurden anständig behandelt. Die Kinder des Hilderich und alle anderen Nachkommen des Hunerich aus seiner Ehe mit der römischen Prinzessin Eudocia aber wurden mit Geschenken aller Art überhäuft. In ihre königlichen Rechte wurden sie indes nicht mehr eingesetzt. Das Reich der Vandalen war in römischen Augen nur ein Intermezzo, das nun erledigt war, für immer zu den Akten gelegt. Kaiser Justinian fragte nicht nach Recht und Verträgen, bei den Vandalen nicht und bei den Ostgoten nicht, um sein Ziel, die Wiederherstellung des Römischen Reiches in alter Größe und Ausdehnung, durchzusetzen. Das war sein wahres Ziel, alles andere war nur Vorwand.

Ostgoten an die Front

Im Sündenregister, das spätere Historiker den Vandalen vorgehalten haben, um damit den Untergang des ersten Germanenreiches zu begründen, ist auch der Vorwurf der Feigheit enthalten. Die Vandalen, so haben es schon antike Quellen angedeutet, seien zwar blutrünstig gewesen und kriegerisch überall dort aufgetreten, wo sie sich in der Übermacht fühlen durften, hätten aber den Kampf mit gleichwertigen Gegnern gescheut und letztlich auch nicht bestanden. Der Auszug aus Spanien nach Afrika wird mit übertriebener Angst vor Westgoten, Sueben und Römern begründet, das ruhmlose Ende des Gelimer und seiner Scharen muß als weiterer Beweis für diese These dienen. Nun wissen wir andererseits, daß die Vandalen auf ihrer langen Wanderschaft zwischen Skandinavien und Afrika auch verlustreichsten Kriegen nicht aus dem Wege gegangen sind, sich im Gegenteil geradezu in solche Regionen drängten, in denen es besonders heiß herging; aber selbst, wenn sie wirklich Feiglinge gewesen wären, ist damit allein ihr Scheitern nicht zu erklären. Auch ihre Intoleranz, deren sich die Vandalen zweifellos schuldig gemacht haben, reicht nicht aus, den Verfall ihres Reiches unausweichlich erscheinen zu lassen.

Die Geschichte des Ostgoten-Staates in Italien, der wir uns jetzt zuwenden, zeigt, daß noch andere Ursachen mitspielen müssen, wenn die germanischen Staatsgründungen ihre Schöpfer nur wenige Jahrzehnte überdauert haben. Den Ostgoten — die Namen ihrer letzten Könige Totila und Teja bürgen nachgerade für Heldenmut — wird man zuallerletzt Feigheit vorwerfen können. Und auch den Fehler religiöser Eiferei und Unduldsamkeit wird man ihnen nicht vorhalten dürfen. Theoderich der Große ist für seine Zeit ein ebenso leuchtendes Vorbild für Toleranz, wie es Friedrich der Große im Europa des 18. Jahrhunderts war. Als es in Theoderichs italienischem Reich zu Spannungen zwischen Juden und Christen kam, befand der Gotenkönig: „Die Religion können wir nicht befehlen. Niemand wird gegen seinen Willen zum Glauben gezwungen.“ Wir werden noch auf viele grundsätzliche Unterschiede stoßen, werden feststellen, daß in wichtigen Fragen Geiserich und Theoderich, Vandalen und Ostgoten, völlig andere Wege beschritten haben. Auch der Ausgangspunkt dieser Wege, die dennoch zum gleichen, negativen Ergebnis führen, ist diametral entgegengesetzt.

Romulus war der erste, wohl sagenhafte König Roms, der Gründer der Stadt und des Staates. Romulus hieß auch der letzte der weströmischen Kaiser, ein Knabe noch, von seinem ehrgeizigen Vater, dem Heermeister Orestes, auf den Thron gesetzt. Romulus der Letzte führte den Bei- und Spottnamen Augustulus, das Kaiserlein; denn Augustus hieß nicht nur der Nachfolger des großen Caesar; Augustus war zum Titel, zur Rangbezeichnung der Regenten geworden. Romulus Augustulus ist auch der letzte in einer Serie von neun Kaisern, die in nur zwei Jahrzehnten seit dem gewaltsamen Tod des dritten Valentinian auf den Thron kamen. Nur ein einziger dieser neun Männer ist in seiner Amtszeit eines natürlichen Todes gestorben, sechs wurden ermordet, zwei abgesetzt. Einer von beiden ist unser kleines Kaiserlein.

Der Mann, der ihn in die Wüste schickt, ist der germanische Söldnerführer Odoaker. Germanisch nennen wir ihn hier vor allem deshalb, weil er im wesentlichen über germanische Soldaten aus dem Donauraum gebot und mit ihrer Unterstützung den Heermeister Orestes entmachtete und anschließend enthaupten ließ; und dann den jungen Romulus in den Ruhestand zwangsversetzte und sich selbst zum König von Rom aufschwang. Odoaker, in König Attilas Reich als Sohn eines Hunnen von hohem Adel geboren (wer seine Mutter war, ist unbekannt; möglich, daß sie Germanin aus dem Volk der Skiren war) ist 44 Jahre alt, als er die Macht an sich reißt. Orestes hatte mit seinem Coup — und das war nicht einmal unvernünftig — Kaisertum und Militär, die unter Rikimer eher gegen- als miteinander gearbeitet hatten, durch Familienbande enger zusammenschließen wollen, eine Idee, von der die Söldner allerdings nicht viel hielten.

Odoaker ist kein Unmensch und muß es Romulus Augustulus gegenüber auch nicht sein. Er weist dem jungen Herrn ein hübsches Landgut im Golf von Neapel als Pensionisten-Sitz an und setzt ihm eine jährliche Rente von 6 000 solidi aus, was nach dem reinen Goldwert (Mai 1976) einer Summe von rund 290 000 Mark entspricht. Davon kann ein Frührentner, wenn er vorher nicht Krupp, sondern nur Kaiser war, ganz passabel leben. Odoaker denkt auch an seine Truppen, die ihn auf den Schild gehoben haben. Er verteilt Land an sie, versucht, aus heimatlosen Abenteurern seßhafte Bauern zu machen. „Bald wirst Du vielen reiche Gaben spenden", soll nach der Legende, auf die sich der Fürst selbst gern berief, der Heilige Severin dem jungen Odoaker einst verheißen haben. Der König, in achtzehn römischen Dienstjahren mit den Problemen Italiens vertraut, sucht dieser Prophezeihung gerecht zu werden. Er stellte Handel und Wandel unter seinen besonderen Schutz und verhalf Italien nach schweren siebzig Jahren zu einer Periode inneren Friedens und wachsenden Wohlstands.
Der König achtete die religiösen Gegebenheiten und ließ, obwohl selbst Arianer, die Katholiken unbehelligt gewähren. Er verzichtete darauf, die römischen Beamten durch Germanen zu ersetzen. Er hielt an römischem Recht, an den alten Gesetzen fest und betrachtete sich selbst als den verlängerten Arm des Kaisers in Konstantinopel. Kaiser Zenon, der dort regierte, verfolgte den Aufstieg des Odoaker und die Erledigung des westlichen Kaisertums mit gemischten Gefühlen. Einerseits machte er dem von Orestes abgesetzten Exkaiser Julius Nepos, der auf seine alten Rechte pochte, vage Hoffnungen; andererseits stimmte er dem Wunsche des römischen Senats, Odoaker zum Patricius und obersten Herrn der Diözese — so der offizielle Begriff — Italien zu ernennen, nach einigem Zögern zu. Beiden Parteien ließ der Kaiser Ermutigung zukommen, aber eine Entscheidung zu treffen und auch durchzusetzen, sah er sich außerstande.
Odoaker war kein Utopist, kein Mann, der den Knoten durchhaut, das Glück zwingen will. Behutsam baute er seine Stellung

aus, nannte sich Vertreter des Kaisers, offenbar erst später König, und nur zögernd trat er als der Nachfolger der weströmischen Herrscher auf. Die Münzen, die er prägen ließ, zeigten zunächst auch das Bild von Kaiser Zenon, nach gehöriger Schamfrist dann das Monogramm des Odoaker. Nach außen trat er mehr durch Rückzüge aus unhaltbar gewordenen Regionen, als durch neue Eroberungen hervor. Zwar brachte er Dalmatien, das 395 schon einmal zum Westen geschlagen worden war, wieder unter die Oberhoheit Ravennas und versuchte an der Ostflanke seines Reiches einige Frontbegradigungen durchzuführen, als Konstantinopel gerade durch innere Auseinandersetzungen zwischen Kaiser Zenon und dem Ostgotenkönig Theoderich mit sich selbst beschäftigt war. Der Kaiser rächte sich dafür, indem er die Rugier, ein ostgermanisches Volk, zum Einmarsch von Niederösterreich nach Norditalien aufhetzte. Odoaker, ein überdurchschnittlich tüchtiger Feldherr, schlug die Rugier in den Jahren 487 und 488 zweimal mächtig aufs Haupt, zerstörte wohl auch ihr Reich, zog aber aus dem Feldzug die überraschende Konsequenz, alle römischen Bastionen nördlich der Alpen zu räumen, was zum Beispiel den Baiern und Alemannen erlaubte, um die Wende des 6. Jahrhunderts ziemlich unbehelligt in die ehemalige Provinz Raetien südlich der Donau einzudringen.

Was die Rugier nicht schafften, trug Kaiser Zenon dem Theoderich auf, kaum daß er sich wieder mit dem Gotenkönig versöhnt hatte. Theoderich wurde etwa um das Jahr 454 in Pannonien als Sohn des Theudemir geboren, der mit seinen beiden Brüdern nach dem Ende der Hunnen-Herrschaft in Europa über die Ostgoten gebot. Das Geschlecht, aus dem Theoderich stammt, ist die königliche Sippe der Amaler, das die meisten Gotenherrscher gestellt hat. Seine Jugend, etwa vom achten bis zum achtzehnten Lebensjahr, verbringt der germanische Prinz am Kaiserhof zu Konstantinopel als Geisel, um ein Bundesverhältnis seines Volkes mit Ost-Rom zu garantieren. Allein diese zehn Jahre, die Theoderich an einem Zentrum antiker Bildung verbrachte, lassen Vermutungen unwahrscheinlich klingen, nach denen der spätere König ein Analphabet gewesen sei, der die Unterschriften unter seine Staatsdokumente nur mit Hilfe einer Schriftschablone habe leisten können. Auch wenn der junge Prinz mehr an Waffen, Pferden (und später an Mädchen) interessiert war, als an lateinischem und griechischem Bildungsgut, so wird er doch neugierig genug gewesen sein, wenigstens die Grundzüge der Hofsprache und der Schrift zu erlernen. Abgesehen davon war ja auch den Goten die Schrift, wie wir aus der Bibelübersetzung des Ulfilas wissen, nicht unbekannt. Im übrigen hat sich Theoderich als großer König erwiesen, auch wenn er kein Aktenwurm war und den Schriftverkehr im wesentlichen seiner ganz hervorragend besetzten Kanzlei überlassen hat.

Als junger Mann kehrte Theoderich zu seinem Vater zurück und erregte sofort einiges Aufsehen, als er, wohl ganz auf eigene Faust, die wichtige Stadt Singidunum, das heutige Belgrad, eroberte. Auch bei Expeditionen quer durch den ganzen Balkan machte er sich einen guten Namen. Deshalb zögerten die Goten wohl auch nicht, den kampferprobten Prinzen zum alleinigen König zu wählen, als Vater Theudemir 474 gestorben war. In den folgenden knapp eineinhalb Jahrzehnten finden wir Theoderich in viele Kriege verwickelt, teils als kaiserlicher General im Auftrag von Konstantinopel, teils auf eigene Rechnung vorgehend, um sein Volk im Innern des Reiches anzusiedeln. Für den oströmischen Kaiser war Theoderich jedenfalls ein unbequemer und unsicherer Verbündeter, sehr selbstbewußt und nur an der langen Leine zu führen: ein notwendiges Übel im besten Fall.

Die Entsendung Theoderichs und seiner Ostgoten an die italienische Front mag für Kaiser Zenon die Gelegenheit gewesen sein, mit einer Klappe zwei Fliegen zu schlagen. Einmal wurde er damit einen Mann und ein Volk los, die ihm längst unheimlich und zu mächtig geworden waren. Zum anderen hegte er schon immer tiefes Mißtrauen gegen Odoaker, hinter dessen Räumungsbefehl in Noricum und Raetien er jetzt den Versuch sah, sich den Rücken frei zu machen für ein militärisches Eingreifen gegen Ost-Rom. Vielleicht wäre es Kaiser Zenon am liebsten gewesen, wenn sich Theoderich und Odoaker gegenseitig abgeschlachtet hätten. Es wäre nicht der erste Versuch eines römischen Herrschers gewesen, germanische Verbände gegeneinander bis zum bitteren Ende auszuspielen.

Ob sich Theoderich viele Gedanken gemacht hat über die Absichten des Kaisers, vermögen wir schwer zu beurteilen. Vielleicht war es ihm ganz gleich, wofür und gegen wen er gerade kämpfte, wenn nur die Kasse, die zu erwartende Beute, stimmte. Möglicherweise aber sah der Gotenkönig sehr genau die Chance, sich an die Stelle des Odoaker zu setzen und in Italien ein Reich nach eigenen Vorstellungen zu gründen. Daß er über einen bloßen Feldzug hinausdachte, geht ganz eindeutig aus den Vorbereitungen hervor, die Theoderich im Herbst des Jahres 488 traf, als ihn der kaiserliche Marschbefehl erreichte. Theoderich ließ einen kleineren Teil seines Volkes unter militärischer Bedeckung in Pannonien zurück, nahm aber die Hauptmasse der Ostgoten mit Sack und Pack auf die beschwerliche Reise. Endlose Wagenkolonnen wurden zusammengestellt, Vorauskommandos erkundeten die Wege und sicherten gefährliche Stellen. Zu den gotischen Elitetruppen wurden andere Germanen angeworben, nicht zuletzt auch zahlreiche Rugier, die mit Odoaker noch ein Hühnchen zu rupfen hatten. Für einen Einmarsch in den sonnigen Süden, in das immer noch als reich geltende Italien, waren stets genug Freiwillige zu haben.

Der Donau folgend marschierte der Heerwurm bis Belgrad (Singidunum), um von dort aus die Save entlang zum Isonzo, in Richtung Aquileia, vorzustoßen, einen Weg, den vor den Goten schon manch andere Eroberer eingeschlagen hatten. Bei Mitrowitz (Sirmium) wurden die Gepiden überrannt, die sich zur Abwehr gegen die Eindringlinge bereitgestellt hatten. Im Spätsommer 489 traf Theoderich am Isonzo auf Odoakers Heer, das er in einer überaus harten Schlacht besiegen, aber nicht vernichten konnte. Odoaker scheint ein einigermaßen geordneter Rückzug gelungen zu sein, allerdings mußte er den ganzen Nordosten Italiens räumen und konnte seine nächste Auffangstellung erst an der Etsch, in Verona, aufbauen. Verona, zu deutsch Bern, hat Theoderich als Dietrich von Bern einen Platz in der Heldensage gesichert. Einen Monat nach der Isonzo-Schlacht gelang es Theoderich Ende September, Odoaker und seine Truppen aus der Stadt zu werfen. Odoaker hatte diesmal keine Zeit mehr, sein Heer geschlossen zurückzuführen, sondern mußte Hals über Kopf in die kaiserliche Residenzstadt Ravenna fliehen, die durch ihre Lage im Sumpfgebiet als besonders sicher galt.

Theoderich verzichtete zunächst darauf, Odoaker zu verfolgen. Er marschierte vielmehr mit seinem Heer und Volk weiter nach Westen, wo ihm Mailand die Stadttore freiwillig öffnete. In Pavia wäre das Abenteuer für den Gotenkönig beinahe schon zu Ende gewesen. Allzu sorglos und seinen Gegner weit weg wähnend, hatte sich Theoderich in Pavia häuslich niedergelassen und sah sich plötzlich von Odoakers Streitkräften eingeschlossen und hart belagert. Wäre es Theoderich nicht gelungen, die lieben Verwandten, die Westgoten, herbeizuholen, die eilends mit einem Ersatzheer aus Gallien heranrückten — die Geschichte hätte sicherlich einen anderen Verlauf genommen. Mit Unterstützung der Westgoten konnte Theoderich nicht nur die Belagerung sprengen, sondern dem Odoaker eine dritte und offenbar besonders empfindliche Niederlage bereiten, die es dem Heer-König geraten erscheinen ließ, sich jetzt endgültig nach Ravenna zurückzuziehen.

Der Staatsmann Theoderich

Umgekehrt mag die Erfahrung in Pavia den Goten vor Augen geführt haben, daß sie in Ruhe erst leben könnten, wenn sie Odoaker für immer ausgeschaltet hätten. Die Einschließung Ravennas dauerte fast drei Jahre, bis sie zum Erfolg führte. Solange die Residenzstadt von der Seeseite her versorgt werden konnte, war sie nicht einzunehmen. Erst als Theoderichs Organisationstalent eine Schnellsegler-Flotte quasi aus dem sumpfigen Lagunen-Boden gestampft hatte, mußte Odoaker klein beigeben. Es war freilich alles andere als eine totale Kapitulation. Theoderich verpflichtete sich nicht nur, Leib und Leben des Odoaker zu respektieren, sondern räumte ihm sogar den Platz eines Mitregenten über Italien ein. Der „Raben-Schlacht", wie der Kampf um Ravenna in der Sage heißt, sollte die große Aussöhnung, der feierlich beschworene Vertrag auf immerwährende Zusammenarbeit folgen.

Die Basis dieses Vertrages war allerdings von Anfang an mehr als unsicher. Als Theoderich am 5. März 493 in Ravenna als Sieger einzog, mag sich Odoaker gefragt haben, mit welchem Recht sich der Eroberer auf italienischem Boden aufhielt. Er hatte den Ostgoten nichts getan, ihnen keine Veranlassung zum Krieg geliefert. Odoaker hatte dreizehn Jahre lang sein Land mit Milde und Umsicht geführt, seine Machtstellung nur zum Guten genutzt, hatte sich, wenn nicht die Liebe, so doch die Achtung seiner Untertanen verdient, hatte nach einer langen Periode von Elend und Krieg endlich Ruhe, Ordnung, Frieden und Wohlstand gebracht. Das alles sollte vorbei sein, nur weil ein dahergelaufener Barbaren-König offenbar Nachholbedarf an Kriegsruhm hatte?

Wenn Odoaker so gefühlt hat — und alles spricht dafür — kann das auch Theoderich nicht entgangen sein. Der Gotenkönig mußte fürchten, daß Odoaker die nächstbeste Gelegenheit wahrnehmen würde, alles heimzuzahlen, was man ihm angetan hatte. Warum auch sollte Odoaker, der sein Land ganz gut allein geführt hatte, die Regentschaft mit dem Eindringling, mit dem ungebetenen Gast, teilen? Ob beide daran gedacht haben, den Konkurrenten so schnell wie möglich wieder loszuwerden, wissen wir nicht. Wenn es so war, dann war Theoderich nur der Schnellere, der in der Wahl seiner Mittel Bedenkenlosere. Denn ausgerechnet bei einem Gastmahl, das Theoderich seinem Mitregenten zu Ehren veranstaltete, fiel der Gotenkönig über den ahnungs- und wehrlosen

Odoaker her und erschlug ihn. Vielleicht war das auch die einzige Chance, den mittlerweile zwar sechzigjährigen, aber immer noch hünenhaft starken und großen Recken zu beseitigen. Daß Theoderich den feierlich beschworenen Vertrag gebrochen hat, ist ihm — Verträge waren damals so viel nicht wert — noch eher nachzusehen, als daß er das heilige Gesetz der Gastfreundschaft mißachtete, um sich seines Konkurrenten zu entledigen.

Das Attentat war Auftakt einer umfassenden Säuberungswelle, der die Anhänger des Odoaker in ganz Italien zum Opfer fielen. Nach diesen blutigen Schreckenstagen waren die Römer und die Provinzialen umso eher geneigt, den versöhnlichen Zeichen, die dieser Periode folgen, mit Aufgeschlossenheit zu begegnen. Theoderich machte von Anfang an klar, daß er römisches Recht und römische Sitte zu achten entschlossen war. Die arianischen Goten sichern den italienischen Katholiken volle Glaubensfreiheit zu, belassen die römischen Beamten auf ihren Posten, beschränken sich selbst auf den militärischen Sektor: Römische Kultur und Zivilisation unter dem Schirm germanischer Waffen.

Die Römer finden deshalb auch nichts dabei, daß die Goten ihren Volkskönig Theoderich auch gleich zum König Italiens ausrufen. Nur in Konstantinopel läßt man sich Zeit, den neuen Gegebenheiten den formellen kaiserlichen Segen zu geben. Auf Kaiser Zenon war Anastasios I. gefolgt, der sich nun gefragt haben mag, was sich sein Vorgänger wohl dabei gedacht hatte, den Goten und ihrem König das Westreich auszuliefern. Statt Odoaker hatte man nun einen Mann, der womöglich noch fester im Sattel saß und sogar noch weitergehende Absichten verfolgte. Theoderich hat dieses Unbehagen sicher gespürt und es nach Kräften zu mildern versucht. Mit einer Spitzfindigkeit, die an die Hallstein-Doktrin und andere staatsrechtliche Kopfstände unserer Tage gemahnt, sucht Theoderich dem Prestige- und Sicherheitsdenken aller Seiten gerecht zu werden. Mit einer bloßen Statthalterfunktion, mit dem Status eines Foederierten, mag er sich freilich nicht zufriedengeben. Aber seine Erklärung, daß es zwar zwei Staaten (res publicae), aber nur ein Reich (unicum imperium) gebe, — zwei Staaten, eine Nation ist die Zauberformel der neuen Bonner Ost- und Deutschlandpolitik — hilft dem Kaiser in Konstantinopel, das Gesicht zu wahren.

Dabei spielt es überhaupt keine Rolle, ob solche Überlegungen — wenn man es so unfein ausdrücken darf — auf des Königs eigenem Mist gewachsen sind, oder ob es seine Berater waren, die ihm den Weg zur Anerkennung durch Konstantinopel geebnet haben. Es spricht jedenfalls für die Klugheit des Theoderich, daß er sich solchen Gedankengängen nicht verschloß und ganz behutsam und mit großer Rücksichtnahme vorging. Allein die Auswahl der Mitarbeiter verrät den Staatsmann von Format. Theoderich hatte auf dem Höhepunkt seiner Machtentfaltung in Cassiodorus, einem glänzenden Historiker und Stilisten, und in dem Philosophen und Rhetoriker Boethius zwei bedeutende Männer in seiner engsten Umgebung, die selbständig denken und handeln konnten, vom König offenbar am langen Zügel geführt.

Nach fünfjährigem Zögern entschließt sich Anastasios, die Herrschaft des Theoderich anzuerkennen, schickt ihm als Zeichen des Einverständnisses den Purpur-Ornat, das königliche Ehrengewand, worin sich Theoderich bei festlichen Gelegenheiten auch der Öffentlichkeit präsentierte. Diese Anerkennung bringt freilich keine endgültige Klärung der Stellung des Königs. Ist er der Herrscher oder nur der höchste Beamte des Westreiches? Entschieden wurde diese Frage nie. Nach außen hat sich Theoderich mit der Rolle des Kaiser-Stellvertreters begnügt, nach innen allerdings ließ er sich von niemandem, auch nicht von Konstantinopel, hineinreden. Er scheute auch nicht davor zurück, gegen Ost-Rom die Waffen zu erheben, was freilich schon gute gotische Tradition zu einer Zeit war, als man dem Kaiser noch vertragsmäßig enger verpflichtet war. Von den Rechten, die das westliche Kaisertum auf dem Höhepunkt seiner Macht hatte, verzichtete Theoderich nur auf die Gesetzgebung aus eigener Machtvollkommenheit. Aber auf dem Verordnungswege, mit der Kunst, alte Gesetze neu zu interpretieren, wußte er seinen Willen ohnehin durchzusetzen. Auch die Funktion des obersten Gerichtsherrn überließ er gern anderen, zum Beispiel dem römischen Senat, der sich zwar stets als willfährig erwies, dem König aber die Möglichkeit offen hielt, seine Hände in kniffligen Situationen in Unschuld zu waschen.

Die Herrschaft des Theoderich, die 33 Jahre währte, brachte Italien einen lange nicht mehr gekannten Frieden und einen Aufschwung, der an die Republik und an die frühe Kaiserzeit erinnerte. Dabei konnte Theoderich auf dem Werk des Odoaker aufbauen, das er allerdings mit besonderer Energie weiter vorantrieb. Theoderich schaffte es, den römischen Beamtenapparat und die Justiz von käuflichen Elementen zu befreien. Er vereinfachte das Steuersystem und erleichterte die Steuerlast, er baute Häfen und entwässerte Sümpfe, gab der Landwirtschaft so entscheidende Impulse, daß aus dem Korn-Import-Land Italien binnen weniger Jahre ein Korn-Export-Land wurde. Eine augenfällige Blüte erlebte die Baukunst, vor allem in Rom und in Theoderichs Lieblingsstädten Ravenna und Verona.

Die Siedlungen der Goten lagen hauptsächlich bei diesen letztgenannten Städten sowie in Pavia und in Mailand. Weiter unten im Süden waren die Goten nur noch vereinzelt anzutreffen. Theoderich hielt, in einem gewissen Gegensatz zu seinen Beratern, die das germanische mit dem römischen Element gern enger verbunden sehen wollten, auf strenge Trennung der Völker und Religionen. Ehen zwischen Goten und Römern, zwischen Arianern und Katholiken, waren nur in Ausnahmefällen erlaubt. Außerdem sah es der König nicht gerne, wenn seine gotischen Krieger Lesen und Schreiben lernten, weil das seiner Ansicht nach dem Soldatenberuf nicht förderlich war. Auch in diesem Punkt dachte Cassiodorus anders, der die Goten gerne an das klassische Bildungsideal herangeführt hätte. Wieder begegnet uns hier eine Art von Apartheid, wenn auch nicht mit derselben Konsequenz und vor allem nicht mit der Brutalität praktiziert, wie wir es von den Vandalen kennen. Es ist vielmehr eine mit Toleranz gepaarte Apartheid.

Der Verzicht auf die Verwurzelung seiner Herrschaft nach innen durch Verschmelzung der Völker resultiert sicher aus der berechtigten Angst, daß in wenigen Generationen die hochgerechnet hunderttausend Goten und anderen Germanen von den wenigstens zwei Millionen Einheimischen in Ober- und Mittelitalien aufgesogen sein würden. Kompensiert wurde dieser Verzicht durch eine groß angelegte Bündnispolitik nach außen, die darauf abzielte, die germanischen Reiche des Mittelmeerraumes und in Mitteleuropa in ein System kollektiver Sicherheit einzubinden. Nur wenn Vandalen und Westgoten, Franken, Burgunder und Ostgoten sich gegenseitig den Bestand ihrer Reiche garantieren würden, konnten die Minderheitsregime auf ehemals römischem Boden überleben.

Germanische Heiratspolitik

Die Überlegung war richtig, die Mittel, die Theoderich zur Durchsetzung dieser Doktrin anwandte, waren unzureichend. Theoderich versuchte durch ein Netz von Heiraten die jungen Dynastien, Völker und Reiche der Germanen aneinander zu ketten. Theoderich selbst nahm 493 die Schwester des Frankenkönigs Chlodwig, Audofleda, zur Frau und vermählte seine Töchter Thiudigotha und Ariadne mit dem Westgotenkönig Alarich II. und mit dem burgundischen Thronerben Sigismund. Das Bündnis mit den Vandalen stärkte Theoderich durch die Heirat seiner Schwester Amalafrida mit König Thrasamund. Dem Herrscher der Thüringer, Herminafrid, gab er seine Nichte Amalaberga zur Frau.

Fürstenhochzeiten sind ein in der Geschichte häufig angewandtes Mittel der Politik. Das Erzhaus Habsburg hatte, da andere Staaten Krieg führten, sein Weltreich zusammengeheiratet — „tu, felix Austria, nube“: Du, glückliches Österreich, heirate. Doch wenn die Interessen der Staaten auseinandergehen, erweisen sich auch eheliche und verwandtschaftliche Bindungen als brüchig. Diese Erfahrung mußte Europa 1914 erleben, als die engen Familienbande zwischen dem deutschen Kaiserhaus der Hohenzollern einerseits und der Zarenfamilie und dem englischen Königshaus andererseits den Weltkrieg nicht verhindern konnten. Auch Theoderich mußte das Scheitern seiner Schlafzimmer-Diplomatie erleben.

Vom Bruch des Bündnisses mit den Vandalen durch die Schaukelpolitik des Königs Hilderich wurde schon berichtet. Der größte Störenfried, der das von Theoderich anvisierte Gleichgewicht der Kräfte gewaltsam verschob, war der Franke Chlodwig. Er lokkerte die germanische Einheit, die Konsolidierung der neuen Staaten, indem er das katholische Christentum annahm. Er bekriegte die Westgoten, um sich ganz Gallien zu unterwerfen. Und Chlodwigs Nachfolger beseitigten — fünf Jahre nach Theoderichs Tod — das Reich der Thüringer.

Theoderich hat alle Hebel in Bewegung gesetzt, sein Friedenswerk am Leben zu erhalten. Die Fäden seiner Diplomatie waren über ganz Europa gespannt. Gesandtschaften wechselten zwischen den Höfen, wertvolle Geschenke wurden ausgetauscht. So wissen wir von einer Sonnen- und Wasseruhr, die von Ravenna aus an den Burgunderkönig abgeschickt wurde. Oder von Sängern, die Theoderich seinem Schwager Chlodwig zur Unterhaltung sandte. Vandalen und Westgoten, Alemannen und Franken, Thüringer und Gepiden waren in den diplomatischen Verkehr mit einbezogen. Und trotzdem brannten alle diese Sicherungen durch, als der Expansionsdrang der Franken sich zuerst gegen die Alemannen und dann, im Bunde mit den Burgundern (Chlodwig hatte eine burgundische Prinzessin zur Frau) gegen die Westgoten richtete. Theoderich mußte seinen ganzen Einfluß aufbieten und den Westgoten auch Waffenhilfe leisten, damit diese wenigstens noch einen Fuß in Gallien behielten. Wobei es das Interesse der italienischen Goten war, daß ihre gallischen Brüder den immer mächtiger werdenden Franken den Zugang zum Mittelmeer versperrten. Im Jahr 510 mußten die Ostgoten selbst die südfranzösische Provence ihrem Reich angliedern, um dem Druck Chlodwigs entgegenzuhalten.

Die erste Dekade des neuen Jahrhunderts sieht Theoderich auf der Höhe seines Einflusses, seiner innen- und außenpolitischen Geltung. Im Jahre 500 besucht der König Rom, wird vom Senat ebenso wie vom katholischen Klerus feierlich empfangen, hält auf dem Forum eine Rede an das Volk und verspricht, die kaiserlichen Traditionen zu wahren. Ein halbes Jahr lang residiert er auf dem Palatin, ein Vorgriff auf Kaiser Karl den Großen, der in Rom genau 300 Jahre später zum Kaiser gekrönt werden wird, — und ein totaler Kontrast zu Alarich I., der neunzig Jahre zuvor mit Rom nichts anderes anzufangen wußte, als es leer zu plündern.

In den letzten Jahren seiner Herrschaft aber treten zu den Sorgen, die ihm seine germanischen Alliierten bereiten, die ersten Zeichen ernsthafter Auseinandersetzungen mit Konstantinopel. Die Gründe für das plötzlich verschlechterte Klima sind doppelter Natur. Einmal stört Theoderich die wachsende Einflußnahme des oströmischen Kaisers in Nordafrika, der er mit der Entsendung einer Flotte entgegentreten will: Als Demonstration der Macht, gerichtet an die Adresse des Kaisers; und als Racheakt gegen Hilderich, der seine Schwester Amalafrida im Kerker hatte umkommen lassen und die Goten in Afrika bis aufs Messer verfolgt hatte. Zum anderen ist es die Religionspolitik des neuen Kaisers in Konstantinopel, Justinus I., die Theoderich auf den Plan rufen muß. Im Jahre 523 setzt im ganzen oströmischen Reich eine harte Verfolgung der Arianer ein, die den liberalen Ostgotenkönig tief verletzen muß, weil er sich sowohl als Schirmherr der Arianer fühlt, als auch ganz grundsätzlich kein Verständnis aufbringen kann für Intoleranz und religiösen Fanatismus.

Theoderich bittet den Papst um Vermittlung, appelliert an dessen christlich-humane Gesinnung und verlangt nichts weniger, als daß die Katholiken in aller Welt die gleiche Glaubensfreiheit gewähren, für die der arianische König in Italien garantiert. Auf Drängen Theoderichs macht sich Papst Johannes I. mit einigen Bischöfen und römischen Senatoren auf die weite Reise nach Konstantinopel, um im Sinne des Gotenkönigs zu intervenieren. Der

Papst sollte durchsetzen, daß die Arianer im oströmischen Reich ihrem Glauben nicht länger abschwören mußten, daß sie alle ihre Kirchen wieder bekämen. Vielleicht war das vom römischen Bischof zuviel verlangt, vielleicht auch wollte man in Konstantinopel nicht auf den Papst hören, mit dem man ohnehin die meiste Zeit in beträchtlicher Spannung lebte. Jedenfalls scheiterte die Mission total.

Der siebzigjährige Herrscher in Ravenna, mit den Jahren leicht erregbar und gegenüber seiner Umgebung mißtrauisch geworden, sah in der vergeblichen Reise des Papstes ein Zeichen dafür, daß sich alles gegen ihn verschworen habe. Das Jahr 523 signalisiert den Abstieg, die Krisis seines Lebenswerkes. Zu allem Überfluß kommt es in Gallien auch noch zum Krieg zwischen Burgundern und Franken, der wiederum die großmachtwütigen Franken auf der Siegerstraße sieht. Sorgen also, wohin der König blickt. Er reagiert sich dort ab, wo er es am leichtesten kann. Er setzt den Papst ab und steckt ihn ins Gefängnis, wo er im Mai 526 sterben wird. Er mischt sich in ein Hochverratsverfahren ein, das gegen einen bestimmten Albinus läuft, läßt es auf andere ausdehnen und wittert plötzlich überall Verrat, selbst bei seinem engen Mitarbeiter Boethius, der offenbar zur Mäßigung geraten hatte und damit selbst in den Fall als verwickelt galt. Zu glauben, daß er es wirklich war, haben wir keinen Anlaß.

Der Argwohn des Monarchen steigert sich zur Raserei. Der römische Senat, dem Theoderich die Angeklagten zur Aburteilung übergibt, ist ein nur allzu bereitwilliges Werkzeug des Königs und spricht die gewünschten Todesurteile aus. Im Gefängnis schreibt Boethius seine berühmte Schrift „Über die Tröstung durch die Philosophie", eines der letzten bedeutenden Zeugnisse antiken Denkens. Mit stoischer Ruhe fügt sich Boethius darin in sein Schicksal, das ihn nach einigem Zögern des Königs — angeblich dachte er schon daran, die Höchststrafe in Verbannung umzuwandeln — im Oktober 524 ereilt. So endet die ruhmreiche Herrschaft des Theoderich, die mit der hinterhältigen Liquidierung des

Odoaker begann, mit einem Justizmord, den der König nicht nur deckte, sondern offenbar bestellt hatte. Berichte, daß den 72jährigen Herrscher Gewissensbisse ins Grab gebracht hätten, scheinen uns weniger glaubhaft als die Version, Theoderich sei, am 30. August des Jahres 526, an den Folgen einer Ruhrerkrankung hingeschieden. Unmittelbar neben dem gewaltigen Grabmal zu Ravenna, das sich der König selbst errichten ließ, fand er seine letzte Ruhe.

Das brüchige Erbe

Theoderich, der ohne männliche Nachkommenschaft geblieben war, hatte seinen Enkel Athalerich zum Thronfolger bestimmt. Für den achtjährigen Knaben führte dessen Mutter Amalasuntha die Regentschaft, eine Frau, beinahe so tatkräftig wie ihr Vater, um einiges wohl gebildeter, aber politisch nicht so klug und weitsichtig wie der große König. Das Erbe des Theoderich war brüchig. Die alten Gegensätze bei den gotischen Edlen zwischen Geburts- und Amtsadel verschärften sich. Einer Frau und einem unmündigen Kind gegenüber glaubte man sich keine Zurückhaltung auferlegen zu müssen. Freilich täuschte man sich, weil die Tochter des Theoderich die nämliche Bedenkenlosigkeit und Rücksichtslosigkeit aufbrachte, um sich aufsässiger Untertanen zu entledigen. Am Anfang ihrer Regentschaft stand kalt geplanter Mord an den Führern der innergotischen Opposition.

Die Staatsgeschäfte betreute nach wie vor Cassiodorus, der Amalasuntha wohl dazu riet, ihren Frieden mit den Römern zu machen, die seit den Terrorurteilen gegen Boethius und Genossen der gotischen Herrschaft mit großer Reserve gegenüberstanden. Die Erben der Hingerichteten wurden entschädigt und wieder in ihre beschlagnahmten Besitztümer eingesetzt. Den Römern, vor allem den ärmeren Schichten, wurden Steuernachlässe gewährt, eine Amnestie hob Strafen auf oder milderte sie erheblich, die vornehmen Familien wurden mit Geschenken, Titeln und Ehren über-

häuft. Die innenpolitische Entlastung, die sich die Regentin so verschaffte, nutzte sie dazu, Machtansprüche und Mitbestimmungswünsche der gotischen Aristokratie zurückzuweisen.
Ihr grundsätzlicher Fehler war der außenpolitische Kurswechsel, ihr Bemühen, Anschluß an Konstantinopel zu finden. Dort regierte seit 527 Kaiser Justinian I. mit seiner Frau Theodora, ein heimtückisches, gerissenes Paar, das mit allen Mitteln die Vorherrschaft Ost-Roms wiederherstellen und die germanischen Reiche zu vernichten entschlossen war. Der erste Angriff Justinians galt dem Vandalenstaat in Afrika. Amalasuntha gewährte dem kaiserlichen Feldherrn Belisar dabei Schützenhilfe, indem sie ihm Stützpunkte auf Sizilien einräumte. Mag der Regentin aus innenpolitischen Gründen auch keine andere Wahl geblieben sein als die Anlehnung an Konstantinopel — verhängnisvoll war diese Kehrtwendung in jedem Fall. Letztlich lieferte Amalasuntha selbst den Grund für Justinian, das Ostgoten-Reich zu liquidieren.
Als Athalarich sechzehnjährig starb — die Quellen nennen seinen unsittlichen Lebenswandel als Todesursache — war auch die Regentschaft der Amalasuntha erloschen. Theodahat, ein Sohn aus erster Ehe von Theoderichs Schwester Amalafrida, erhob Anspruch auf den Thron. Theodahat war zumindest ein zweifelhafter Charakter, ein Mann, der den Vorsprung seiner Abstammung dazu nutzte, Reichtümer und Landbesitz anzuhäufen, wobei er ziemlich rücksichtslos gegen Standesgenossen und arme Leute vorging. Ein Meister offenbar in der alten römischen Kunst des Bauernlegens, der es nach dem Zeugnis des Prokop „als ein Unglück betrachtete, Nachbarn zu haben“ — und deshalb seine Nachbarn mit List und Gewalt von ihrem Land jagte.
Was jetzt kommt und wie ein Schauermärchen klingt, wie ein besonders handlungsreicher, blutrünstiger Comic-Strip, ist historische Wahrheit, geschehen in nicht ganz zwei Jahrzehnten und hier wenigstens im Zeitraffer festgehalten: Nach heftigen Auseinandersetzungen einigten sich Theodahat und Amalasuntha auf eine gemeinsame Regentschaft, die der Tochter Theoderichs kein Glück

brachte. Ihr feiner Herr Vetter räumte sie nämlich schnell aus dem Weg, setzte sie auf einer Insel gefangen und ließ sie im Bade ermorden. Das geschah nun genau zu der gleichen Zeit, da Justinian, einem Hilferuf des abgesetzten Vandalenkönigs Hilderich folgend, den Gelimer besiegt und die Vandalen-Herrschaft in Nordafrika beseitigt hatte. Nach ähnlichem, bewährtem Rezept ging er auch in Italien vor. In der Rolle des Rächers seiner Freundin Amalasuntha, als Schützer des Rechts und als Gegner aller Usurpatoren, schickte er seinen in Afrika siegreichen Feldherrn Belisar auf die italienische Szene. Ohne Kriegserklärung landeten die oströmischen Truppen in Sizilien und überzogen das Land mit einem Krieg, der mit wenigen Atempausen fast zwei Jahrzehnte währte.

Die Ausgangsposition für die Goten ist schlecht. Ihre Siedlungsgebiete liegen im Norden und Osten Italiens, im Süden haben sie nur wenige Stützpunkte. Unbehelligt machen sich die Soldaten Belisars in Sizilien breit, setzen dann auf das Festland über und treffen erst vor Neapel auf heftige Gegenwehr. Als die Mauern der Stadt den Stürmen der Belagerer standhalten und auch von der Seeseite her die Eroberung nicht glückt, greift Belisar zu einer Kriegslist: Durch die Wasserleitungen dringt er im Schutze der Dunkelheit in die Stadt ein und öffnet von innen die Tore. Das oströmische Heer ergießt sich über Straßen und Plätze, Brände werden entfacht, ein furchtbares Gemetzel hebt an. Verteidiger wie Bürger, die sich den Plünderern entgegenstellen, werden niedergemacht.

Ein alter Lehrsatz des Kriegshandwerks besagt, daß zwar verlorengegangenes Terrain, nicht aber verlorene Zeit wiederzugewinnen ist. Theodahat läßt Zeit verstreichen, sieht der Landung in Italien und der Belagerung Neapels, die immerhin drei Wochen dauerte, ebenso tatenlos zu wie den Greueln der Sieger und deren weiterem Vormarsch nach Norden. Belisar mochte sich an vandalische Zustände erinnert fühlen, an den völligen Mangel ernsthaften Widerstands. Doch in solchen Hoffnungen wurde er enttäuscht.

Die Goten werteten Theodahats Unfähigkeit als Hochverrat und ersetzten ihn durch König Witigis, der zumindest anfänglich ein tapferer Mann, wenn auch kein strategischer Kopf war. Witigis hatte kein politisches und kein militärisches Konzept. Vielleicht war es nach Lage der Dinge wirklich das Vernünftigste, die alte Hauptstadt aufzugeben und Rom kampflos dem Feind zu überlassen. Während das kaiserliche Heer große Teile von Süd- und Mittelitalien eroberte, rüstete Witigis in seinem Machtbereich zum Gegenschlag. In Ravenna nahm er Matasuntha, eine Enkelin des großen Theoderich, zur Frau, um seine Königswahl durch die Verbindung mit dem alten Herrscher-Geschlecht der Amaler zu sanktionieren.

Als er sich solchermaßen fest im Sattel wähnte, zog Witigis mit einem großen Gotenheer vor Rom. Er wagte einen tollkühnen Sturmangriff, der freilich abgeschlagen wurde, verlegte sich dann auf eine lange Belagerung, um Rom auszuhungern, litt aber selbst bald unter Nahrungsmangel. Ein Jahr verging. Im Gotenlager brachen Seuchen aus, machte sich Verzweiflung breit, zumal Berichte eintrafen, die das Vorrücken eines kaiserlichen Entsatzheeres meldeten. Witigis suchte Verhandlungen, schloß einen Waffenstillstand, den ihm der Kaiser gern gewährte, weil er gerade wieder Probleme mit seinem persischen Erbfeind hatte und die Eroberung des restlichen Italien deshalb auf einen späteren Zeitpunkt verschieben mußte.

Witigis zieht mit seinem Heer von Rom ab und setzt sich in Ravenna fest. Die Armeen Belisars halten sich nicht an den Waffenstillstand, sondern marschieren mit einer Gruppe nach Mailand, während eine andere Streitmacht den Ostgoten nach Ravenna folgt, bis vor Rimini gelangt und dort die ostgotische Nachhut vernichtend besiegt. Die Konsequenzen aus diesen Schlägen sind — auf beiden Seiten — grotesk. Ostgotische Adelige knüpfen, um für sich zu retten, was noch zu retten ist, Kontakte mit Belisar an und bieten ihm die Königswürde für Italien an, ein Ansinnen, das der treue Feldherr des Kaisers weit von sich weist. Umgekehrt intrigiert ein Vertrauter des Kaisers, der hohe Beamte und spätere Feldherr Narses, der zur Unterstützung nach Italien gesandt worden war, gegen den erfolgreichen Belisar und sabotiert dessen Operationen. Dadurch bekommen die Ostgoten wieder Auftrieb. Sie erobern, unterstützt von burgundischen Hilfstruppen, Mailand zurück und halten ein fürchterliches Strafgericht über jene ab, die sich der Kollaboration mit Konstantinopel schuldig gemacht hatten.

Kaiser Justinian sieht gerade noch rechtzeitig, was sein Narses angerichtet hat, pfeift den ehrgeizigen Intriganten zurück und überträgt Belisar wieder die alleinige Verantwortung. Um die Verwirrung total zu machen, treten nun die Franken auf den Plan, die Belisars Einfall schon 536 zum Anlaß genommen hatten, sich der ostgotischen Besitzungen an der südfranzösischen Küste zu bemächtigen. Die Franken greifen in den Streit als lachende Dritte ein, kämpfen sowohl gegen Ostgoten als auch gegen die kaiserlichen Truppen mit durchschlagendem Erfolg. Erst als in ihrem Lager schwere Seuchen ausbrechen, treten sie den Rückmarsch nach Gallien an.

König Witigis, der in Ravenna vor sich hin brütet, ist dem Durcheinander nicht mehr gewachsen. Er sieht keinen anderen Ausweg mehr, als sich der Gnade des Kaisers auszuliefern und die Festung Ravenna dem Belisar zu übergeben. Der Feldherr, der Ravenna nur mit halber Kraft belagert hatte, zieht mit einem Haufen zweitklassiger Truppen in die Residenz, mit offenbar so traurigen Kriegergestalten, daß die gotischen Frauen es nicht begreifen können, wie man vor solchen Gegnern kapitulieren konnte: Sie spucken ihren Männern vor Wut und Verachtung ins Gesicht. Belisar aber packte Witigis, seine Frau Matasuntha und den gotischen Kronschatz auf ein Schiff, um seinem kaiserlichen Herrn etwas voreilig die Erledigung des zweiten Germanenreiches innerhalb von nur sieben Jahren zu melden.

Kaiser Justinian verfuhr mit Italien ähnlich wie mit Nordafrika. Seine Beamten, die er in die „heimgekehrte“ Provinz entsandte, führten sich wie Raubritter auf. Viele Römer, die Belisar mit einiger Sympathie begegnet waren, sind zutiefst enttäuscht und sehnen sich geradezu wieder nach der guten alten Zeit, da die Goten für Steuergerechtigkeit, für unbestechliche Verwaltung und für Wohlstand in Frieden gesorgt hatten. Ein erneuter Umschwung lag in der Luft. Wenn es den Goten gelingen würde, unter einem überzeugenden König wieder Tritt zu fassen, konnte das Rad noch einmal zurückgedreht werden.

Schon während Witigis in Ravenna schmählich versagte, hatten sich zu Pavia die Goten in Hildebad einen neuen Herrscher gewählt, der mit Schwung daran ging, Norditalien in den gotischen Griff zu bekommen. Wegen einer angeblichen Weiberaffäre soll ihm ein Ritter mitten beim Essen den Kopf so vom Rumpf getrennt haben, daß er zum Schrecken der Gäste über den Tisch kullernd Geschirr und Becher umstieß. Eines ebenso schnellen und gewaltsamen Todes starb auch Erarich, den nichtgotische Germanen auf den Schild gehoben hatten. Ihn räumten die Goten zugunsten ihres Favoriten durch Meuchelmord aus dem Wege. Im dritten Anlauf wurde dann mit dem jungen Totila ein Mann gefunden, der die Goten zu großen Taten mitzureißen wußte, obwohl er kurz zuvor noch bereit war, mit dem Kaiser gemeinsame Sache zu machen.

Ob Totila ein Ostgote (Ostgoten hießen ursprünglich Austrogoten, die strahlenden Goten) oder ein Westgote (von Visigoten = die weisen, edlen Goten?) war, ist nie ganz geklärt worden. Totila jedenfalls war — nicht nur als Romanheld in Felix Dahns „Ein Kampf um Rom" — ein strahlender Held, ein begabter und begeisternder Heerführer, ein kluger Politiker und Charmeur, der die Römer zu bezaubern und viele von ihnen zu gewinnen vermochte. Während Belisar in Konstantinopel seinen Triumph über Witigis auskostete, wendete sich das Blatt in Italien ganz entscheidend. Totila gewann Verona zurück, was von den Goten in Erinnerung an Theoderich, an Dietrich von Bern, als gutes Omen aufgefaßt wurde. Er wandte sich dann gegen Florenz, wo er wieder siegreich blieb, und stürmte, von den Wogen des Erfolgs getragen, nach Süden. Nach langer Belagerung fiel Neapel und mit der Stadt der größte Teil Süditaliens an die Goten zurück.

Totilas nächstes Ziel war Rom, das er nach zähen Gefechten vom Land und vom Meer her einschloß und das sich ihm 546 — allerdings war wieder einmal Verrat im Spiel — im fünften Jahr von Totilas Herrschaft ergab. Das nächste Ziel war Ravenna und das erlaubte es dem wieder nach Italien entsandten Belisar, in Totilas Rücken neue Operationen zu unternehmen, an deren Ende Rom wieder einmal den Besitzer wechselte, wenn auch noch keineswegs zum letztenmal in diesem Krieg.

Rom, mittlerweile von allen Menschen verlassen, die irgendwo anders Zuflucht zu finden hofften, war zum Prestigeobjekt der streitenden Parteien geworden. Totila belagerte die Stadt am Tiber aufs neue und ungeachtet der Tatsache, daß in seinem Rücken die Franken ein weiteresmal auftauchten und in der Po-Ebene wüteten. Prokop, der Chronist dieser Kriege, behauptet, die Franken hätten bei ihren Einfällen in gotische Siedlungsbezirke sogar heidnisch-rituelle Menschenschlachtungen vorgenommen: „Diese Barbaren sind zwar Christen geworden, halten aber doch in den meisten Stücken an ihrem alten Glauben fest, indem sie Menschen und andere unheilige Opfer schlachten, um die Zukunft aus den Gedärmen auszuspähen."

Einmal — und wiederum durch Verrat — gelingt es Totila 550 noch, sich Roms zu bemächtigen. Aber dann ändert sich die politische Lage entscheidend. Die Perser, von Totila diplomatisch umworben, schließen mit Justinian einen Separatfrieden; Konstantinopel, jetzt endlich von der Last des Zweifrontenkrieges befreit, kann sich mit ganzer Kraft auf Italien stürzen. Statt Belisar kommandiert nun Narses, ein energischer kleiner Mann mit großem Organisationstalent. Seine Flotte landet bei Ancona; sein Heer, mit starken germanischen, slawischen und hunnischen Kontingenten, marschiert den Balkan herauf, die nördliche Adriaküste entlang über Ravenna zum Apennin, wo nordöstlich von Perugia die Entscheidungsschlacht stattfindet, die mehr ein Schlachten war.

Narses bietet den Goten ehrenhafte Kapitulationsbedingungen, doch Totila wirft sich mit Todesverachtung auf die vielfache Übermacht. Der Angriff seiner Reiterei bricht im Pfeilhagel der Kaiserlichen zusammen, die wildgewordenen Pferde trampeln zurückstiebend das gotische Fußvolk nieder. Totila fällt auf der Flucht, vom Speer eines Gepiden getroffen.
Noch heldischer endet der letzte der Gotenkönige, der gotische Todesengel Teja. Er beginnt seine kurze Herrschaft mit der Ermordung von 300 römischen Geiseln aus besten Familien und endet sein Leben auf dem Schlachtfeld am Fuße des Vesuv. „Unter seinem Schild gedeckt", so berichtet Prokop, „fing er sämtliche Speere auf, um dann selbst durch plötzliche Ausfälle viele Gegner niederzumachen. Sooft er den Schild ganz von Speeren bedeckt sah, reichte er ihn seinem Waffenträger weiter und nahm einen anderen." Bei einem Schildwechsel wurde Teja tödlich getroffen. Die Römer hieben ihm den Kopf ab und steckten ihn als Warnung für alle auf eine Lanze.
Daß sie zu sterben wußten, haben die Zeitgenossen den Germanen mit Schaudern bescheinigt. In der Kunst des Überlebens erwiesen sie sich als weniger tüchtig. Die Reste der Goten, die Frauen und Kinder zumal, gingen in fränkischen und alemannischen Scharen auf, die in immer neuen Überfällen Norditalien unsicher machten. Manche von ihnen werden auch noch die Langobarden vorgefunden haben, die nur fünfzehn Jahre später in das verwüstete, verarmte, ausgeraubte und menschenleere Italien eindrangen.

7. Kapitel

Das neue Europa

Ergebnis und Bilanz der Völkerwanderung

Der mißglückte Sprung

Georg Heinrich von Vollmar (1850—1922) war ein bayerischer Edelmann und ein deutscher Arbeiterführer. Als Offizier und Beamter begann er seine Laufbahn, als Politiker fand er seine Erfüllung. Er saß im Deutschen Reichstag und im Bayerischen Landtag und ist heute noch mit dem leicht abwertenden Etikett „revisionistischer Sozialdemokrat“ gestempelt. Dabei gehört er zu der im deutschen Parteienwesen — und das gilt nicht nur für die SPD — seltenen Spezies von Menschen, die mit beiden Füßen im Leben stehend doch über den Tag hinaus zu denken vermögen; die Politik mit wachem Realitätssinn und analytischem Verstand an den tatsächlichen Gegebenheiten orientieren; die den Stellenwert der Geduld begriffen haben, wonach man Entwicklungen nicht über das Knie brechen darf, sondern ihnen Zeit zur Reife geben muß.

Soviel zur Person des Mannes, der diesem Buch das Motto geliefert hat. In einer Rede aus dem Jahre 1891 warnte er seine Genossen vor dem Traum vom großen Sprung, mahnte sie, auf langsames, organisches Entwickeln zu bauen. Hat das mit unserem Thema, mit der Völkerwanderung, zu tun? In diesem Sinn bestimmt: Was Vollmar auf die gesellschaftlichen Verhältnisse gemünzt hat, hält auch der allgemeinen historischen Betrachtung stand. Ziehen wir die Bilanz der Völkerwanderung und versuchen wir, die Ergebnisse in wenigen Sätzen zusammenzufassen, dann läßt sich nicht übersehen, daß die revolutionären Staatengründungen, die politischen Geniestreiche, die großen Sprünge, gescheitert sind. Bestand hatten nicht die Schöpfungen eines Geiserich und Theoderich, und schon gar nicht die Weltherrschaftsträume eines Attila. Auf Dauer blieb das Staatsgebilde, das zwar nicht gerade behutsam, sondern durchaus zielstrebig (und zuweilen sehr gewalttätig) dem langsamen organischen Wachsen den Vorzug gab: Aus der Krise steigt einzig das Reich der Franken zu weltgeschichtlicher Bedeutung empor.

Womit nicht gesagt sein will, daß dieser längste — zeitlich und räumlich gemeint — Marsch der Weltgeschichte keine anderen Ergebnisse erbracht hätte. In der Mitte der Völkerwanderungszeit steht das Ende des (west)römischen Weltreichs, an ihrem Schluß die gescheiterte (ost)römische Restauration, der vergebliche Versuch, Änderungen zu ignorieren. Und auch die Spuren der Bewegungen, denen Untergang statt Dauer beschieden war, sind nicht zu leugnen. Die Zeugnisse gotischer oder burgundischer Kultur leben in Italien, Spanien und Frankreich weiter, und das Auslöschen der Vandalen-Herrschaft in Nordafrika hatte wenigstens die negative Folge, daß mit dem Reich Geiserichs eine führende Zivilisation für mehr als ein Jahrtausend in dunkle Vergessenheit zurückfiel.

Aus der großen Krise, wo „die Geschichte einen Sprung machte", entstand, in groben Umrissen zumindest, das neue Europa. Die Sprachgrenzen werden erkennbar, die Konturen der politischen Landkarte treten schon deutlich hervor, als die eigentliche Völkerwanderungszeit vorbei ist, die mit dem Einzug der Langobarden nach Italien als beendet gilt. Wobei es problematisch ist, sich allzu sehr an den Rahmen dieser rund zweihundert Jahre zu klammern, die vom Hunneneinfall an gerechnet werden. Die Völkerwanderung beginnt ja schon im 2. Jahrhundert vor Christus mit dem Auszug der Germanen aus Skandinavien und endet, wenn wir es weit fassen wollen, erst nach der Jahrtausendwende mit der Besetzung Englands durch Wilhelm den Eroberer. Nur daß der Sturm, der von den Hunnen ausgelöst wird, die von den Römern mühsam kanalisierte Wanderwelle aufpeitscht und alle Dämme brechen läßt.

Die Normannen, die Nordmänner, mit den aus Skandinavien ausgewanderten Goten, Burgundern, Langobarden, Vandalen wohl verwandt, sollen hier nur sehr kursorisch abgehandelt werden. Ende des 8. nachchristlichen Jahrhunderts beginnt dieses tüchtige und verhältnismäßig hoch entwickelte Seefahrervolk damit, von den nordischen Küsten aus in England und Irland einzufallen. Schon 820 errichten sie um Dublin einen Staat, dem andere bedeutende Gründungen folgen sollten. 836 erobern sie zum erstenmal England und werden erst nach zwei oder drei Generationen auf die Küsten zurückgedrängt. 845 zerstören sie Hamburg, im selben Jahr plündern sie zum erstenmal von der Seine her Paris, um 860 finden wir normannische Seeräuber im Mittelmeer als Schrekken aller Hafenstädte bis hinunter nach Kleinasien. Normannen tauchen im Schwarzen Meer auf und an der Ostsee, kundschaften die Wasserwege bis ins Herz Rußlands aus, rauben Städte aus und machen sich die Bewohner tributpflichtig. Um die Jahrtausendwende stoßen normannische Seefahrer über Grönland an die nordamerikanische Küste vor, zur gleichen Zeit beginnen andere normannische Scharen mit der Errichtung eines christlichen Reiches in Sizilien und Unteritalien. Diese Aufzählung kann nur einen Eindruck von den ungewöhnlich weiträumigen Aktivitäten dieser Seefahrer-Nation geben, die nicht als Volk auf die Wanderschaft ging, sondern in vielen kleinen Verbänden die Gewässer und Küsten unsicher machte, an vielen Orten aber kulturelle Hochleistungen erbrachte.

Streifen können wir auch nur die Siegeszüge der Araber, die vor allem zu Beginn des 8. Jahrhunderts von fanatischem Missionseifer getrieben die junge Religion des Islam in Europa ausbreiten wollten. Wenn vom Untergang des Westgoten-Reiches zu reden ist, werden wir noch kurz auf sie eingehen müssen. Ebenso im Zusammenhang mit der Geschichte der Franken, deren Heerführer Karl Martell den arabischen Vormarsch im Herzen Frankreichs zum Stehen bringt. Wobei wir nicht näher untersuchen wollen, ob die arabische Expansion eine echte Völkerwanderung war

oder nur eine gewaltige militärische Operation. Versagen müssen wir es uns auch, dem Einfluß arabischer Wissenschaft und Baukunst in Europa nachzugehen.
Unzweifelhaft von Völkerwanderung ist in Osteuropa zu reden. Aber auch hier zwingt uns Platznot zu kurzer Skizzierung. Nach 450 beginnen slawische Völker in das Vakuum zu strömen, das durch das Ende der Hunnen-Herrschaft und die Bewegung der ostgermanischen Völker nach Westen und Süden entstanden war. Die Tschechen besetzen Böhmen, das durch die Auswanderung der nachmaligen Baiern freigeworden war, Polen und Ukrainer stoßen zur Oder und später bis an die Elbe vor, Slowenen besiedeln Krain. Im 7. Jahrhundert wandern Kroaten und Serben nach Bosnien und Dalmatien, und Bulgaren an das Schwarze Meer. Dazu kommen die Bewegungen neuer asiatischer Reitervölker, der Awaren und Ungarn. Die wechselvolle Geschichte der Besiedlung Osteuropas wäre ein Thema für sich. Noch heute streiten sich Historiker und Völkerrechtler darüber, welche Stämme wann und wo Heimatrecht im Osten erworben haben. Ein müßiger Streit schon deshalb, weil diese Räume immer wieder den Besitzer gewechselt haben.
Näher läge uns die Eroberung Britanniens durch die Angeln und Sachsen, die schon eine Generation nach dem Abzug der letzten römischen Garnison (407) damit beginnen, die Kelten nach Schottland und Wales zurückzudrängen. Von König Artus wäre zu berichten und dem heldenhaften Kampf seiner Ritter gegen die germanischen Eindringlinge, vom Auszug der keltischen Bretonen aus Britannien in die Bretagne, vom Vormarsch der aus Nordirland kommenden Skoten in das Land Schottland, dem sie ihren Namen geben, von Dänen und schließlich von den Normannen. In seltsamem Kontrast zu den jahrhundertelangen, blutigen Auseinandersetzungen auf der Insel steht etwa die überaus friedliche Landnahme durch die Baiern in der von Odoaker geräumten römischen Provinz Raetien. Auch das ein Riesenstoff für sich. Aber wir müssen es bei Aufzählungen und Andeutungen belassen, uns auf die zentralen Schauplätze und Szenen beschränken.

Der letzte Akt: Die Langobarden

Die Langobarden sind an all den Schauplätzen aufgetreten, die uns schon geläufig sind. Sie zählen zu den Ostgermanen, kommen nach überwiegender Ansicht der Forschung aus Skandinavien, haben an der unteren Elbe — der Bardengau bei Lüneburg hat mit seinem Namen ihre Anwesenheit festgehalten — gesiedelt, sind um das Jahr 500 durch Böhmen nach Ungarn gewandert, dem Hauptumschlagplatz, der großen Tummelwiese der Völkerwanderungszeit. Zwischen Theiss und Donau zerstören sie das mächtige Reich der Heruler.

Über die Herkunft ihres Namens streiten die Gelehrten noch immer. Nach der Sage waren es die langen Bärte, die dem Volk die Bezeichnung Langobarden eingebracht haben; andere Theorien bringen das „Barden“ mit ihrer Bewaffnung in Zusammenhang, mit dem Wort Hellebarden etwa. Die Langobarden sind das letzte Volk auf der großen Wanderschaft, ihre Geschichte die beispielhafte Schlußszene eines Dramas; denn noch einmal finden wir alles versammelt, was die Zeit geprägt hat: Raub, Plünderung, Meuchelmord, Disziplinlosigkeit, innere Zwietracht, politische Kurzsichtigkeit und das Unvermögen, erobertes Land durch kluge Regierung wirklich zu gewinnen.

Die Langobarden sind die Nachzügler der Völkerwanderung. Auf dem Höhepunkt römischer Macht lebten sie abseits vom Reich in dem Freiraum, den der Aufstand des Arminius im nördlichen Germanien geschaffen hatte. Als die Langobarden nach Süden schwenkten, befand sich das weströmische Imperium bereits in voller Auflösung. Im Heer des oströmischen Feldherrn Narses, das die Goten-Herrschaft über Italien beseitigte, kämpften auch langobardische Kontingente. Wohl durch ihre Berichte bekamen die Langobarden ersten Kontakt zu Italien und genauere Kenntnis von Land und Leuten. Von da an lockte auch sie das angenehmere Leben unter südlicher Sonne, der relativ immer noch große Wohlstand. Dazu mag der Eindruck gekommen sein, daß die kaiserlichen

Militärs und Beamten ein Schreckensregiment führten, das neuen Eroberern die Wege ebnen mußte.
Den letzten Anstoß zur Wanderung nach Süden haben indes die andauernden Existenzkämpfe gegeben, denen sich die Langobarden an Theiss und Donau ausgesetzt sahen. Zuerst schlugen sie sich mit Herulern herum und dann mit Gepiden, wobei sie zeitweise die Hilfe der Awaren in Anspruch nehmen mußten. Im Gepidenkrieg zeichnete sich der langobardische König Alboin durch besondere Tapferkeit aus, wofür er auch den Hauptpreis gewann: Rosamunde, die schöne Tochter des Gepidenherrschers Kunimund. Die eheliche Harmonie — der Geschichtsschreiber Paulus Diaconus erzählt es uns genüßlich — war freilich etwas gestört durch die Behandlung, die Alboin dem Herrn Schwiegervater angedeihen ließ. Daß er König Kunimund im Kampf erschlug, hätte Tochter Rosamunde vielleicht hingenommen. Dagegen mußte sie es als einigermaßen geschmacklos empfinden, als ihr Gemahl, einem alten skytischen Brauch folgend, sich aus der Hirnschale des toten Königs ein Trinkgefäß drechseln ließ. Und als Alboin später, fünf Jahre nach dem Einmarsch in Italien, im Rausch seine Frau dazu zwang, aus dem väterlichen Schädel einen kräftigen Schluck zu nehmen („Der Papa soll leben!" wird er vielleicht gesagt haben), war es gänzlich vorbei mit der Liebe. In dunkler Nacht schickte die zartfühlende Tochter den Rächer in das Schlafgemach dieses Herzchens, das ihr Mann war. Am Morgen lag König Alboin tot in seinem Blute.
Wir sind den Ereignissen um einiges vorausgeeilt. Die einst so hilfreichen Awaren hatten sich als ziemlich lästige Nachbarn erwiesen, waren den Langobarden immer näher auf den Pelz gerückt und schraubten den Preis für ihre Freundschaft von Tag zu Tag höher. Deshalb beschloß die Volksversammlung, unter Führung des Alboin den Exodus nach Italien zu wagen. Es mögen an die 130 000 Langobarden gewesen sein, die mit Sack und Pack in Norditalien einfielen. Verstärkt durch versprengte Sueben, Thüringer, Gepiden und Sachsen. Vor allem eine Gruppe von Sachsen, die

mit den Langobarden wohl schon an der Unterelbe in engere Beziehungen getreten waren, stellte für sich schon eine erhebliche Masse von rund 25 000 Menschen dar. Italien war 568, nur 15 Jahre nach Erledigung der Goten-Herrschaft, ein verarmtes, verängstigtes Land geworden, stöhnend unter dem Joch Konstantinopels. Der Widerstand, der den Langobarden entgegengesetzt wurde, war gering. Die einheimische Bevölkerung war abgestumpft und verständlicherweise nicht bereit, sich für die Belange des Kaisers zu schlagen. Der Kaiser aber hatte weder die Mittel für einen neuen Krieg, noch ein besonderes wirtschaftliches Interesse: Sollten sich doch andere um das ausgequetschte Land kümmern! Wirklich verteidigt wurden nur wenige Regionen und Städte, die Hauptstützpunkte des oströmischen Regimes.

Die Langobarden kamen, wie viele Völker und Heere vor ihnen, über Aquileia, durchquerten Friaul und Venetien, zogen durch die Po-Ebene, die Landschaft, die noch heute nach ihnen Lombardei genannt wird. Auch in der Toskana, wie überhaupt im Landesinneren, fand man wenig Gegenwehr. Pavia, die alte Goten-Stadt, allerdings mußten die Langobarden an die drei Jahre lang belagern, bevor sich ihre Tore öffneten. Pavia wurde auch die Haupt- und Residenzstadt der Langobarden, schon weil sich Rom, Ravenna und einige wichtige Küstenstädte gegen die Germanen-Schwärme weiter halten konnten.

Von Anfang an ließen die Langobarden keinen Zweifel darüber aufkommen, daß sie sich nicht als Befreier, sondern als Eroberer fühlten. Ihr arianisches Christentum war von humanistischen Gedanken, von Kultur und Zivilisation römischer Art nicht angekränkelt. Anders als die Goten, die sich bei der Ansiedlung auf staatlichen Boden und auf das Bauernland beschränkten, das der geschlagene Odoaker zuvor seinen Soldaten zugewiesen hatte, holten sich die langobardischen Krieger, was ihnen gefiel. Von römischen Einquartierungsgesetzen hielten sie nichts, am Segen Konstantinopels lag ihnen schon gar nichts. In den meisten Fällen mußten sie allerdings nicht gewaltsam vorgehen. In den langen

Jahren verheerender Kriege und in der Zeit oströmischer Mißwirtschaft war viel Grundvermögen herrenlos geworden; jetzt lagen weite Landstriche verwüstet und menschenleer da.

Die Langobarden-Könige führten ein hartes Regiment gegen Romanen und Katholiken, aber auch gegen germanische Mitwanderer, die sich im langobardischen Staat eine gewisse Autonomie erhalten wollten. Die Sachsen, die mit den Langobarden um Italien gekämpft hatten, wurden nach getaner Arbeit von der Mehrheit der Eroberer wieder hinausgeekelt. Im eigenen Volk konnten sich die Könige nicht so gut in Szene setzen. Die Mehrheit der 35 Herzöge erwies sich meistens stärker als der König. Diese Herzöge, in ihren Städten, Provinzen und Diözesen mit absoluter Gewalt als Richter, Militärbefehlshaber und Verwalter ausgestattet, sahen im König ihren Repräsentanten nach außen, den primus inter pares, aber keinen Monarchen, keinen Alleinherrscher. Die herzogliche Gewalt galt diesen in ererbten Vorstellungen befangenen Germanen als älter und wichtiger als die königliche Würde, die nur in der Wanderzeit an Bedeutung gewonnen hatte.

Als man in Italien festen Boden unter den Füßen hatte, als sich die Herzöge häuslich eingerichtet hatten, wurde die Königsmacht empfindlich beschnitten. Der plötzliche Tod von König Alboin, der als Führer beim großen Marsch einiges persönliches Prestige besaß, tat ein übriges. Sein Nachfolger Klef, unter vielen anderen Thronanwärtern vom Volk gewählt, amtierte nicht einmal zwei Jahre, bevor er durch eine Verschwörung und von der Hand eines Sklaven 575 ums Leben kam. Sein Sohn Authari war noch zu jung, um die Nachfolge anzutreten, eine Regentschaft durch einen anderen ließen die Herzöge schon überhaupt nicht zu. Ein zehnjähriges Interregnum folgte, eine Zeit, wo die mächtigen Gaufürsten jeder für sich die politische Suppe kochten, wo sie unkoordiniert und unkontrolliert über alles herfielen, was ihnen im Wege stand und was ihre Habgier reizte: Über oströmische Besatzungen ebenso wie über fränkische Siedlungen an der italienischen und französischen Riviera.

Ihre unverbrauchte Kampfkraft, ihre ungebändigte Wildheit machte die Langobarden zum Schrecken ihrer Zeit. Erst als sich alteingesessene Römer, oströmisches Militär und ein fränkisches Heer miteinander gegen die Langobarden verbündeten, wurde es den Herzögen, die auf eigene Faust und für eigene Rechnung Krieg geführt hatten, mulmig. Klefs Sohn Authari wurde in die Rechte eines Königs eingesetzt, immer noch gegen den Willen allzu groß gewordener Herzöge, die diesmal mit Recht eine Beschneidung ihrer fast unumschränkten Herrschaft fürchteten; denn in der jetzt entstandenen ernsten Lage hatte die allgemeine Volksversammlung der Langobarden eine wesentliche Stärkung der Königsmacht durchgesetzt. Die Herzöge mußten sich dem König nicht nur militärisch unterordnen, sondern auch Abgaben an die Zentrale entrichten. So überstand Authari (584—590) die kurze Zeit seiner Regierung, so bestanden die Langobarden den Ansturm einer mächtigen Allianz: Gleichzeitig waren von Ravenna her kaiserliche Truppen, aus dem Westen ein fränkisches Heer und aus dem Nordosten nomadische, wahrscheinlich awarische Reiterscharen gegen die Langobarden angerückt. Wäre es Authari nicht gelungen, den militärischen Widerstand zu organisieren und nach ersten Abwehrerfolgen die Gegner auseinander zu dividieren, wäre den Langobarden das Schicksal der Goten kaum erspart geblieben. So aber erreichte Authari einen Separatfrieden mit den Franken, worauf auch Konstantinopel die Lust verlor, weiter zu kämpfen. Der Kaiser — das war gute Tradition — ließ sich die Kastanien am liebsten von anderen aus dem Feuer holen.

Auch König Authari starb eines unnatürlichen Todes, er wurde vergiftet. Seine Frau Theodolinde, ein Katholikin und Tochter des Baiernherzogs Garibald, vermählte sich mit dem Thronfolger Agilulf, einem offenbar nahen Verwandten des toten Königs. Agilulf, bis dahin Herzog von Turin, setzte mit Unterstützung seiner tüchtigen Frau die diplomatischen Bemühungen seines Vorgängers fort und baute den Waffenstillstand mit den Franken zu einem erstaunlicherweise ziemlich haltbaren Frieden aus. Besonders der Königin wird an diesem Frieden sehr gelegen gewesen sein. Als sie ihr erster Mann Authari einst in sein Reich geholt hatte, waren die Franken gerade in Baiern eingefallen, und Theodolinde mußte bei Nacht und Nebel nach Italien fliehen. Die Franken durften als die bedeutendste Militärmacht in Mitteleuropa gelten. Mit ihnen auf gutem Fuß zu stehen, war eine Überlebensnotwendigkeit.

Die Langobarden hatten mit dem Friedensschluß die nötige Rückenfreiheit gewonnen, um ihre Grenzen im Nordosten gegen Awaren und verschiedene slawische Völkerschaften zu sichern. In ihrer ständigen Auseinandersetzung mit Konstantinopel kam ihnen der Umstand zugute, daß der Kaiser wieder einmal von seinen persischen Erbfeinden in Anspruch genommen wurde, daß er seine ohnehin geringer gewordenen italienischen Interessen vernachlässigen mußte. Anstelle des kaiserlichen Exarchen, der vom sicheren Ravenna aus Rom wie eine beliebige Provinzstadt zu regieren suchte, gewann der Papst immer mehr auch an weltlicher Bedeutung. So verhandelt König Agilulf auch nicht mit der kaiserlichen Beamtenschaft, sondern mit Papst Gregor dem Großen (590—604), als er vor den Toren der Ewigen Stadt auftaucht.

Katholische Kirchenfürsten haben in der Zeit der großen Völkerwanderung mehr Mut und Besonnenheit gezeigt als weltliche Obrigkeiten, so in Gallien gegen die Hunnen, oder in Nordafrika gegen die Vandalen. Ihrem Beispiel folgt Papst Gregor bei der Belagerung Roms durch die Langobarden. Während des Kaisers Beauftragte ihre Aktivitäten darauf beschränken, sich und ihre Habe möglichst schnell in Sicherheit zu bringen, organisiert der Papst den Nachschub und die Verteilung der Lebensmittel, kümmert sich um den Zustand der Befestigungswerke, kommandiert persönlich die Verteidigungstruppen. Demonstriert er so den Willen zum Widerstand, so sucht er andererseits Verhandlungen mit dem arianischen König Agilulf, wobei er sich wohl auch an dessen katholische Frau Theodolinde gewandt hat. Was dem Exarchen, der in Ravenna sitzt, nicht gelingt, weil er viel zu weit vom

Schuß ist, schafft der Papst: Die langobardischen Truppen ziehen, um 500 Pfund Gold reicher und mit der Zusage dauernder Tributzahlungen, wieder von den Toren Roms ab.
Die Langobarden weichen auf andere Schauplätze aus. Der Krieg wird nach Süditalien hinunter getragen und mit größerer Erbitterung als je zuvor geführt. Noch einmal gelingt es Papst Gregor, vermittelnd einzugreifen. Die Römer, nicht gerade berühmt für Dankbarkeit in politischen Dingen, erkennen sehr wohl, daß es vor allem der Papst ist, der ihre Interessen vertritt, während der oströmische Exarch immer nur dann auftaucht, wenn die Lage ruhig ist und Konstantinopel Geld braucht. Es ist keine abwegige Theorie, wenn man in Papst Gregors vorbildlichem Verhalten die Grundlage für die weltliche Macht des Papsttums, für den künftigen Kirchenstaat sieht.

Herzöge gegen Königsmacht

König Agilulf treibt die Eroberung Italiens durch die Langobarden weiter voran. Mit überlegenen Streitkräften erscheint er vor Ravenna und zwingt den Exarchen Smaragdus zum Rückzug auf seine Enklaven und zur Nichteinmischung im übrigen Land. In Friaul weist er ein weiteres Mal die Awaren in ihre Schranken. Schwieriger als die Auseinandersetzung mit den äußeren Feinden gestaltet sich aber die Durchsetzung seines Herrscheranspruchs im Inneren. Vor allem die langobardischen Herzöge von Spoleto und Benevent proben immer wieder den Aufstand gegen die Königsgewalt. Das Problem wird die Langobarden und ihre Könige bis zum Ende ihrer Herrschaft beschäftigen.
Den Schwierigkeiten, die sich aus dem Nebeneinander von arianischem und katholischem Bekenntnis ergeben, widmet sich vor allem Königin Theodolinde, die zum Lateran, wo der Papst residiert, besonders enge Beziehungen unterhält. Die baierische Prinzessin versucht einerseits, an die Traditionen von Theoderich dem Großen

anzuknüpfen und Kunst und Wissenschaft zu fördern, lehnt aber andererseits die Apartheid-Doktrin des Gotenkönigs ab: Sie sieht die Zukunft des Reiches nur dann gewährleistet, wenn die langobardische Minderheit die Verschmelzung mit der eingeborenen Bevölkerung sucht, wenn Arianer und Katholiken zusammengeführt werden. Paulus Diaconus, dem wir hauptsächlich unsere Kenntnisse über die Langobarden verdanken, bescheinigt der Königin: „Die Kirche Gottes erlangte durch sie viele Vorteile." Ihr Mann Agilulf blieb zwar für seine Person dem Arianertum treu, erhob aber keinen Widerspruch, als Theodolinde den ersehnten Kronprinzen Adelwald in Monza katholisch taufen ließ. Der König duldete auch katholische Missionstätigkeit und leistete finanzielle Hilfe bei der Gründung von Klöstern und beim Kirchenbau.
Nach dem Tod von König Agilulf (615) ging die Krone auf seinen Sohn Adelwald über, was ein Teil der langobardischen Herzöge zum Anlaß nahm, im Namen des ererbten arianischen Glaubens gegen den katholischen Herrscher und die Königsmacht überhaupt vorzugehen. Der Exarch von Ravenna, der über lange Zeit ein Schattendasein ohne politische Bedeutung geführt hatte, witterte in dieser Situation Morgenluft, schlug sich nicht etwa auf die Seite des katholischen Königs, sondern suchte zwischen den Fronten einen Weg zu gehen, der ihm nicht nur mehr Einfluß, sondern sogar die Königskrone für die oströmische Enklave in Italien einbringen sollte. Doch bevor seine Pläne reiften, fiel er einem Mord zum Opfer. Zum Führer der arianischen Gegenpartei machte sich Herzog Ariowald von Turin, der mit Adelwalds Schwester Gundeberge verheiratet war, aber deswegen nicht davor zurückscheute, seinen katholischen Schwager vom Thron und aus dem Land zu jagen. Adelwald hatte zehn Jahre lang regiert, sein Nachfolger Ariowald brachte es gerade auf elf Jahre, ständig bedrängt von einer Reihe herrschsüchtiger Herzöge, aber auch von seiner Frau Gundeberge, die ihrem katholischen Glauben treu geblieben war und im Grunde wohl nie Verständnis für das Vorgehen ihres Gemahls gegen den Bruder aufbringen konnte.

Nach Ariowalds Tod setzte Königin Gundeberge durch, daß Herzog Rothari von Brescia für sechzehn Jahre den Thron bestieg. Nach Paulus Diaconus war er „ein starker und tapferer Mann, der den Weg der Gerechtigkeit ging.“ Teils mit Gewalt, teils durch Klugheit und Überredung hielt er die widerspenstigen Herzöge nieder. Seinem Volk hinterließ er ein langobardisches Gesetzbuch. Dem oströmischen Exarchen entriß er in der ersten großen germanisch-römischen Feldschlacht seit dem Untergang der Goten nicht nur einen Großteil seines Gebietes, sondern vor allem auch jeden politischen Einfluß. In seiner Kirchenpolitik war Rothari ein gespaltener Mann. Auf der einen Seite ist mit seinem Namen ein letzter Aufschwung, ein Aufbäumen der Arianer verbunden, auf der anderen Seite verfügte der König, daß er mit seiner Gemahlin im katholischen Dom zu Monza, der dem Heiligen Johannes dem Täufer geweiht ist, seine letzte Ruhestätte finden sollte.

Die nächsten sechzig Jahre dürfen wir, nach äußeren Ereignissen gemessen, getrost überspringen. Sie sind gekennzeichnet von selbstmörderischen Machtkämpfen ehrgeiziger Herzöge gegen schwache Könige, deren Namen aufzuzählen nicht lohnt. Bürgerkriegsähnliche Zustände griffen um sich, wobei die streitenden Parteien nicht davor zurückschreckten, auswärtige Mächte um Intervention anzurufen. Noch einmal traten für kurze Zeit oströmische, awarische und fränkische Krieger auf den Plan, mußten allerdings bald erkennen, daß sie in diesem unübersichtlichen Spiel jeder gegen jeden nicht ihr eigenes Süppchen kochen konnten, sondern nur die Suppe der anderen auszulöffeln hatten. Auch Kaiser Konstans, der 663 von Sizilien aus seinen letzten Versuch zur Rückgewinnung der italienischen Provinz unternommen hatte, mußte das schließlich einsehen.

Mit dem Verfall staatlicher Macht ging allerdings ein erstaunlicher gesellschaftlicher Wandel einher. Das Arianertum hatte an Boden verloren, und damit schwanden auch die Gegensätze zwischen Langobarden und alteingesessener Bevölkerung. Die Trennungslinie, die zwischen Germanen und Römern verlief, wurde mehr und mehr durchbrochen. Eine neue, oder wenn man so will alte Kluft tat sich wieder auf. Der Gegensatz zwischen arm und reich ging auf einmal sichtbar quer durch die Völker. Langobardischer Adel und römisches Patriziertum fanden mit der Zeit immer mehr gemeinsame Interessen, die sie gegen germanisches Fußvolk und römisches Proletariat durchzusetzen trachteten. Dies wiederum brachte Reformen auf den Weg, die zur langsamen staatsrechtlichen Gleichstellung der Römer mit den bis dahin privilegierten Germanen führten. So zahlte sich innere Schwäche letztlich sogar noch aus.

Ohne diesen Wandel wäre es König Liutprand (713—744) wohl nicht gelungen, Reich und Zentralgewalt noch einmal ganz entscheidend zu stärken. Mit gesetzlicher Festschreibung der Reformpolitik begann er, mit dem systematischen Abbau konkurrierender Herzöge fuhr er fort. Die langobardische Opposition steckte sich hinter den Papst, um mit dessen Hilfe den italienischen Einheitsstaat zu torpedieren, den Liutprand zu seinem Programm gemacht hatte. Liutprand sicherte seine innenpolitischen Ambitionen durch ein Bündnissystem nach außen ab. Mit den Awaren schloß er Frieden, den starken Mann des Frankenreiches, Karl Martell, gewann Liutprand zu seinem Freund. Von dieser Basis aus ließ sich der Kraftakt, zu dem sich der König entschlossen hatte, wohl durchstehen. Liutprand war es nämlich immer deutlicher geworden, daß der Weg zur Unterwerfung widerspenstiger Herzöge nur über Rom, über den Papst als das heimliche Oberhaupt der Opposition, führen konnte.

Dreizehn Jahre läßt sich Liutprand Zeit, bis er den entscheidenden Gang wagt. Die königliche Streitmacht, die 726 vor den Toren Roms aufmarschiert, ist anscheinend so gewaltig, daß der Papst eine Unterwerfungsgeste macht, den Langobarden entgegenzieht und um Schonung der Stadt bittet. Liutprand — man kann es nicht anders sagen — läßt sich einwickeln und verzichtet gegen vage Zusagen des Heiligen Vaters darauf, Rom einzunehmen. Nie wieder sollte die Gelegenheit dazu, reinen Tisch zu machen und für klare Verhältnisse zu sorgen, so günstig werden. Die Hoffnungen, Rom werde das Einlenken Liutprands honorieren, zerschlagen sich schnell. Statt wie bisher heimlich die Partei der aufsässigen Herzöge zu nehmen, unterstützt der Papst, vor allem der seit 731 regierende Gregor III., jetzt förmlich die mächtigen Herren in Spoleto und Benevent. Zu allem Unglück schließt sich auch der Kaiser und sein Exarch in Ravenna der Anti-Königs-Koalition an.

Doch Liutprand ist ein energischer Herr. Und er hat das Glück, daß sich Papst und Kaiser aus eigentlich nichtigen Gründen plötzlich in den Haaren liegen. Die Steuerpolitik Konstantinopels fand ohnehin den zunehmenden Widerstand der Kirche und aller Bürger in Italien. Aber zum offenen Bruch kam es dann über die Bilderfrage. Während der Kaiser die Bilderverehrung in Kirchen ablehnte und zu einem Bilderstürmer wurde, förderte das Papsttum die Verehrung von Heiligenbildern und sandte schließlich auf dem Höhepunkt der Auseinandersetzung den Bannfluch gen Konstantinopel.

König Liutprand nutzt die Gelegenheit und rechnet mit seinen Feinden einzeln ab. Nacheinander entmachtet er die Großherzöge von Spoleto, Benevent und Friaul und ersetzt sie durch Männer seines Vertrauens. Zugleich beschränkt er die Macht der Herzöge und erweitert die Befugnisse seiner Beamten. Auch dem Exarchen in Ravenna setzt er kräftig zu. Doch den Papst spart er bei seinen Gegenmaßnahmen aus. Erst als Gregor III. versucht, das Blatt noch einmal zugunsten der königsfeindlichen Herzöge zu wenden, erscheint Liutprand ein weiteres Mal vor den Toren Roms.

Ruf nach den Franken

In seiner Verzweiflung ruft der Heilige Vater nach dem starken Mann des Frankenreiches, nach Karl Martell, den er zum weltlichen Protektor der Kirche und der Stadt Rom machen will. Doch

Karl Martell lehnt eine Einmischung der Franken in Italien ab; sei es weil er sich seiner inneren Stellung im Frankenreich nicht so sicher ist, um sich auf ein außenpolitisches Hasardspiel einzulassen; sei es aus alter Anhänglichkeit zu dem ihm verbündeten Liutprand; oder sei es aus dem simplen Grund, daß er keine Lust verspürt, die Geschäfte des immer machthungrigeren Papsttums zu besorgen. Noch einmal hat der Langobarden-König alle Trümpfe in der Hand, aber wieder will er sich nicht zum äußersten entschließen. Er bricht die zweite Belagerung Roms aus freien Stücken ab und sucht wenig später mit großzügigen Landschenkungen einen dauernden Ausgleich mit dem Papsttum zu erreichen. Auch dem Kaiser gegenüber weicht Liutprand in der letzten Konsequenz aus. Obwohl er die Möglichkeit hat, den Exarchen und seine schwachen Verbände endgültig von italienischem Boden zu verjagen, sieht er auf Fürsprache des Papstes davon ab.

Zweifellos ging das Königtum aus diesen Auseinandersetzungen gestärkt hervor. Weder die Herzöge noch der Exarch in Ravenna haben noch nennenswerten Einfluß. Aber gleichzeitig wächst in viel stärkerem Maße die weltliche Macht der Kirche. Liutprand kann das nicht übersehen haben, aber als frommer Sohn der Kirche sieht er im politischen Aufstieg des Papsttums wohl eine gottgewollte Entwicklung. „Durch solche Rücksicht aus der Bahn gelenkt", um Shakespeares Hamlet zu zitieren, verlieren des Königs „Unternehmungen voll Mark und Nachdruck den Namen Handlung". Liutprands Politik bleibt in Halbheiten stecken.

Nach dem Tod des Königs kommt der ebenso fromme wie schwache Rachis zum Zug, der sich noch mehr dem Willen des Papstes unterordnet und eine so auffällige Vorliebe für alles Römische entwickelt, daß die langobardische Nationalpartei nach fünf Jahren seinen Sturz betreibt und ihn ins Benediktiner-Kloster Monte Cassino abschiebt. Zum neuen König wird der Bruder des Rachis, Aistulf, bestimmt, der aus ganz anderem Holz geschnitzt ist. Mit harter Hand geht er gegen die Herzöge vor, die unter Rachis wieder zunehmend an Selbständigkeit gewonnen hatten und nun

gegen Aistulf aufzumucken versuchen. Es hagelt nicht nur Absetzungen, sondern der König erzwingt auch den alleinigen Oberbefehl über alle langobardischen Streitkräfte.
Das setzt Aistulf in die Lage, gegen Ravenna und die anderen Besitzungen des Kaisers vorzugehen. Konstantinopel kann sich militärisch nicht wehren, und auf papierene Protestnoten gibt der neue Langobardenkönig nichts. Auch die inständigen Bitten und Drohungen des Papstes schlägt Aistulf in den Wind. Im Gegenteil: Die Langobarden treffen jetzt alle Anstalten, nicht nur das Problem Ravenna, sondern gleichzeitig auch Rom endgültig zu erledigen. Papst Stephan II., der seit 752 auf dem Stuhl Petri sitzt, zieht aus der Ohnmacht Konstantinopels den Schluß, daß er wirksame Hilfe gegen die Langobarden nur noch von den Franken bekommen kann. Diese regiert als Nachfolger Karl Martells König Pippin, der seine Krönung, den Aufstieg von der Hausmeier-Rolle zur Herrscherwürde, nicht zuletzt dem Papsttum verdankt. Papst Stephan schreibt König Pippin Bittbriefe, die im Frankenreich mit großem Wohlwollen gelesen werden.
Pippins Druck erreicht bei Aistulf den Abbruch der Belagerung Roms, was dem Papst indes nicht genügt. Der Heilige Vater macht sich selbst auf den beschwerlichen Weg ins Frankenreich, um König Pippin zu einer Radikalkur zu überreden. Anders als Karl Martell, der eine Intervention strikt abgelehnt hatte, geht König Pippin auf die Wünsche des Papstes ein und begleitet seinen Gast mit einem starken Heer zurück nach Italien. Die Franken belagern Pavia, König Aistulf muß, um seine Haut zu retten, große Zugeständnisse machen: Rückgabe aller eroberten kaiserlichen Gebiete, freilich nicht an Konstantinopel, sondern an den Papst, sowie Anerkennung der fränkischen Oberhoheit über das Langobarden-Reich. Zwar versucht sich Aistulf um diese Zusagen zu drücken und nach dem Abzug der Franken den alten Status wieder herzustellen. Aber während er Rom noch belagert, marschiert König Pippin ein zweites Mal in Italien ein. Diesmal mußte Aistulf weitere Gebiete abtreten, einen Teil des Langobardenschatzes den

Franken übergeben, regelmäßige Tributzahlungen versprechen und — damit er nicht wieder falsches Spiel treiben konnte — den Franken Geiseln stellen.

Für den Papst zahlte es sich aus, daß er auf die fränkische Karte gesetzt hatte. Die ehedem kaiserlichen Besitzungen gingen als Schenkung Pippins an den Heiligen Stuhl über: Der Kirchenstaat war entstanden, garantiert zuerst von den fränkischen Königen und später von den Kaisern des Heiligen Römischen Reiches Deutscher Nation. Das Patrimonium Petri, die weltliche Herrschaft des Papstes, datiert vom Jahre 755 an.

König Aistulf bekommt von den Auswirkungen seiner Politik, von den großen Änderungen, die seiner Unterwerfung unter fränkischen Willen folgen, nicht mehr viel mit. Ein Jagdunfall beendet zwei Jahre später sein Leben. Sein Nachfolger Desiderius ist zwar Langobarde, im übrigen aber — der römische Name sagt es schon — zunächst unverdächtig, die neuen Realitäten nicht zu begreifen. Desiderius ist der Favorit der Franken und damit auch des Papstes. Zuerst muß sich Desiderius mit jenem entmachteten Rachis auseinandersetzen, der nach Aistulfs Tod sein Kloster verlassen hatte und eine Chance zum Comeback sieht. Dann hat er den üblichen Kampf gegen die oppositionellen Herzöge zu bestehen, die im Reich der Langobarden in schwierigen Zeiten aus dem Boden schießen wie Pilze in einer Regenperiode. Schließlich aber hat er sich der langobardischen Nationalpartei zu beugen, die von alter Größe und Unabhängigkeit träumt. Einen Verbündeten findet Desiderius jetzt in Konstantinopel, das sich durch die Koalition des Papstes mit den Franken geprellt fühlt. Freilich, die Unterstützung durch den oströmischen Kaiser ist vorwiegend moralischer Natur und bringt nichts ein.

Desiderius scheint ein tüchtiger Mann zu sein. Und der Tüchtige hat auch Glück. Vor allem aber hat er zwei Töchter, die er auf das vorteilhafteste verheiratet: Desiderata vermählt sich mit Pippins Nachfolger Karl, der in die Geschichte als der Große, als der erste römisch-deutsche Kaiser eingehen wird. Ihre Schwester Gerberga — doppelt genäht hält besser — wird die Frau von Karls Bruder Karlmann. Diese Familienbande lassen es dem Papst geraten erscheinen, seinen Frieden mit Desiderius und den Langobarden zu machen. Eine Renaissance langobardischer Herrschaftsträume bahnt sich an, ein großgermanisches Bündnis, wie man es seit Theoderichs Heiratspolitik nicht mehr gesehen hatte. Wie im klassischen Drama haben wir hier das retardierende Moment, eine Situation, die den längst als beschlossen geltenden Untergang des Langobarden-Reiches aufzuhalten verspricht, die überraschend alles zum Besseren zu wenden scheint.

Doch König Karl jagt seine Frau Desiderata — wir wissen heute noch nicht warum — davon. Karlmann stirbt, worauf auch Gerberga nur mehr Witwe und samt ihren Kindern entmachtet ist. Desiderius sucht zu retten, was zu retten ist, und schlägt sich auf die Seite Gerbergas und der Ansprüche ihrer unmündigen Kinder — gegen den Frankenherrscher Karl. Der freilich ist der Stärkere. Und das weiß nicht zuletzt auch der Papst: Hadrian I. (772—795) ist ein politischer Mensch, dem klar ist, daß nur die Franken seinen Kirchenstaat gegen die Langobarden garantieren. In der trügerischen Hoffnung, daß König Karl durch seine Auseinandersetzung mit den Sachsen gebunden wäre, wendet sich Desiderius gegen Rom. Aber Italien hat für Karl den Großen Vorrang. Ein gewaltiges fränkisches Heer marschiert gegen die Langobarden und ihren König Desiderius, dem wieder einmal der Herzog von Spoleto in den Rücken fällt. Aus dem langen Krieg, der nun folgt, hält sich Benevent heraus und manch anderes Herzogtum. Nur Pavia verteidigt sich erbittert, vermag aber dem fränkischen Ansturm allein nicht zu widerstehen.

Im Jahre 774 fällt Pavia und damit das Reich der Langobarden. Zu spät erkennen die widerspenstigen Herzöge, daß eine langobardische Zentralgewalt für sie immer noch vorteilhafter ist als der fränkische Einheitsstaat eines Karl, der sich fortan „König der Franken und Langobarden" nennt. Desiderius beendet seine Tage in einem französischen Kloster. Karl der Große aber bricht den Widerstand der Langobardenherzöge, die sich zu spät auf ihre nationale Pflicht oder auch nur auf ihren Vorteil besannen. Das letzte aus der Völkerwanderung entstandene germanische Reich auf ehemals römischem Boden war zerstört.

Verdrängungswettbewerb in Gallien

Fünf ostgermanische Völker haben auf ehedem weströmischem Boden Staaten gegründet. Die Vandalen und die Ostgoten sind der Restaurationspolitik Konstantinopels zum Opfer gefallen, die Langobarden wurden von den Franken besiegt. Die Franken sind es auch, die in einem Verdrängungswettbewerb Burgunder und Westgoten aus Gallien ausschalten. Das Reich der Burgunder wird dem fränkischen Staat einverleibt, während es den Westgoten gelingt, ihre Basis auf die Iberische Halbinsel zu verlegen, nachdem sie ihren Siedlungraum nördlich der Pyrenäen bis auf wenige Restgebiete räumen mußten.

Im Verlauf unserer Geschichte sind wir den Franken schon mehrfach begegnet. Wir wollen den Faden bei jenem König Merowech aufnehmen, der als der Stammvater des Geschlechts der Merowinger gilt und einer der Hauptnutznießer der Völkerschlacht auf den Katalaunischen Feldern war. Merowech ist eine Figur, die uns in der Sage deutlicher entgegentritt als in einwandfrei belegten historischen Quellen. Nicht ein irdischer König, sondern ein Meergott soll es gewesen sein, der Merowech gezeugt hat. Die alten Völker hatten ja immer das Bedürfnis, in ihren Herrschergestalten nicht nur die Tüchtigsten unter ihresgleichen zu sehen, sondern übernatürliche Wesen, von Gottheiten oder Naturgewalten in diese Welt gesetzt.

Sichere geschichtliche Kunde haben wir von König Childerich, der wahrscheinlich der Sohn des Merowech, ganz sicher aber der Vater des bedeutenden Chlodwig gewesen ist, der von 481 an in dreißig höchst erfolgreichen Jahren aus einem kleinen Reich eine europäische Großmacht schuf. Als noch nicht Sechzehnjähriger wurde er zum König der salischen Franken gekürt, als Zwanzigjähriger beseitigte er die Reste der römischen Herrschaft, indem er den Statthalter Syagrius, der im Namen eines nicht mehr existenten, weströmischen Kaisertums in Gallien amtierte, entscheidend schlug und sich seine Gebiete einverleibte. Chlodwig war alles andere als ein Träumer, er war ein Realpolitiker, ein Pragmatiker, oder wenn man es mit einem aktuellen Schlagwort sagen will: ein Macher. Wir wissen nicht, wie weit er seine Ziele gesteckt hatte, ob er für sich, für seine Dynastie und für sein Volk schon die große und entscheidende Rolle im Auge hatte, die den Franken in den Sternen geschrieben stand. Was wir wissen, ist dies: Daß er mit Geschick und Energie, mit List und Gewalt die Grenzen seiner Macht hinausschob, sein Herrschaftsgebiet Schritt um Schritt erweiterte.

Die Quellen schildern uns Chlodwig als einen blassen, kränklich aussehenden Mann, als eine halbe Portion, im reifen Mannesalter einem ausgetrockneten Jüngling eher ähnlich als einem germanischen Kriegersmann. So brutal er mit seinen Gegnern umging — er ließ nicht nur den Syagrius, sondern auch eine Reihe fränkischer Stammeskönige beseitigen — so berechnend milde zeigte er sich gegenüber den Bewohnern eroberter Gebiete. Chlodwig darf als Begründer einer fränkischen Tradition gelten, die auf politischen und wirtschaftlichen Ausgleich mit der eingesessenen gallisch-romanischen Bevölkerung bedacht war.

Bei der Landnahme befleißigten sich die Franken offenbar äußerster Zurückhaltung. Privater römischer Grundbesitz wurde kaum angetastet, auch die beträchtlichen kirchlichen Güter nicht geschmälert. Überhaupt taten die Franken einiges, um die soziale und wirtschaftliche Struktur möglichst unverändert zu erhalten. Die römische Verwaltung, zumindest im Mittelbau und in den unteren Rängen, blieb intakt und wurde in ihren Funktionen bestätigt. Mit dem Verwaltungssystem blieb auch das Lateinische die Amtssprache. Lediglich auf dem Sektor der Rechtssprechung wurde zwischen Franken und ehemals römischen Bürgern ein Unterschied gemacht. Doch auch das fränkische Recht glich sich in manch wesentlicher Bestimmung römischen Normen an. Im Gegensatz zu den ostgermanischen Völkern, bei denen Landnahme zunächst immer mit Massakern, Plünderungen und Zerstörungen einherging, trachteten die Franken nach Assimilation. Für sie war römische Kultur und Zivilisation eine höchst erstrebenswerte Sache. Doktrinen, wonach das verweichlichte, sittenlose und heruntergekommene Römertum der natürlichen Kraft und der höheren Moral der Germanen weichen müßte, waren den Franken weitgehend fremd. An fränkischem Wesen sollte die römisch-gallische Welt nicht unbedingt genesen.

Ganz ohne Reibereien zwischen der alteingesessenen Bevölkerung und den neuen Herren ging es natürlich nicht ab. Sidonius Appolinaris, ein christlicher Römer aus allerbester Familie, geboren in Lyon und nach wechselvoller politischer Karriere zwischen 470 und 488 Bischof von Clermont, mäkelt an den Germanen im allgemeinen herum, an ihrer lärmenden Geselligkeit, an den mit ranzigem Fett eingeschmierten, übelriechenden Haaren, an ihren aus Fellen zusammengeflickten Kleidern. Doch schon bei ihm kommen im besonderen die Franken, deren sauber rasierte Gesichter er hervorhebt, weit besser weg als etwa die Goten und Burgunder. Im übrigen freilich will er möglichst wenig mit ihnen zu tun haben: „Du gehst den Barbaren aus dem Weg, weil sie angeblich schlecht sind", schreibt Sidonius Apollinaris einem Freund. „Ich aber tue es, auch wenn sie gut sind."

Die Kirche ist das wichtigste Bindeglied zwischen römischer und fränkischer Zeit. Wo im Übergang zivile Behörden verschwinden, alte Verwaltungseinheiten auseinanderbrechen und durch neue Grenzen willkürlich geteilt werden, übersteht die kirchliche Organisation alle Wirren. Die alte Bistumseinteilung bleibt unberührt. Die Kleriker lösen das römische Bürgertum als Bildungsträger ab. Die geistige Hinterlassenschaft der antiken Welt wird hauptsächlich in Klosterschulen gepflegt und weitergegeben. Vor allem für das fränkische Reich gilt, was der deutsche Historiker Hermann Aubin so formuliert: „Was in den Boden eingewurzelt war, wie der Weinstock, Grenzen, Stadtmauern, feste Steinbauten und manche Fertigkeiten des täglichen Lebens, das hat den Sturm der Völkerwanderung überdauert und auf die germanischen Eroberer eingewirkt." Und der französische Archäologe Salin stellt fest: „Von dem Haus, das Rom auf dem alten gallischen Boden gebaut hatte, ist das Dach eingestürzt, aber die Fundamente und Mauern halten stand."

Das politische Erfolgsrezept der Franken läßt sich auf einen einfachen Nenner bringen. Koexistenz statt Konfrontation mit der vorgefundenen Bevölkerung, Kontinuität in allen Bereichen, eine Politik der kleinen Schritte unter Verzicht auf den großen Sprung. Grundsätzlich geändert hat sich nur eines: Chlodwig wählt Paris zu seiner Hauptstadt und hält an ihr auch fest, als er weit in den Süden des Landes eindringt. Der Unterschied zwischen Gallien und Frankreich: Der Süden, über Jahrhunderte hinweg das Zentrum Galliens, hat ausgespielt. Die entscheidende Rolle in Frankreich ist bis auf den heutigen Tag dem Norden zugefallen.

Wesentlich erleichtert wurde der Prozeß der Verschmelzung durch den Übertritt der Franken zum katholischen Christentum. Um das Jahr 493 hatte Chlodwig um die burgundische Prinzessin Chrotechild geworben, der es durch ihr gutes Beispiel offenbar gelang, ihrem Gemahl den katholischen Glauben näher zu bringen. Aber nicht nur weil Chrotechild Katholikin war, wählte auch König Chlodwig statt dem bei den Germanen traditionell überwiegenden arianischen Bekenntnis die katholische Taufe. Wahrscheinlicher ist freilich die Lesart, daß Chlodwig durch sehr handfeste politische Überlegungen bekehrt wurde, daß er und seine Berater sich einige Vorteile von der Taufe versprachen. Der Katholik Chlodwig tat sich von nun an viel leichter, im Bund mit der katholischen Bevölkerung gegen die arianische Germanenkonkurrenz vorzugehen. Gerade in den langwierigen und harten Auseinandersetzungen mit den Westgoten spielte Chlodwig das

Thema Katholiken gegen Ketzer in allen Variationen und mit großem Erfolg.
Nach der Legende war die Bekehrung des Königs übrigens ein hartes Stück Arbeit, weil sein erstgeborener Sohn, kaum daß er die Taufe empfangen hatte, gestorben war. Dennoch gestand er seiner Frau zu, daß auch der zweite Sohn katholisch wurde, und als dieser wiederum todkrank war, soll das inständige Gebet der königlichen Mutter zur überraschenden Genesung geführt haben. Für unsere Geschichte ist es zwar ohne Belang, ob die Taufe im Jahre 496 oder erst 507 stattfand, ob Bischof Remigius von Reims oder der Heilige Bischof Gregor von Tours die Ehre hatte, den heidnischen König zu einem mäßig braven Christenmenschen zu machen; aber weil die Legende so hübsch ist, sei sie hier erzählt: Chlodwig war bei einem Feldzug gegen die Alemannen in ziemliche Bedrängnis gekommen und hatte in seiner Verzweiflung, nachdem offenbar die Anrufung germanischer Haus- und Kriegsgötter nichts mehr half, die Hände zum Himmel erhoben und Jesus Christus, den Gott seiner Frau, um Rettung gebeten, die ihm wunderbarerweise auch zuteil wurde. Chrotechild habe daraufhin sofort nach Bischof Remigius geschickt, um das Eisen zu schmieden, solange es noch heiß war. In einem Schnellkurs habe der fromme Bischof dem König das Leben Jesu erzählt, wobei Chlodwig bei der Schilderung der Kreuzigung fuchsteufelswild geworden sei und ausgerufen habe: „Wäre ich nur mit meinen Franken dabei gewesen, ich hätte diese Schmach sofort gerächt!"
Die germanische Konkurrenz hat sich Chlodwig mit bemerkenswertem Geschick vom Hals geschafft. Er hat zuerst die Alemannen im Südosten Galliens unterworfen, ging dann mit weniger Erfolg auf die Burgunder los, verbündete sich aber mit ihnen, nachdem er sie zunächst nicht besiegen konnte, gegen die Westgoten, die er zurück bis in die Pyrenäen warf. Die germanischen Nachbarn des Frankenreichs haben den Expansionsdrang des Chlodwig offenbar völlig unterschätzt, ihn für eine von mehreren Größen im politischen und militärischen Spiel gehalten, seine Großmacht-Ziel-

setzung in ihren Ausmaßen nie begriffen. Vielleicht haben sie seinen Übertritt zum katholischen Glauben für puren Zufall gehalten und an politische Hintergründe nie gedacht. Statt gemeinsam eine Allianz gegen den Frankenkönig zu bilden, haben sie sich gegeneinander ausspielen lassen, haben Chlodwig dabei geholfen, sich ein Gebiet nach dem anderen zu unterjochen.
Mit weit mehr Gespür war Theoderich der Große begabt, der durch Chlodwigs Expansionspolitik das Gleichgewicht der germanischen Staatenwelt erschüttert sah und durch die Besetzung der Provence den Franken wenigstens den Zugang zum Mittelmeer versperrte. Diese Intervention war eine Sprache, die Chlodwig verstand. Mit dem mächtigen Theoderich konnte und wollte er sich nicht anlegen. Deshalb machte er mit den arianischen Ostgoten seinen Frieden und setzte den Burgunderkönig Gundobad, der ihm eben noch gegen die Westgoten wichtige Dienste geleistet hatte, gehörig unter Druck. Da half es dem geprellten Gundobad auch nicht viel, daß er seine Söhne hatte katholisch taufen lassen; denn die Machtinteressen Chlodwigs hatten entschieden den Vorrang vor religiösem Verbundenheitsgefühl. Zum Glück der Burgunder starb Chlodwig fünfundvierzigjährig, bevor er zum entscheidenden Schlag gegen Gundobad ausholen konnte. Hätte Chlodwig gar Theoderich den Großen überlebt, der einer weiteren Machtverschiebung zugunsten der Franken immer im Wege stand, die Burgunder hätten wohl noch früher die Segel streichen müssen.
Gundobads Nachfolger war dessen katholischer Sohn Sigismund, der eine Tochter Theoderichs geheiratet hatte und so zunächst unter dem besonderen Schutz seines mächtigen Schwiegervaters stand. Wichtiger aber als Sigismund, der nur kurze sieben Jahre auf dem Thron saß, war im politischen Kräftespiel jetzt die katholische Kirche, die unter Führung des Bischofs Avitus von Vienne sich in zunehmendem Maße auch in weltlichen Dingen Geltung verschaffte, sich besonders stark nach Rom und zum Papst hin orientierte, aber auch bei den Frankenkönigen Rückhalt

suchte. König Sigismund lag zwischen den Feuern, von der Kirche und den katholischen Romanen ebensowenig voll akzeptiert, wie von der arianischen Mehrheit seines eigenen Volkes.

Vollends verlor Sigismund den Boden unter den Füßen, als er in zweiter Ehe eine skrupellose Dame heiratete, die beim König — zugunsten ihrer eigenen Kinder — die Ermordung von Sigismunds Sohn aus erster Ehe durchsetzte. Die Erdrosselung des Enkels bewog auch Theoderich den Großen, seine schützende Hand von Sigismund wegzuziehen. Im burgundischen Volk aber machte sich Unzufriedenheit und Empörung breit. Die Franken nutzten die Situation, fielen über das Burgunderreich her, besiegten den König und kerkerten ihn ein. Die Ostgoten aber, statt zugunsten Sigismunds einzugreifen, nahmen sich ihren Teil an der Beute und besetzten die südlichen Regionen des Landes.

Sigismunds Bruder Godomar konnte unter Aufbietung aller militärischer Kräfte und diplomatischer Kunst das Blatt noch einmal wenden. Er appellierte an die arianischen Glaubensbrüder, an die Ostgoten, gemeinsam Front gegen die katholischen Franken zu machen, erkannte die Oberhoheit Theoderichs über das Burgunderreich an und erhielt dafür die von den Ostgoten kassierten Gebiete zurück. Eine mit dem Mut der Verzweiflung geführte Schlacht gegen die Franken sicherte noch einmal den Bestand des Reiches und brachte dem neuen Frankenkönig Chlodomer, der zuvor den Sigismund geschlagen hatte, Tod und Niederlage.

Aber die Zeit arbeitete schon gegen die Burgunder. Sie hatten eine Schlacht, aber nicht den Krieg gewonnen. Sechs Jahre nach des großen Theoderichs Tod, als das Ostgoten-Reich durch inneren Zwist nach außen handlungsunfähig geworden war, traten die Franken zur zweiten und entscheidenden Runde an. Im Jahr 532 verleibten sich die Franken das burgundische Staatsgebiet, das keine hundert Jahre zuvor den Burgundern von Aetius angewiesen worden war, in ihr Reich ein. Nur noch der Name Burgund blieb erhalten und wird im Mittelalter unter Herzog Karl dem Kühnen noch einmal zu kurzen Großmachtehren kommen.

Bleibt uns noch, bevor wir auf die Franken zurückkommen, wenigstens in einem kurzen Abriß das Ende des Westgoten-Staates zu schildern. Als der Westgotenkönig Theoderich I. auf den Katalaunischen Feldern fiel, hinterließ er seinem Sohn Theoderich II. ein Reich, das von Tolosa (Toulouse) bis an die Loire reichte. Theoderich II. und dessen Nachfolger Eurik dehnten ihre Herrschaft systematisch aus bis zur Rhone, vor allem aber nach Spanien, wo einst schon die Könige Athaulf und Wallia ihr Glück versucht hatten. Mit Euriks Sohn, Alarich II., beginnt der Niedergang der Westgoten in Gallien. Im Jahre 507 besiegte der Frankenkönig Chlodwig Alarich II. auf den Vokladischen Feldern (bei Vouillé), wobei der Westgotenkönig den Tod findet. Den fränkischen Eroberern schoben die Ostgoten an der Mittelmeerküste einen Riegel vor, die Westgoten aber behalten nur noch einen Zipfel von Gallien, um Narbonne im südwestlichen Teil des Landes am Nordrand der Pyrenäen.

Aus dem Frankenreich — aus Frankreich — abgedrängt, ist den weiteren Aktivitäten der Westgoten die Richtung klar nach Spanien gewiesen. Die Könige Theudis und Liovigild erobern das Land der Sueben an der iberischen Atlantikküste und verlegen die Hauptstadt ihres Reiches nach Toledo. König Rekkared I. konvertiert zum katholischen Glauben und beendet damit die harten Kirchenkämpfe im Innern, die von grausamer Verfolgung der Katholiken durch die Arianer gekennzeichnet waren, und schafft sich Rückendeckung nach außen, indem er den katholischen Franken und dem Kaiser in Konstantinopel einen Grund nimmt, gegen das Westgotenreich zu intervenieren. Der gemeinsame Glaube führt zur Aufhebung des Eheverbots zwischen Romanen und Germanen und damit zu einer Verschmelzung beider Volksgruppen.

Die großen Gewinner dieser Entwicklung — die Parallelen zum Langobarden-Staat sind nicht zu übersehen — sind die Reichen und die Kirche, die Verlierer die kleinen Bauern und das Proletariat beider Volksgruppen. Zusehends geschwächt wird das Königtum, das gegenüber den weltlichen Palatinen und dem Klerus we-

nig zu melden hat. Der ungeheure Reichtum in den Händen weniger führt zu Zuständen wie im alten Rom. Sittenverfall, Verweichlichung, Genußsucht auf der einen Seite — eine schweigende unterdrückte Mehrheit, die im Staat nur ein Instrument des Zwangs, den verlängerten Arm der Ausbeutung sehen kann, auf der anderen Seite. Noch bevor es die Araber überrennen, gibt es eigentlich kein Reich der Westgoten mehr, sondern einen völkisch gemischten Klassenstaat, in dem sich wenige Mächtige gegen viele arme Teufel verbündet hatten. Die soziale Ungerechtigkeit des Regimes brachte nicht die entschlossenen Verteidiger hervor, deren es gegen den Fanatismus der arabischen Eroberer bedurft hätte.
Auf diesem Boden, auf der inneren Verfassung dieses Staates, konnte der Verrat wachsen, der im Sommer 711 bei Xeres de la Frontera den mohammedanischen Scharen des Feldherrn Tarik den Sieg brachte über den letzten Westgotenkönig Roderich. Roderich ertrank auf der Flucht in einem Fluß, sein Reich wurde von den Arabern überschwemmt. Nur noch wenige christliche Ritter konnten abseits der großen Straßen in unzugänglichen Bergnestern überdauern. In Asturien konnte sich ein christliches Königreich etablieren.

Frankreichs innere Stärke

Dem missionarischen Eiferertum der Araber genügte die Eroberung Spaniens noch nicht. Zwei Jahrzehnte später überqueren die Scharen des Propheten die Pyrenäen und dringen weit in das Frankenreich ein. Sie gewinnen die letzten westgotischen Bastionen um Narbonne, marschieren vor Toulouse, wo sie vorübergehend aufgehalten werden können, fallen in Burgund ein, ziehen schließlich über Bordeaux nach Norden. Zwischen Tours und Poitiers stellt sich ihnen der mächtige fränkische Hausmeier Karl Martell mit einem gewaltigen Heer entgegen. Im Oktober des Jahres 732 kommt es zu der berühmten Schlacht, die wie jene auf den Kata-

launischen Feldern als einer der großen und rettenden Siege des Abendlandes gefeiert wird.
Die Geschichtsbetrachtung, so wie sie uns die Schule vermittelt hat, hält sich gern an solchen Schlachten fest und schreibt es vornehmlich der Tapferkeit und dem militärischen Geschick der siegreichen Feldherren zu, wenn ein Reich, eine Zivilisation, die Auseinandersetzung mit ihren Feinden besteht. Umgekehrt wird im Falle von Niederlagen die Schuld in der Feigheit oder Führungsschwäche eines Königs gesucht, und wenn sich der Zusammenbruch einer Armee nicht anders erklären läßt, wird das Moment des Verrats mit ins Spiel gebracht. Nicht minder beliebt sind Theorien, die den Untergang eines Reiches auf persönliche Intrigen, auf Machtkämpfe und Streitigkeiten der Herrschenden allein zurückführen. All das scheint uns doch ein wenig zu simpel gedacht. Napoleon ist nicht gescheitert, weil er die eine entscheidende Schlacht bei Waterloo verloren hat, sondern weil er zu viele Schlachten geschlagen, den Bogen überspannt, die Reserven verbraucht hatte. Und das Dritte Reich ist nicht daran zugrunde gegangen, weil Hitlers Feldherrntalente vor Stalingrad versagt haben.
Auch im Reich der Franken hatte es keinen Mangel an inneren Auseinandersetzungen. Chlodwigs Erben — das Reich wurde unter seine Söhne aufgeteilt — setzten die Erweiterung des fränkischen Herrschaftsgebietes fort, unterwarfen die Thüringer und die Burgunder, brachten die Alemannen, die Baiern und viele kleinere germanische Stämme unter ihre Oberhoheit. Aber dann auf dem Höhepunkt seiner Ausdehnung und äußeren Machtentfaltung finden wir auch im Reich der Franken innere Auseinandersetzungen. Der Adel und die Kirche bauen ihre Stellung gegenüber dem Königtum aus, zumal da einige von Chlodwigs Nachfolgern in sehr jugendlichem Alter auf den Thron kommen und damit zu schwach und unerfahren sind, um der Aushöhlung ihrer Herrschaft zu begegnen. Um die Mitte des 6. Jahrhunderts ist das mächtige Frankenreich dann in mehrere Teile zerfallen: Austrasien oder Austrien

ist das Ostland mit den Residenzstädten Reims und Metz, wo man überwiegend deutsch spricht. Neustrien, das Westland, wird von Soissons und Paris aus regiert; dort setzt sich die romanisch-französische Sprache durch. Ein weiterer fränkischer König errichtet das Zentrum seiner Herrschaft im ehemaligen Burgund. Die Grenzen dieser Reiche sind oft fließend, die regierenden Könige versuchen einander die besten Happen, vor allem die reichen Handelsstädte, abzujagen.

Eine besonders blutige Affäre ist der Streit, den zwei königliche Brüder und ihre Frauen, zwei gotische Prinzessinnen, heraufbeschwören. Sigibert von Austrasien heiratet Brunhild, Chilperich von Neustrien vermählt sich mit deren Schwester Galswind, die in die Ehe die letzten westgotischen Besitzungen auf gallischem Boden mit einbringt. Chilperich kassiert die Mitgift und wendet sich dann einer alten Freundin namens Fredegund zu, mit der zusammen er die Ermordung seiner Frau Galswind ausheckt. Königin Brunhild organisiert die Rache, die zu einem Blutbad führt, bei dem sowohl Sigibert als auch Chilperich den Tod finden. Wir gehen wahrscheinlich nicht fehl in der Vermutung, daß wir im Streit dieser beiden Königinnen, Brunhild und Fredegund, ein weiteres Motiv haben, das der unbekannte Dichter des Nibelungenliedes verarbeitet hat.

Wir haben diese Episode herausgegriffen, um zu demonstrieren, daß auch im Frankenreich selbstzerstörerische Kräfte am Werk waren. Die Könige untereinander, aber auch der Adel und das Königtum haben sich gegenseitig bekämpft und zerfleischt. Erst als die Hausmeier, die Haushofmeister und Befehlshaber der Palasttruppen, die Zügel fest in die Hand nahmen und das schwache Königtum auf bloße Repräsentanz zurückdrängten, fand das Reich der Franken wieder langsam zurück zu Geschlossenheit und Stärke. Dies im einzelnen darzustellen, kann nicht unsere Aufgabe sein. Worauf wir im Zusammenhang mit dem Thema Völkerwanderung hinaus wollen, ist etwas anderes.

Das Frankenreich wurde von mehr und größeren inneren Krisen

geschüttelt als jede der ostgermanischen Staatengründungen. Bei Vandalen und Goten, bei Langobarden und Burgundern erwiesen sich politische und militärische Fehler als tödlich, weil diese Reiche auf einem schwankenden Fundament standen. Das Frankenreich konnte sich blutige Bruderkriege, konnte sich mehrfache Teilungen, konnte sich schließlich erbitterte Machtkämpfe zwischen Adel, Kirche und Königtum erlauben, ohne daran zugrunde zu gehen. Weil die innere Verfassung stimmte, weil die Herrschaft der Franken fest in den gallischen Boden verwurzelt war, weil die sozialen Zustände in Ordnung waren, weil der Staat eine breite Basis im Volk hatte.

So sind wir denn am Ende einer Epoche und schon mitten in einer neuen Welt des Mittelalters. Die unruhigen Völker kommen zur Ruhe, auf der Grundlage einer hochentwickelten Zivilisation, die mit der alten politischen Ordnung nicht völlig untergegangen ist, entsteht das christliche Abendland, das neue Europa. Nach Leopold von Ranke war die Völkerwanderung der erste von den „drei großen Atemzügen" der romanisch-germanischen Welt vor den Kreuzzügen und der Kolonisation. Sie ist auch und noch mehr die Geburtsstunde dieser gemeinsamen Welt, eine schwere Geburt mit langen, heftigen Wehen, mit tödlich-starkem Kindbettfieber: „Stirb und werde", um es mit Goethe zu sagen.

Den Helden und Recken, der Kühnheit und Tapferkeit der Krieger hat die Dichtung viele Lieder gesungen. Von der Not der Völker, von Mord und Brandschatzung, von Vergewaltigung und Verschleppung berichten nur die Historiker. Und von den Strapazen der Frauen und Alten, vom Hungertod der Kinder, von Hitze, Durst, von Kälte und Regen, vom Herausgerissenwerden aus eben gewonnener Heimat, von den Generationen, die kein anderes Dach als die Lederhaut über dem schwankenden Planwagen kennengelernt haben, kündet kein Epos, keine gelehrte Abhandlung und kein Schulbuch.

Der Autor dankt seinem Verleger Wilhelm Ludwig für die Anregung zu diesem Buch und für seinen guten Zuspruch, mit dem er die Entstehung des Manuskripts so freundlich gefördert hat. Zu Dank verpflichtet ist der Verfasser auch seinem Kollegen Otto Merk, seinem Bruder Herbert Riehl-Heyse und seinem Schwager, Studiendirektor Gerhard Schwinge, für manche kritische Anmerkung, für sachliche Einwände und stilistische Verbesserungen. Ganz besonders aber steht der Autor in der Schuld seiner Frau, ohne die das Buch nicht entstanden wäre. Sie half bei der Sichtung von einigen zehntausend Seiten Literatur, brachte Ordnung in mehr als tausend Notizen, übersah die Berge von Büchern und Nachschlagewerken, die über das ganze Haus verstreut waren, und schrieb die Roh- und Endfassung des Manuskripts mit nie erlahmender Sorgfalt und Geduld.

Zeittafel

113—101 v. Chr.	Zug der Kimbern und Teutonen
58 v. Chr.	Sieg Caesars über Ariovist
12—9 v. Chr.	Drusus in Germanien
9 n. Chr.	Schlacht im Teutoburger Wald
84	Baubeginn am germanischen Limes
98	Tacitus veröffentlicht „Germania“
166—180	Krieg Marc Aurels gegen Markomannen
233	Einfall der Alemannen
237—269	Krieg gegen die Goten
357	Alemannen bei Straßburg besiegt
375	Einfall der Hunnen in Europa
378	Sieg der Westgoten über Kaiser Valens
395	Teilung des Römischen Reiches
406	Einmarsch germanischer Völker nach Gallien
408	Ermordung des Stilicho
410	Plünderung Roms / Tod des Alarich
418	Gründung des Westgoten-Reichs in Gallien
429	Einmarsch der Vandalen in Afrika
436	Alemannen-Reich am Oberrhein
437	Hunnen beseitigen Burgunder-Staat
439	Vandalen erobern Karthago
449	Angeln und Sachsen in Britannien
451	Schlacht auf den Katalaunischen Feldern

452	Attila fällt in Italien ein
453	Tod des Attila / Verfall der Hunnen-Herrschaft
454	Ermordung des Aetius
455	Eroberung Roms durch Geiserich
476	Odoaker setzt den letzten Kaiser im Westen ab
481	Chlodwig wird König der Franken
489	Ostgoten marschieren in Italien ein
493	Theoderich der Große beseitigt Odoaker
507	Franken besetzen fast ganz Gallien
526	Tod Theoderichs des Großen
531	Franken erobern Thüringen
532	Burgund dem fränkischen Staatsgebiet einverleibt
534	Ende der Vandalen-Herrschaft in Afrika
553	Ostgoten-Reich in Italien zerstört
568	Langobarden dringen in Oberitalien ein
711	Araber zerstören das Westgoten-Reich in Spanien
732	Karl Martell stoppt Vormarsch der Araber
774	Ende des Langobarden-Reichs in Italien
800	Karl der Große in Rom zum Kaiser gekrönt

Benutzte Literatur:

Ammianus Marcellinus: Sämtliche Werke
Augustinus: Bekenntnisse / Gottesstaat
Caesar: Gallischer Krieg
Jordanes: Ursprung und Taten der Goten
Paulus Diaconus: Geschichte der Langobarden
Plutarch: Caesar
Prokop: Anekdota / Gotenkriege / Vandalenkriege
Tacitus: Germania / Annalen / Historien

Briefe zur Weltgeschichte (Herausgeber Karl Heinrich Peter)
Lesewerk zur Geschichte: Weltmacht Rom (Herausgeber Hartmut von Hentig)
Lesewerk zur Geschichte: Das Mittelalter (Herausgeber Otto Bucher)

* * *

Franz Altheim: Geschichte der Hunnen
Friedrich Behn: Römertum und Völkerwanderung
Jacob Burckhardt: Die Zeit Konstantins des Großen
W. Capelle: Die Germanen der Völkerwanderung
Felix Dahn: Die Völkerwanderung
Wilhelm Ensslin: Theoderich der Große
Kurt Fassmann (Herausgeber): Die Großen der Weltgeschichte
S. Fischer-Fabian: Die ersten Deutschen
René Grousset: Die Steppenvölker
J. Haller / H. Dannenbauer: Der Eintritt der Germanen in die Geschichte
Gerhard Herm: Die Kelten
Benno Hubensteiner: Bayerische Geschichte
Eduard Lehmann / Peter Petersen: Illustrierte Weltgeschichte
Gerhard Linne: Panorama der deutschen Geschichte
Albrecht Lohmann: Die Botschafter
O. Mertens: Illustrierte Weltgeschichte

Theodor Mommsen: Römische Geschichte
Emil Nack: Germanien
Eric Oxenstierna: Die Nordgermanen
J. von Pflugk-Hartung: Weltgeschichte (Völkerwanderung und Frankenreich)
Leopold von Ranke: Weltgeschichte
Berthold Rubin: Das römische Reich im Osten / Byzanz (In: Propyläen Weltgeschichte)
Ernst Samhaber: Geschichte Europas
Dietrich Schäfer: Deutsche Geschichte
Ludwig Schmidt: Die Ostgermanen
Ludwig Schmidt: Geschichte der Wandalen
Ludwig Schmidt: Die Westgermanen
Hermann Schreiber: Die Hunnen
William Seston: Verfall des römischen Reiches im Westen / Die Völkerwanderung (In: Propyläen Weltgeschichte)
Hermann Simon: Geschichte der Deutschen Nation
Max Spindler (Herausgeber): Handbuch der bayerischen Geschichte
Schenk von Stauffenberg: Das Imperium und die Völkerwanderung
Eduard von Tunk: Das Römische Imperium / Das Oströmische Reich
Eduard von Tunk: Das Werden des christlichen Abendlandes
Joseph Vogt: Der Niedergang Roms
Erich Zöllner: Geschichte der Franken bis zur Mitte des sechsten Jahrhunderts

* * *

Bertelsmann Lexikothek
Brockhaus Deutsche Enzyklopädie
Hannsferdinand Döbler: Die Germanen / Ein Lexikon zur europäischen Frühgeschichte
Encyclopaedia Britannica
Gerhard Hellwig / Gerhard Linne: Daten der Weltgeschichte
Meyers Enzyklopädisches Lexikon
Karl Ploetz: Hauptdaten der Weltgeschichte
Werner Stein: Kulturfahrplan

Personenverzeichnis

Bildnachweis:
Bildarchiv Foto Marburg: Titelbild; Hunnischer Bronzekessel. Claus Hansmann, München: Trajanssäule. Ullstein Bilderdienst, Berlin: Theoderich d. Große (2 Fotos); Alarich. Dr. Roisl, Wien: 4 Fotos. Egon Schneider, Pfaffenhofen/Ilm: 5 Karten.
Theodosius I.; Theodora; Sarkophag des Stilicho; Kniender Germane — entnommen aus „Propyläen Weltgeschichte" (Propyläen Verlag, Berlin).

WEITERE SONDERAUSGABEN:

Jules Grécy:
Die Alhambra zu Granada
Farbiger Bild- und Textband

Mit Fotos, Grundrissen und detaillierten Zeichnungen, die die Schönheit der Fliesen, der Arabesken, der Filigranarbeiten und der Skulpturen zeigen, führt der Band durch die Paläste, Höfe, Gärten, Bäder, Tore und Türme dieses einzigartigen islamischen Bauwerks des Mittelalters, das kaum verändert die Jahrhunderte überdauert hat.

ISBN 3-928127-68-3

Hans Leicht:
Sturmwind über dem Abendland
Europa und der Islam im Mittelalter

Das Buch des Historikers und Orientalisten ist hervorragend geeignet um einen verständlichen Zugang zu den derzeitigen politischen Ereignissen in den islamischen Staaten zu finden. Ebenso fesselnd wie kenntnisreich schildert der Autor die Auseinandersetzungen zwischen dem Abendland und dem Islam - vom ersten Sturm der „Streiter Allahs" im Jahre 711 durch Europa: sie plünderten die heilige Stadt Rom, kontrollierten die Alpenpässe und beherrschten das Mittelmeer von der Levante bis Spanien - bis zum Ende der Maurenherrschaft in Andalusien 1492.

ISBN 3-928127-83-7

Claus Jürgen Hutterer:
Die germanischen Sprachen
Ihre Geschichte in Grundzügen

Das Standardwerk des bekannten Sprachwissenschaftlers bietet dem Leser einen umfassenden enzyklöpädischen Überblick über die Entwicklung der germanischen Sprachen, die einzeln mit ihren Dialekten, Lautsystemen, Grammatiken und ihrem Wortschatz vorgestellt werden. Außerdem erläutert der Autor die Kultur der Germanen, deren Religion, Dichtkunst, Namenkunde und Runenschrift. Ein unentbehrliches Nachschlagewerk für Kulturhistoriker, Germanisten, Anglisten und jeden an Sprache Interessierten.

ISBN 3-928127-57-8

Hans Sedlmayr:
Die Entstehung der Kathedrale
Baukunst - Mystik - Symbolik

Das bis heute unübertroffene Standardwerk über die Entstehung und Entwicklung der Kathedralen in Europa erschließt dem Kunstfreund das Gesamtkunstwerk der Sakralarchitektur beim Besuch der großen Kirchenbauten des Mittelalters. Sedlmayr bezieht in seine brillante Kunstbetrachtung neben der Religion auch Geschichte, Literatur, Musik und Philosophie ein.

ISBN 3-928127-79-9